How people learn to work?
University-to-work transition

活躍する組織人の探究
大学から企業へのトランジション

中原 淳／溝上慎一 編
Nakahara Jun, Mizokami Shinichi

東京大学出版会

How people learn to work?: University-to-work transition
Jun NAKAHARA & Shinichi MIZOKAMI, editors
University of Tokyo Press, 2014
ISBN 978-4-13-040263-7

活躍する組織人の探究——大学から企業へのトランジション　目次

はじめに　中原　淳　　v

刊行にあたって　里村博行　　vii

第1章　躍進する組織人の探究　中原　淳 ……………1
　　　　　大学時代の経験からのアプローチ
　1　本書の目的　1
　2　本書で用いるデータ　4
　3　本書の構成　8

第2章　「経営学習研究」から見た
　　　　　「大学時代」の意味　中原　淳 ……………………15
　1　企業の人材マネジメント　15
　2　採用・選抜研究　16
　3　新規参入者の組織適応と能力形成　26

第3章　大学時代の経験から仕事につなげる　溝上慎一 ……49
　　　　　学校から仕事へのトランジション
　1　はじめに　49
　2　近年の大学教育の状況　50
　3　どのような経験を持つ大学生が成長しているか　56
　4　学校から仕事へのトランジション　60
　5　本書プロジェクトにおけるトランジション　66

第4章　大学生活と仕事生活の実態を探る　河井　亨 ………73
　1　はじめに　73
　2　大学生活　73
　3　仕事生活　80
　4　地位・属性変数の分析　85

第5章　就職時の探究　木村　充 ……………………………91
　　　　　「大学生活の重点」と「就職活動・就職後の初期キャリアの成否」の関係を中心に

1　はじめに　91
2　大学とキャリア教育　92
3　大学と職業の関連性　94
4　正課内・正課外活動と社会人基礎力　95
5　大学生活の過ごし方と初期キャリア　100
6　まとめ　110

第6章　入社・初期キャリア形成期の探究　舘野泰一　……117
「大学時代の人間関係」と「企業への組織適応」を中心に

1　はじめに　117
2　大学時代の人間関係と組織社会化　119
3　大学時代の人間関係の持つ意義　120
4　尺度構成　125
5　結果　126
6　結果と考察　129

第7章　初期キャリア以降の探究　保田江美・溝上慎一　……139
「大学時代のキャリア見通し」と「企業におけるキャリアとパフォーマンス」を中心に

1　はじめに　139
2　大学生の学びと成長　140
3　大学生活と組織での活躍　153
4　仮説の提案　159
5　ビジネスパーソンが振り返った大学時代における2つのライフ　160
6　組織で活躍しうる大学生像　163

第8章　総括と研究課題　中原淳・溝上慎一　……175

1　はじめに　175
2　本書の概括　175
3　経営学習研究の観点からの示唆と今後の研究課題　178
4　大学生の学びと成長研究の観点からの示唆と今後の研究課題　181
5　総括　185

あとがき　中原　淳・溝上慎一　187
索　引　189

はじめに

　大学の卒業，そして，企業への就職——この接続・移行空間には，多種多様な利害関係者によって様々な言説が跳梁跋扈している．それらは，ある時は共振し，別の時分には共犯関係を取り結び，そうかと思えば鋭く相対立することもある．多種多様な「声」が，今日も，様々な利害関係者によって，発せられている．

　「大学時代の勉強など，企業に入ってから役に立たない．だから企業には白紙で入社してくればいい」
　「大学は一体何をしているのだ．企業に入る前から，企業で必要になる様々な知識や能力を身につけてこさせるのが大学の責務であろう」
　という企業内部の「複数の声」．

　「企業に入ってからは役に立つことしか学べないのだから，大学時代は役に立たないことこそ，学べばいいのだ」
　「企業に入ってから必要になる能力を早期に獲得させ，学生の就業力を高めるのが大学の仕事であろう」
　という大学内部の「複数の声」．

　多種多様な「声」が響き合う言説空間に「仁義」はない．拮抗しあう声，結びつく声．それらは，大学と企業の狭間を漂い，学生を，利害関係者を，今日も「翻弄」している．

　本書で筆者らは，これらの多種多様な声の存在をいったんエポケーする．本書が目的とすることは，「大学時代の個人の経験（意識と行動）」と「企業に参入したあとの個人のキャリア・組織行動」の二項関係を，多角的な視点から実証的に探究することにある．我々自身が取得したデータから着実に，かつ，実証的に，大学と企業という２つの機関を移行しつつ生きている個

人に接近することが，本書のめざすところである．

　本書で紹介する数々の知見は，「教育機関での学習・経験－採用・選抜－組織社会化」という，今後，さらに注目が集まることが予想される「縦断研究のモティーフ」を，いわば鉛筆画のように粗描するだろう．

　近い将来，このモティーフのもとに，筆者らを含めた数多くの，多種多様なディシプリンを有する研究者が，彩り豊かで鮮やかな各研究知見を持ち寄り，実証的で，建設的で，未来志向的な議論が生まれることを心より願う．

2013年11月吉日　真夏のような暑さ残る晩秋の本郷
著者を代表して　中原　淳

刊行にあたって

　公益財団法人電通育英会は平成25年3月に，設立50周年を迎えました．「社会有用な人材の育成」という設立理念を継承しつつ，学業成績が優秀で向学心にも富むものに，学部4年間の奨学金給付をおこなうことを主な事業とする公益財団です．

　当財団は，経済的な支援に加えて，キャリア形成支援，人材育成にも力を注いでいます．合宿型の研修への参加や奨学生の集いへの出席を奨学生全員に義務付けています．一流の講師陣による学年別研修の他に，全国の大学から集まった優秀な奨学生仲間とのさまざまな交流を通じて，人間的な成長を可能にする環境を提供しております．そのなかのひとつに，京都大学溝上慎一准教授との共同により実施してきた「大学生のキャリア意識調査」がありました．3年に1回の時系列で，大学生のキャリア意識の変化を把握することを目的とした調査です．この調査結果は当財団ホームページに，調査項目ごとにExcelデータを掲載し，研究者が活用しやすいデータ環境を提供しております．

　以上のように，社会有用な人材の育成をミッションとして，奨学金の支給事業に加えて調査やフォーラムの開催，機関誌の発行等，「大学生の学びと成長」をサポートするなかで，

1) 大学・高校生活をどのように過ごすと，社会有用な人材になるのか
2) 社会有用な人材になるためには，大学・高校生活をどのように過ごすべきなのか

といった「企業における組織行動」と「大学・高校での生活・学び」の関係性についての関心が高まっておりました．

　そんな折，上記調査や大学生研究フォーラムでお世話になっている溝上慎一先生と中原淳先生（東京大学）から，「トランジション研究調査」を共同で実施しないか，というご提案をいただきました．

　今回の「トランジション研究の成果」が当財団の育英事業のあるべき姿を検討する際の参考情報となるだけでなく，これからの大学生の学びを問い直

す「大学改革」ムーブメントに対しても，何らかの形で貢献できれば幸いです．

公益財団法人電通育英会
事務局長　里村博行

第1章 躍進する組織人の探究：
大学時代の経験からのアプローチ

中原 淳

1 本書の目的

　本書は「大学時代の個人の意識と行動」と「企業に参入したあとの個人のキャリア・組織行動」の二項関係を，多角的な視点から探究することを目的とした学術専門書である．

　本研究のもとになったのは，2011年に京都大学高等教育研究開発推進センター溝上慎一研究室，東京大学大学総合教育研究センター中原淳研究室，公益財団法人電通育英会の共同研究によって実施した質問紙調査で取得されたデータである．本書において，執筆者らは，そのデータをもとに，大学と企業という2つの異なる空間の狭間にある「見えざる諸関係」を探究することをめざした．

　これまで企業研究では，組織社会化研究の一部をのぞいて，「企業と教育機関との接続・移行」を問う研究は非常に少なかった．

　一般に，組織研究では，組織という「暗黙の枠」が存在し，その範囲を超える社会的現象には注意が向かない傾向がある[1]．例外のひとつとして，組織にエントリーしてくる人々の組織適応や人材開発等を扱う組織社会化研究では，予期的社会化とよばれる下位研究群が存在する．予期的社会化研究においては，新規参入者が組織にエントリーする前に，組織の側からどのような働きかけをすれば，新規参入者の社会化が促進されるのかが探究されている（中原 2012）．それらについては本書第2章で詳細を述べるが，そのなか

---

[1] とはいえ，雇用流動性や不確実性が高まる現代では，組織の「枠」を超える研究も次第に多くなりつつある．組織社会化研究以外でも，たとえば，イノベーション研究では，組織内部・外部のアイディアやリソースを有機的に結合させ，新たな価値を創造する，いわゆるオープンイノベーション研究が注目されつつある．

には，組織が提供する採用活動の内容によって，求職者の行動がどのように変容するかを問う「組織リクルーティング研究」(Rynes, Heneman III & Schwab 1980, Taylor & Collins 2000, Dineen & Soltis 2011 など)，企業にとって望ましい志望者をいかに妥当な基準で選抜するかを問う「選抜研究」(Schmidt & Hunter 1998, Ryan & Tippins 2004 など)，そして組織に参入したあとにどのような現実が待ち受けているかを参入者に参入前から伝達する「現実的職務予告研究」(Wanous 1973, 1992, Phillips 1998 など) なども含まれている．

しかし，本書では，それら先行研究の対象よりも「以前」にまでさらに研究の射程を広げる．すなわち，企業に参入する個人が教育機関――とくに大学――に所属していた時分に，どのような意識をもち，どのような行動をとっていたのかを考察し，「教育機関に所属していた時代の個人の意識・行動」と，その当人が「組織に参入したあとに担うキャリアや組織行動」が，いかなる関係を取り結んでいるのか，を問う．ここが本書のオリジナリティであり，知的挑戦である．

それでは，このように教育機関所属時における個人の意識や行動を対象にして研究を進めるのはなぜか．これには数々の理由があり，それらは第2章，第3章で詳述するが，その最たる理由は以下のようになる．

まず第1に，企業・組織的な理由である．

企業側からの理由としてもっとも重要だと思われるのは，経営環境のグローバル化とそれにともなう企業競争環境の激化によって，企業の人材マネジメントのあり方が変化し，より効果的で迅速な採用・選抜・人材育成が求められているからである．

昨今の企業は，教育機関から企業へのより円滑な移行，効率的で素早い組織適応，そして組織における革新と成果創出に資するような潜在的な可能性をもつコア人材を，これまでより多種多様で，縦断的なデータを用いて見出そうとしはじめている．そうした人材を見出すための「採用・選抜の科学化」と，「採用・選抜と人材育成の連動」といったことが，効果的な人材マネジメントのあり方に興味をもつ一部の企業で求められはじめてきている．とくに，昨今，大学では，学びのあり方が変わりつつあり，成績評定の厳密化，教育の達成度の把握，アクティブラーニングやプロジェクト学習，ひい

てはキャリア教育や職業統合学習（Work integrated learning）の導入など，その学習環境は徐々に変化・多様化しつつある．これを後景として，企業が採用や選抜などの人材マネジメントの際に，大学での成績・学びや経験を，これまで以上に重視する傾向が生まれてきている．

それでは教育機関はどうだろう．

本書が研究対象とする教育機関は「大学」である．大学研究の観点からすれば，「大学と仕事との接続・移行」を扱う研究は，School to Work Transition 研究（SWT 研究：教育領域から仕事領域への移行研究）とよばれ（山内 2008），これまで様々な研究が積み重ねられてきた．

代表的なものとしては，たとえば，個人の保持する就職情報が就職活動に与える影響（平尾・梅崎・松繁 2013），新規大卒者の採用基準・就職活動と成功の規定要因（永野 2004, 安田 1999），大学生の職業意識と就職の関係（東・安達 2003），出身大学の難易度と昇進の関係（竹内 1995），企業のもつ選抜基準や能力観と就職機会の不公正性（本田 2005），大学難易度と就職活動プロセスの相違（濱中 2007），大学時代のキャリア意識と内定企業規模等の関係（梅崎・田澤 2013），職業選択（正規／非正規労働）における初期キャリアプロセスの探究（小杉 2010），卒業時の知識能力と所得の関係（濱中 2013），大学時代の学習熱心度と企業におけるポジションの関係（矢野 2005），経済学専攻者の大学進学と将来の所得の関係（矢野 2001）などが存在している．

その理論的布置の詳細は，第 2 章にゆずるものの，これまで多くの SWT 研究においては「所属する社会階層／進学した大学と就職・就業機会」などのいわゆる「地位・属性データ」の関連性を問うことに研究の主眼があった．教育機関を媒介とした世代間再生産の仕組みを明らかにし，その不平等さや格差を主張することに重きを置いていた研究も少なくなかった．もちろん，これらの研究群は，高等教育施策の立案等に非常に多くの示唆を与えており，今後も，その重要性が薄れることはまったくない[2]．

しかし，従来の諸研究ではあまり注目されなかった点も存在する．ミッシングポイントのひとつは，いわゆる「地位・属性データ」ではない「意識・

---

[2] 平尾・梅崎・松繁（2013），濱中（2013），松高（2008），上西・川喜多（2010）のように，大学時代の意識・行動データに着目する研究も近年は少しずつ増えつつある．

行動データ」の利用である．それは端的には，「どのような意識のうえで，大学生活を過ごし，大学で学んだ学生が，どのような企業に入ってどのようなキャリアや行動をとるのか」を探究することであり，「大学での経験（意識・行動）」と「企業におけるキャリア・組織行動」の二項関係をよりミクロに問うことである．

かくして，本書の主眼である「教育機関における個人の意識・行動」と「企業に参入したあとの個人のキャリア・組織行動」の関係を探究する，というフレームワークが発案された．大学と企業における人々の行動や心理，それぞれに対するミクロな探究と両者の架橋こそが本書の特徴をかたちづくる．

ちなみに，大学と企業——そこに存在する個人の意識・行動を問うということは，それに用いられる理論的背景も2つ存在するということである．

本書の理論的背景は，企業側の理論体系としては，経営学習論や組織行動論といった人材マネジメントに深い関係のある研究領域であり，対して，大学側の理論体系としては，大学生の学びと成長研究があげられる．編者の中原と溝上は，これまで，これらの領域を個別に探究してきた．今回の共同研究は，編者らがそれぞれ個別に探究してきたものを「接合」する意味をもつものとなる．

2　本書で用いるデータ

本書で用いるデータについて解説する．筆者らは，本書を執筆するにあたり，以下に示す定量データを用いて，それぞれの論を展開する．

筆者らがデータとした共同研究調査（以下，トランジション調査と略記）は，大学での学習・生活経験が，大学卒業後の仕事に与える影響を把握する調査として，25歳から39歳のビジネスパーソンを対象としておこなったものであり，高校，大学での学習，生活，キャリア意識など，そして，職場での仕事の仕方，組織での振る舞いについて質問紙調査でたずねたものである．

2009年より，京都大学溝上慎一研究室，東京大学中原淳研究室，電通育英会の三者で，研究会を2年間にわたり開催し，調査紙設計・質問項目の

表1　回答者の属性データ（N＝1000）：性別，出身大学専門分野，出身大学偏差値

会社規模	度数	性別		出身大学専門分野			出身大学偏差値		
		男性	女性	文科系	理科系	その他	49以下	50-59	60以上
30-499名	500	183	317	315	159	26	206	222	67
500名以上	500	227	273	277	201	22	151	240	102
合計	1000	410	590	592	360	48	357	462	169

*偏差値に関しては，偏差値が判明しない等の理由により欠損値があるため，合計が1000とならない．

表2　回答者の属性データ（N＝1000）：業種

会社規模	建設業	製造業	電気ガス熱供給水道	情報通信	運輸郵便	卸小売業	金融保険	不動産物品賃貸	飲食宿泊	医療福祉	教育学習支援	学術研究専門技術	その他サービス業	その他
30-499名	22	102	3	43	6	61	26	18	9	81	28	19	64	18
500名以上	14	147	9	46	19	50	90	5	7	40	7	12	40	14
合計	36	249	12	89	25	111	116	23	16	121	35	31	104	32

表3　回答者の属性データ（N＝1000）：職種

会社規模	研究技術職	営業購買販売職	企画総務広報関係事務職	経理財務関係事務職	人事労務関係事務職	その他
30-499名	124	125	67	54	44	86
500名以上	169	145	57	36	29	64
合計	293	270	124	90	73	150

策定に関する議論・検討のうえ，2012年4月に本調査を実施した．調査は民間のインターネットリサーチ会社が有するサンプルを対象に有意抽出にて実施した．

2012年3月に予備調査（回答者の条件は本調査と同じで，度数は各条件50名×6，計300名）をおこない，質問項目を確定したうえで，同年4月に本調査を実施した．

本調査の回答者の条件は，会社規模（30-499名・500名以上の2条件）と年齢（25-29歳・30-34歳・35-39歳の3条件），計2×3の6条件を設定し，各条件500名ずつ，合計3000名の調査協力者を募った．

この共同調査は「大学－企業への移行接続」を見ることだけでなく，他にもいくつかの検討課題があった．「大学－企業への移行接続」をおもに探究する本書においては，大学－企業の両者の関係を中心に見るため，25-29歳の個人に年齢層をしぼり，会社規模30-499名・500名以上の人々を対象と

表4　回答者の属性データ（N＝3000）：性別，出身大学専門分野，出身大学偏差値

会社規模	度数	性別 男性	性別 女性	出身大学専門分野 文科系	出身大学専門分野 理科系	出身大学専門分野 その他	出身大学偏差値 49以下	出身大学偏差値 50-59	出身大学偏差値 60以上
30-499名	1500	883	617	926	515	59	586	682	215
500名以上	1500	947	553	824	629	47	421	715	353
合計	3000	1830	1170	1750	1144	106	1007	1397	568

*偏差値に関しては，偏差値が判明しない等の理由により欠損値があるため，合計が3000とならない．

表5　回答者の属性データ（N＝3000）：業種

会社規模	建設業	製造業	電気ガス熱供給水道	情報通信	運輸郵便	卸小売業	金融保険	不動産物品賃貸	飲食宿泊	医療福祉	教育学習支援	学術研究専門技術	その他サービス業	その他
30-499名	83	352	20	144	37	181	60	41	21	193	72	53	199	44
500名以上	49	468	21	166	56	152	182	23	14	107	36	48	147	31
合計	132	820	41	310	93	333	242	64	35	300	108	101	346	75

表6　回答者の属性データ（N＝3000）：職種

会社規模	研究技術職	営業購買販売職	企画総務広報関係事務職	経理財務関係事務職	人事労務関係事務職	その他
30-499名	437	391	169	161	114	228
500名以上	542	423	169	106	88	172
合計	979	814	338	267	202	400

したデータを用いる（ただし第7章はのぞく．理由は後述する）．

　本書の対象データの回答者の総数は1000名となる．本書のおもな分析の回答者の属性は以下のとおりである．

　表1から表3は，今回の調査における回答者の属性を，2つの会社規模カテゴリーごとに，性別，出身大学専門分野，出身大学偏差値，業種，職種別に集計したものである．

　表1に見るように，性別に関しては，従業員規模30-499名規模の会社において，女性のしめる割合，また大学の専門分野で文系のしめる割合が，それぞれ317名，315名とやや大きい．出身大学の偏差値に関しては，500名以上規模の会社において，偏差値60以上の大学に通っていた人の割合が，やや大きいことがわかる．

　表2，表3は業種や職種を示しているが，回答者の従事する職業において，もっとも割合が大きな業種は製造業であり，職種としては技術職である．し

かし，このことは，わが国の産業構造を考えるとそれほど奇異なことではないものと思われる．

3000名のデータの場合，表4に見るように，性別に関しては，従業員規模30-499名規模の会社において，女性のしめる割合，また大学の専門分野で文系のしめる割合がやや大きい傾向があり，これは表1と相違ない．出身大学の偏差値に関しては，500名以上規模の会社において，偏差値60以上の大学に通っていた人の割合がやや大きいことがわかる．

表5，表6は業種と職種を示しているが，回答者の従事する職業において，もっとも割合が大きな業種は製造業である，職種としては技術職である．

なお，上記のデータ（表1〜3）は第7章をのぞくすべての分析に用いられた．例外的に組織における革新行動を取り扱う第7章では，より長期的スパンにわたるデータを必要とするため25歳から39歳までの3000名の全回答者の回答をデータ（表4〜6）として用いた．

以上，本研究の利用したデータについて概説した．より詳細な情報——たとえば各種質問項目の詳細，ならびに，各因子の記述統計等——に関しては，第4章にゆずるものとする．

なお，最後に，本書で用いたデータの特性について付言しておく．今回，筆者らが用いた質問紙データは，回答当時に当該組織で働いていたビジネスパーソンに過去を振り返るかたちで回答してもらった，いわゆる「振り返りデータ」である．

振り返りデータは，過去から現在にいたるまで時間が経過しているため，縦断データにくらべて，その信頼性に疑問が残る場合がある．現在の状況から過去を振り返るため，現在の状況に応じて，過去の回答が影響を受けてしまう可能性がゼロではないことが推測される．そのため，読者が，本調査の結果，および，その解釈を読み込む場合においては，この限界と制約を考慮する必要がある．

本来ならば，時間と費用と労力をかけ，現在，教育機関に所属する個人に縦断的に，かつ，反復的に質問項目に回答してもらい，教育機関からビジネスの現場で活躍するまでをトレースしていく大規模縦断調査をおこなうことが望ましい．近年，そうした実証的な知的探究の試みも，すでにはじまりつ

つあり，本書執筆陣も今後 10 年をかけて，それに取り組むつもりである．

　縦断研究が実を結ぶためには，回答者が仕事に熟達し，教育機関から組織に移行する時間を必要とする．本書は，大規模で，かつ，長期的な知的探究が実を結ぶ前の過渡期に，いわば大学と企業との狭間に広がる関係を粗描する知的営みのひとつである．将来的に，大規模縦断データを用い，ここで掲げられた仮説が再検討されることが望まれる．

3　本書の構成

　本書は「理論編」「基礎データ編」「分析編」「総括編」の 4 編，全 8 章から構成される．

　まず，第 2 章と第 3 章からなる「理論編」では，企業の人材マネジメントに関する研究と高等教育研究における大学生の学びと成長研究という，本書を構成する 2 つの理論体系の知見を概観する．

　本書を手にする読者は，企業の人材マネジメント・人材育成，ないしは，高等教育・大学生研究の，どちらか一方に精通してはいても，両者の理論群の詳細を把握している者はそれほど多くはないと思われる．また，読者の多くが両研究領域の初学者であることも想定し，本書の論考を進めるにあたり，まずは双方の領域に関連する理論を概観する．

　まず，第 1 に第 2 章では中原淳によって「「経営学習研究」から見た「大学時代」の意味」と題して，企業から見た場合に，大学時代の経験はどのようにとらえられるのかを考察する．

　一般に，企業は自らの目的・戦略に合致するように雇用管理をおこなっている．雇用管理の形態は採用・選抜・処遇・配置・育成・労務・福利厚生など多岐にわたるが，大学などの教育機関ともっとも接点が深いのは，組織参入前後におこなわれる人材マネジメントであろう．具体的には採用・選抜・社会化とよばれる研究領域になる．

　よって第 2 章では，第 1 に採用・選抜研究の知見を概観する．これまで採用・選抜研究は産業心理学や組織心理学を中心的なディシプリンとして，数多くの研究知見を積み重ねてきた．それらを踏まえたうえで，次に，組織

社会化理論を下敷きにしながら，組織参入後の人材マネジメントについての諸知見を概観する．さらに最後に，企業の人材マネジメントの観点から，「大学時代の経験」とはどのような意味をもつのかを論じる．雇用流動性の高い高度知識社会においては，企業は素早い組織社会化（Swift organizational socialization）をいかに実現するかが求められている．そのためには組織参入以前に，どのような経験をもった人々を選別し，いかに社会化につなげるかが重要なポイントになる．大学での学習環境が徐々に変わりはじめている現在，大学時代，学生がいかに学び，どのような人々と出会い，何を実践してきたのか，という「大学時代の学び・経験」は，企業が人材マネジメントをおこなう際，有望な情報リソースのひとつになりつつある．

　第3章「大学時代の経験から仕事につなげる：学校から仕事へのトランジション」で溝上慎一は，「高等教育研究から企業の組織行動を探究する意味」を考察している．

　第3章ではまず，大学生の成長研究が大学教育のなかでどのように取り組まれているか，またどのような歴史的状況を経て取り組まれるようになったのかを概観するところから議論をはじめている．大学生の学びと成長研究は，大学がどのような人材を社会に提供するのかについて説明責任を果たすことを求められるようになった時代から急速に発展し，その時代ごとの教育改革の流れと共振しながら，現在にいたっている．

　先行研究のレビューに際しては，溝上の既存の調査結果を踏まえ，大学生の成長を促す3つの要因を紹介している．その3つの変数とは，1）1週間の過ごし方（大学生活：自主学習，1人の娯楽活動，課外活動・対人関係），2）学習（授業学習，授業外学習，自主学習），3）2つのライフ（キャリア意識：将来の見通し（Future life）とその見通しの実現に向けての理解実行（Present life））の3つである．

　そのうえで，近年実施されている教育機関から仕事領域へのトランジション研究の知見を概観しつつ，今後の研究の方向性として「単に就職できたかできなかったかの話としてのトランジション研究・支援ではなく，就職後しっかり職場に適応して働けているかまでを見たトランジション研究・支援」の必要性を述べている．この「就職後しっかり職場に適応して働けている

か」を射程に入れたトランジション研究の必要性こそが，高等教育・大学生研究の観点から見た場合の本書の位置づけということになる．当然のことであるが，大学と企業，その双方の組織において本書の意味づけは異なっていることに注目してほしい．

以上が「理論編」の内容である．

次に第4章は，「基礎データ編」として位置づけられる．

第4章「大学生活と仕事生活の実態を探る」では，河井亨によって，「分析編」で用いられる様々な質問項目や指標についての記述統計が示される．

具体的には，大学時代の経験（意識・行動）をたずねる設問として，大学生活と就職活動の経験に関する質問，大学生活で何に重点を置いたかに関する質問項目，アクティブラーニング型授業への参加度合いをたずねた質問，主体的に学習に取り組む態度をたずねる質問，将来への見通しに関する質問，大学生活の質をたずねる質問などを紹介し，その記述統計量を概観する．

一方，仕事に関する質問項目としては，最初の配属先での経験は肯定的か否定的かとその理由，仕事に関する能力・業績，経験学習の程度，初期キャリアにおける組織社会化の程度，組織内の革新行動の有無，業務能力の向上に関する自己評定などがある．第4章は，これらに関する記述統計量も紹介している

ちなみに，第4章の最後には，大学時代の地位・属性変数（出身大学偏差値，出身大学種別，出身大学の専攻，性別，大学時代の成績）と，組織参入後の代表的な地位・属性変数である個人収入と企業規模との関係を概観している．

「分析編」は第5章から第7章の3章で構成される．第5章から第7章は，教育機関から仕事への移行に関する時系列順の関係にある．第5章では「就職時」，第6章では「入社・初期キャリア形成期」，第7章では「初期キャリア以降の成長課題」を探究する．

「就職時の探究：「大学生活の重点」と「就職活動・就職後の初期キャリアの成否」の関係を中心に」と題した第5章で木村充は，大学から職業への移行について，就職活動や就職後の初期キャリアにおいて成功を収めた者が，

大学生活においてどのような過ごし方をし，どのようなことを学んだかについて探究している．

近年，新規学卒者の就職はより厳しい局面を迎える一方，せっかく雇用を獲得できても，職場になじめず離職してしまうなどの問題がとりざたされている．そのようななか，大学生が大学から職業へと円滑に移行できるようにキャリア形成をおこなうことが，大学に求められはじめている．

第5章の分析では，大学時代に「豊かな人間関係」の形成を重視するという価値観をもつ者が，組織へのもっとも円滑な移行をおこなっていることがわかった．ここでいう「豊かな人間関係」とは，「学生時代の交友・人間関係が親密である」という意味以上をもつものである．それは，正課での大学の授業を重視する一方，正課外において社会参加活動や海外留学などに参加し，そこで出会う異質な他者と育む人間関係を含むものである．

第6章で舘野泰一は「入社・初期キャリア形成期の探究：「大学時代の人間関係」と「企業への組織適応」を中心に」と題して，大学時代にどのような社会的ネットワークを形成していた大学生が，企業入社後，どの程度組織適応を果たすことができたのかを考察している．

第6章の意義は，大学時代のネットワークの同質性・多様性という視点に着目し，そのネットワークの特徴と企業での組織社会化との関連を検証した点にある．第5章が「多様な人間関係」を育くむ「大学時代の学習の特徴」を論じている研究なのだとすれば，第6章で探究されているのは「多様な人間関係」そのものが，組織参入に与える影響の実態についてである．

一般に大学とは，同年代の，しかも同じ学力層，同程度の経済階層の個人が集う，同質性の高い教育機関である．とくに，グローバル化のいまだ途上にあるわが国の大学では，一般に，留学生の数，外国人教員の数も限定的であり，大学の構成メンバーの同質性が近年問題視されていることは記憶に新しい．

一方，現代の企業は，様々な雇用形態，様々な年齢，多様な国籍の人々が集い，協業する多様性あふれる空間に変わりつつある．かくして，大学を卒業後，個人は，同質性の高い集団から多様性あふれる空間への移行を果たす必要がある．この移行を円滑におこない，組織社会化を達成できるのは，ど

のような個人なのか．第6章では，同質性・異質性という補助線を導入し，大学時代の個人の人間関係に着目し，この問いに答える．

第7章は「初期キャリア以降の探究：「大学時代のキャリア見通し」と「企業におけるキャリアとパフォーマンス」を中心に」と題し，保田江美と溝上慎一が組織社会化後の成長課題を追究する．

探究する理論モデルは，大学1，2年生時の「将来の見通し」が，大学時代の過ごし方や学習にどう影響を与え，その後の企業での組織適応，さらには組織内の革新行動への達成にどのように関係しているかを検討することである．

組織における初期キャリアの第1の目的は，組織への適応にあることは間違いないが，そもそも組織は「個人の適応」を目的とする場所ではない．それは，独力では達成できない，複数の人々が協力すれば達成可能な共通の成果・目標を成しとげるために存在する．そして，そうした成果・目標達成にとって重要な行動が，組織内部において，構成メンバーによって担われる「革新行動」に他ならない．

第7章での分析の結果，大学1，2年生といったなるべく早い時期に「キャリアに関する展望をもつこと」が，大学での学習スタイル（自主学習・主体的な学修態度）を規定し，それらを媒介として組織参入後の組織社会化や能力の発達に影響を与えていた．影響力は限定的ではあるものの，「大学時代の意識や学習」が，企業に参入してからの組織社会化を促し，現在の業務能力や革新行動にも影響を与えていることを示唆するモデルが得られた．

「総括編」である第8章では，本書で明らかになったことを再度振り返りつつ，経営学習研究からの示唆を中原が，大学生の学びとキャリアに関する研究からの示唆を溝上が述べる．

さてすべての準備は整った．

早速，私たちの知的探究に，読者諸氏を誘うこととしよう．

参考文献

東清和・安達智子（2003）大学生の就業意識の発達：最近の調査データの分析から．

学文社.

Dineen, B. R. & Soltis, S. M.（2011）Recruitment: A review of research and emerging directions. *APA Handbook of Industrial and Organizational Psychology Handbook*. Vol. 2 pp. 43-65.

濱中淳子（2013）検証・学歴の効用．勁草書房．

濱中義隆（2007）現代大学生の就職活動プロセス．小杉礼子（編）大学生の就職とキャリア：「普通」の就活・個別の支援．勁草書房．pp. 17-49.

平尾智隆・梅崎修・松繁寿和（2013）教育効果の実証：キャリア形成における有効性．日本評論社．

本田由紀（2005）多元化する「能力」と日本社会：ハイパー・メリトクラシー社会化のなかで．NTT 出版．

小杉礼子（2010）若者と初期キャリア：「非典型」からの出発のために．勁草書房．

松高政（2008）大学の教育力としてのキャリア教育：京都産業大学におけるパネル調査分析から．京都産業大学論集，社会科学系列．Vol. 25 pp. 145-168.

永野仁（編）（2004）大学生の就職と採用：学生 1,143 名，企業 658 社，若手社員 211 名，244 大学の実証分析．中央経済社．

中原淳（2012）経営学習論：人材育成を科学する．東京大学出版会．

Phillips, J. M.（1998）Effects of realistic job preview on multiple organizational outcome: A meta analysis. *Academy of Management Review*. Vol. 41 pp. 151-176.

Ryan, A. M. & Tippins, N. T.（2004）Attracting and selecting: What psychological research tells us. *Human Resource Management*. Vol. 43 No. 4 pp. 305-318.

Rynes, S., Heneman III, H. G. & Schwab, D. P.（1980）Indicisual Reactions to organizational recruitment: A review. *Personnel Psychology*. No. 33 pp. 529-542.

Schmidt, F. L. & Hunter, J. E.（1998）The validity and utility of selection methods in personnel psychology: Practical and theoretical implication of 85 years of research findings. *Psychological Bulletin*. Vol. 124 pp. 262-274.

竹内洋（1995）日本のメリトクラシー：構造と心性．東京大学出版会．

Taylor, M. S. & Collins, C. J.（2000）Organizational recruitment: Enhancing the intersection of research and practice. Coooer, C. L. & Kocke, E. A.（eds.）*Industrial and organizational psychology*. Wiley-Blackwell publishing. pp. 304-334.

上西充子・川喜多喬（編）（2010）就職活動から一人前の組織人まで：初期キャリアの事例研究．同友館．

梅崎修・田澤実（2013）大学生の学びとキャリア：入試前から卒業後までの継続調査の分析．法政大学出版局．

Wanous, J. P.（1973）Effects of a realistic job preview on job acceptance, job attitude

and job survival. *Journal of Applied Psychology*. Vol. 58 No. 3 pp. 327-332.
Wanous, J. P.（1992）*Organizational entry: Recruitment, selection, orientation and socialization of new comer*. Addison-Wesley.
山内乾史（2008）教育から職業へのトランジション：若者の就労と進路職業選択の教育社会学．東信堂．
矢野眞和（2005）大学改革の海図．玉川大学出版部．
矢野眞和（2001）教育社会の設計．東京大学出版会．
安田雪（1999）大学生の就職活動：学生と企業の出会い．中公新書．

第2章 「経営学習研究」から見た「大学時代」の意味

中原 淳

1 企業の人材マネジメント

　第1章で筆者は，本書の目的を「大学時代の個人の意識と行動」と「企業に参入したあとの個人のキャリア・組織行動」の二項関係を，多角的な視点から探究することとした．データの記述統計や実際の分析の紹介は，第4章以降でおこなうものとするが，第2章，第3章では，「企業の観点から大学はどのように位置づけられるのか」，また「大学の観点から企業はどのように位置づけられるのか」についてそれぞれ理論的布置を述べる．

　本章ではとくに前者，すなわち，企業がおこなう人材マネジメントの観点から，大学時代の経験を位置づけなおす．

　一般的に，企業内部では「採用」「異動・配置」「教育訓練」「雇用調整・退職」をはじめとする，様々な人材マネジメント（雇用管理）が日々おこなわれている（今野・佐藤 2002, 守島 2004）．組織の目標や戦略を達成するために，どのような人材を採用・選抜すればいいのか．成果・目標達成のためには，組織内の個人に，どのような能力・キャリアを形成すればいいのか．企業人事の担当者は，これらの課題をつねに念頭におき，日々仕事をしている．

　そして，これらの雇用管理の各施策のなかでも，本書の特徴である「大学時代」に関わりの深いものは，組織参入のもっとも初期にあらわれる「組織参入前後の人材マネジメント」であろう．具体的には「採用・選抜」「新規参入者の組織適応と能力形成」などがそれにあたる．

　このような背景を鑑み，本章では，まず第1に採用・選抜研究の知見を概観する．これまで採用・選抜研究は，産業心理学や組織心理学を中核的ディシプリンとして，過去40年にわたって実証的な研究知見を積み重ねてき

た．それらを踏まえたうえで，第 2 に，組織社会化理論を下敷きにしながら，組織参入後の雇用管理についての研究知見を概観する[1]．

本章末では，それまでの理論的検討を踏まえたうえで，企業の人材マネジメントの観点から，「大学時代の経験」とはどのような意味をもつのかを論じる．

なお，本書の読者のなかには，高等教育を専門としているものの，企業の人材マネジメントには必ずしも精通していない読者も少なくないと考えられる．そのような背景を鑑み，本章の記述にあたっては，微細な概念的相違を詳細に説明するのではなく，理論的枠組みの概略を読者に示すことを優先する．それぞれの下位研究群において，詳細な研究知見を知りたい読者は専門書などを参照してほしい（Wanberg 2012，Yu & Cable 2013，中原 2012 など）．

2 採用・選抜研究

2.1 採用と選抜

組織が自らの成果・目標達成のために，これらの目的に合致する人材の集団を，構成し，つなぎとめ，選定していくことを扱っている研究領域は，採用研究（Recruitment research）・選抜研究（Selection research）とよばれている（Taylor & Collins 2000，Barber 1998，Yu & Cable 2013）．

厳密にいえば，採用と選抜には明確な差がある．採用とは，ある仕事に対する潜在的候補者を惹きつける求人をおこない，個人が求人に応募することに影響を与え，オファー（内定）を出すまで当該候補者の関心を維持し，オファーが受諾され組織参入することに影響を与えることを意図する組織行動のことをさし（Breaugh, Macan & Grambow 2008），一方，選抜とは，集団のなかから適切な人材を選定することである（Rynes & Boudreau 1986）．しかし，それぞれの活動は不可分に結びついており，その境界は次第に流動的になりつつある（Taylor & Collins 2000）．近年では，これら 2 つを分けて論じるより

---

[1] なお，本章の記述の一部は，拙著『経営学習論』の第 2 章を適宜引用するものである（中原 2012）．

も，統一したひとつのプロセスとして描き出すことが一般的になりつつある．よって，本章では「採用・選抜」をひとつのカテゴリーとして先行研究のレビューをおこなう（Taylor & Collins 2000）．

採用・選抜研究はおもに産業・組織心理学の一研究分野として1970年代以降から量的拡大をとげ，数多くの実証的研究の知見を蓄積してきた（Guion 1975, Barber 1998, Dineen & Soltis 2011, Rynes & Cable 2003, Uggerslev, Fassina & Kraichy 2012, Schmidt & Hunter 1998, Taylor & Collins 2000, Premack & Wanous 1985, Yu & Cable 2013 など）．

これらの実証研究においては，一般的には，企業が提供する採用・選抜施策を「独立変数」として設定し，他方「従属変数」には「個人が知覚する企業の魅力」，「個人の職業選択希望」，「企業参入後の個人が知覚する組織コミットメント」，「個人が知覚する企業と自己の適応度（Person-organization fit）」，「個人が知覚する仕事－自己の適応度（Person-job fit）」などを成果指標として設定し，それらの相関・因果関係を統計的仮説検定にて検証する，という研究パラダイムが一般的である（Carlson & Mecham III 2013, Saks 2013, Kristof-Brown & Reeves 2013）[2]．その研究知見は多数にわたるので，本章ですべてを概括することはできない．

そこで本章では，採用・選抜研究のなかから，もっとも研究が発達していると考えられる，主要な4つの下位研究群を選定し（企業・管理側の立場に立った研究のなかから主要なテーマを4つ選んだ）以下，1）リクルーター研究，2）リクルーティングメディア研究，3）現実的職務予告に関する研究，4）選抜ツール研究として，その知見を概括する[3]．

2.2　リクルーター研究

リクルーターとは「求職者に対して採用活動を展開する専門人材」のことをいう．彼らの職務は，求職者（就職希望者）と採用のもっとも初期の段階から接触を試み，大学などにおいて多様な情報提供や勧誘をおこなうことに

---

[2] 採用研究は，大学生を実験参加者として用いた実験研究として実施されることが多い．その目的は，模擬的な採用施策を実験参加者に対して処方し，その後の，意思決定や主観的イメージにどのような変化が生じるかを考察することにある（Yu & Cable 2013）．

ある．リクルーター研究の歴史は古く，採用研究においては，1970年代より，採用活動の質や成功に寄与するリクルーターの役割・行動・態度が考察されてきた（Glueck 1973, Maurer, Howe & Lee 1992）．

そのきっかけとなった研究としてかかげられるのはウィリアム・グリュックの古典的研究である（Glueck 1973）．グリュックは，経営学と工学を専攻した大学生に対して，回顧法による面談を実施し，職業選択に関する定性データを収集した．その結果，仕事の内容もさることながら，大学生が職業を決定する際に，リクルーターの振る舞い・あり方などの諸要因が果たす役割も少なくないことを明らかにした．求職者は就職活動において接触した「人」によって職業を選ぶ，ということである．

既述したように，求職者は，リクルーターの人柄や行動，リクルーターの提供する各種の情報から，その会社や職場の状況を類推する（Turban & Dougherty 1992, Taylor & Bergmann 1987, Rynes, Bretz & Gerhart 1990）．求職者にとって，組織は「未知の存在」である．彼らは，手持ちの不完全な各種の情報から「未知の存在」がどのような場所であるかを類推する．その意味では，リクルーターは，いわば「シグナル」のひとつとして機能し（Taylor & Bergmann 1987），そのシグナルは，優秀な求職者であればあるほど，敏感に察知することができるという（Dineen & Soltis 2011, Rynes, Colbert & Brown 2002, Taylor & Bergmann 1987）．優秀な求職者は，自ら探索した多種多様な情報をもとにして，「未知の存在」の実態を推測し，自らがもっとも活躍で

---

3) ここでは企業・管理側の立場に立った主要な研究領域を4つ紹介しているが，これら4つ以外にも採用・選抜研究は存在する．

たとえば，求職者個人の行動や振る舞いに関する研究はそのひとつである．この研究群では，企業・管理側の提供する採用施策に焦点をあてるのではなく，求職者の行動・認知に着目する．たとえば，個人がどのように仕事のオファーを受諾するのか，その規定要因を探索する研究（Harold et al. 2013）や，就職活動時における個人の感情コントロールが仕事選択の意思決定にどのような影響を与えるのかを考察する研究（Steven & Seo 2013），面接時に求職者がどのような印象操作をおこなうかを考察した研究（Huang 2013）などが存在する．

また，もうひとつ大きな領域としてかかげられるのは，各国の採用施策等の事例研究である．どのようなかたちで採用をおこなうかは，採用国における法的体系や雇用制度に依存する．よって，これらの採用国ごとの採用施策に関する調査研究がある．たとえば，Kang & Jie（2013）は，現在の韓国多国籍企業が，中国において採用の際に，どのような実践をおこなっているかを考察している．その他には，台湾の製造業を対象にしたHRM施策のサーベイ調査にはHsu & Leat（2000），中国企業がおこなうことの多い人的ネットワークに依存した採用活動の報告にはHan & Han（2009）などがある．

きる場を探知しているということになる．

　このように，リクルーター研究においては，リクルーターの各種の行動・意識などを取り上げ，それと成果変数の関係を探究してきた．その知見を総括することは紙幅の都合上差し控えるが，各種レビューやメタ分析研究等を概括すると，1）リクルーターが「ふるいわけ（適職者の選定）」と「組織の売り込み活動」の2つの役割を適宜おこなっていること，2）リクルーターの行動や，人格的な信頼性は求職者の仕事選択に影響を与えるが，性別や所属組織などのリクルーターのタイプはあまり影響がないこと，3）当該組織にエントリーをしたい願望，当該組織の魅力，内定を受け入れる可能性は，リクルーターによって醸成される仕事タイプ，情報範囲，組織イメージなどに影響を受けることなどがわかっている（Chapman et al. 2005, Rynes, Brown & Colbert 2002, Rynes, Colbert & Brown 2002 など）．しかし，研究者間で統一した確固たる見解を持ち得ているとはいまだいえず，リクルーターの効果は不明であるという意見も根強い（Connerley 2013）．

　なお，わが国においてリクルーター研究に類するものには，林（2009）や下村・堀（2004）があげられる．

　たとえば，林（2009）は，ある会社の採用内定者717名に対して，質問紙調査をおこない，その結果を多変量解析によって分析した．その結果，内定者が接した従業員の好感度，採用面接時の面接官からの情報提供の度合い，採用選考時の面接のあり方などが，内定者がもつ仕事・成長・人間関係の期待に影響を与えていることが明らかになった．

　下村・堀（2004）は，就職活動中の大学生の情報探索行動に着目し，職業に関する情報源が就職選択に与える影響を考察している．その結果，大学生の就職においては，OB／OGや友人からの情報がもっとも影響力をもっていることが明らかになった．

　以上，リクルーター研究を概括した．これら諸知見からは，リクルーターの活動の質を保っていくことは，採用戦略上，極めて重要であるという経営的示唆が得られる．よい採用をおこなえるか否かは，リクルーターをいかに選抜しかつ育成するか，という点からすでにはじまっているということである．

2.3 リクルーティングメディア研究

リクルーティングメディア（リクルーティングソース）研究とは，企業がおこなう採用活動に利用されるメディアとその効果の関係を探究する研究群である．

リクルーティングメディアとしては，古くは新聞，広告，ラジオ，キャンパス訪問，ジョブフェア，パンフレットなどが活用されていたが，昨今では，インターネットを用いたリクルーティングが次第に一般的になりつつある（Allen, Mahto & Otondo 2007, Saks & Ashforth 1997a, Griffeth, Tenbrink & Robinson 2013）．とくに，最近の研究においては，採用に関する Web のテクノロジーやソーシャルメディアとその成果指標の関係の検証についての研究が多い（Braddy, Maede & Kroustalis 2006）[4]．

たとえば，Chien-Cheng, Mei-Mei & Chang-Ming（2012）の研究においては，台湾の 332 名の求職中の学生に対する実証研究を通して，採用のための Web サイトの構成について分析している．その知見によれば，Web の見た目やナビゲーションのユーザビリティも，求職者の知覚した仕事の魅力の程度に正の影響をもっていることが明らかになっている．

一方，メディアのユーザビリティやインタフェースの適切さのみならず，メディアが様々に発展し，多様化している現在では，どのようなメディアを使って，どのように求職者とコミュニケーションチャンネルを築けばいいのかに関する研究も存在する．デイヴィッド・アレンらの研究では，989 名の学部学生に対する調査の結果から，求職者へのメディアによるメッセージングのあり方を考察している．その知見によると，対面状況下でのコミュニケーションに加え，ビデオ，音声，テキストなど，様々なメディアを用いて，しかも，継続的なメッセージの伝達が，リクルーティングに奏功することが明らかになっている（Allen, Scotter & Otondo 2004）．

これに類するわが国の研究としては竹内・竹内（2009）などがある．

---

[4] 2011 年には，50% の人事担当者がソーシャルメディアを用いた採用活動をおこなっている．急速なネット環境の発達に，採用に関する理論や学問は追いついていないという批判もなされている（Dineen & Allen 2013）．

竹内・竹内（2009）は，製造業を中心とした新入社員研修に集まった新規参入者を対象に，質問紙調査をおこない，求職宣伝施策に関する実証的な分析をした．分析の結果，初期採用の様々な施策のうち，求職宣伝施策（就職のための自社 PR）を企業が積極的に提供することで，新規参入者の入社後の組織コミットメントが高まり，転職への意志が抑制されることがわかった．

昨今のメディア環境の劇的な変化において，人々の利用するコミュニケーションメディアはさらに多種多様にかつグローバルな広がりをもつものになっている．

いわゆる MOOCs（Massive Open Online Courses：大規模オンラインコースウェア）などの台頭によって，個人のオンラインでの学習履歴データをもとにした，グローバルな規模での採用活動などもはじまりつつある．つまり，今後は大規模オンラインコースでの学習履歴，オンラインテストの成績などが，採用基準として機能するということである．実際，MOOCs の学習コースを履修した新興国出身の熱意ある若者を，欧米のグローバル企業がネット採用するといったことも，現実に起こっている．

また，昨今では，ソーシャルメディア上での N×N による口コミ（Word of Mouth: WOM）が採用活動に与える影響なども無視できない（Hoye 2013）．口コミは，組織にとってポジティブ情報・ネガティブ情報の両者を含みうる非公式な情報で，いったん拡散しはじめると統制がほぼ不可能である．組織にとってクリティカルなネガティブ情報が拡散しはじめて実際に採用活動がうまくいかなくなったケースは枚挙に暇がない．

このようなメディア環境の急速な変化に対応しながら，リクルーティングメディア研究は，今後もネットテクノロジーの進展とともに，さらに多様化していくことが考えられる．

2.4 現実的職務予告研究

採用・選抜研究のなかで，もっとも歴史が古く，また蓄積が多い研究であると考えられるのは，現実的職務予告（Realistic job preview）に関する研究である（Premack & Wanous 1985, Landis, Earnest & Allen 2013, Meglinoa, Ravlin & DeNisi 2000）．現実的職務予告とは，「個人が組織に参入する前に，現実の職

務・組織に関するネガティブ情報を含む生々しい情報を与え，新規参入者が有する過大な期待を抑制し，ひいては組織社会化を円滑にすすめる情報提供のあり方のこと」をいう．個人は，会社が約束を履行していないと感じるときや，組織に裏切られたと感じるとき，そこから退去してしまう (Porter & Steers 1973)．現実的職務予告とは，そうした退去を防止する手続きのひとつであり，Weitz (1956) の古典的研究をきっかけとして発展した．その要旨を端的に述べれば，「求職者には，仕事に関する正確な情報を前もって提示することが大切である」ということになり，そのことによって，適格な応募者を選定し，不適格応募者の早期離職を防止することができるとされる (Landis et al. 2013)．

　1950年代のジョゼフ・ウェイツの研究を受け，1970年代以降，現実的職務予告に関する実証的研究を主導してきたのはジョン・ワナスである．ワナスは，新入社員の組織適応を円滑に達成し，彼／彼女らの離職を抑制するためには，新入社員が「採用候補者」である段階，すなわち組織参入前から，彼／彼女らが抱く「現実とは異なる社会的期待」を抑制することが必要であると指摘した．

　一般に，人は，組織にエントリーする前，組織に対して過大にポジティブな期待，すなわち「バラ色の期待」をもちたがる傾向がある．「あの組織に入ったあと，自分の仕事はこうなるに違いない」「あの組織で，自分は，こんなふうに活躍できるに違いない」と，新規参入者の社会的期待は高まることが多い．

　そしてこのような「バラ色の期待」が過剰に高まり，かつ現実の仕事・現実の組織との乖離が存在するとき，組織エントリー時のイメージのギャップは広がり，組織エントリー後の離職行動や生産性低下の大きな要因になることが知られている (Phillips 1998, Porter & Steers 1973)．

　端的に述べれば，ワナスがおこなったのは「バラ色の期待」を「リアルな現実」に変化させることである．採用候補者に対して，組織に関するネガティブな情報を含む「組織・職務のリアルで生々しい情報」を提供することによって，その過剰な期待を抑制しようとした．こうした認識のもと，この抑制効果について，米国の電話会社の採用者を対象者とした比較統制実験によ

って測定した（Wanous 1973, 1992）．その結果，「組織・職務のリアルで生々しい情報」が提供されていた採用者の方が，組織参入後，離職につながらず，組織コミットメントもポジティブにもちうることが示唆された．

ちなみに，わが国において，予期的社会化における現実的職務予告に関して，もっとも早く注目したのは金井（1994）である．金井壽宏は，428社を対象にした質問紙調査において，日本企業の採用活動における現実的職務予告の志向性を算定した．ワナスの研究同様，現実的職務予告は日本企業においてもリアリティショックを抑制し，離職防止につながることを示唆している．

2.5 選抜ツール研究

人材の採用には，各種の選抜ツール（機会）が用いられる．応募用書類のフォーマットからはじまって，各種の人格テスト，認知的能力テスト，グループワーク，面接[5]，集団面接など，これらのツールは非常に多岐にわたっている[6]．選抜ツール研究とは，おもに，こうした各ツールがどの程度，客観的に選抜対象者を選定できているのか，その妥当性や信頼性を探究する研究群である．

選抜ツール研究のレビュー論文を概観してみると，これまで様々に開発され，評価されてきた各種の選抜ツールのなかで，個人の将来の業績を予測するためにもっとも有効なのは，「実際に仕事の一部に従事させてみること（ワークサンプル）」である．認知的能力テスト，構造的面接，職務の知識テストなどは，「実際に仕事をさせること」にくらべてやや劣るものの，比較的信頼性の高いものであると位置づけられている．反面，選抜プロセスにおいて，もっともよくおこなわれている非構造化面接（自由な面接）などは，あまり予測精度は高くないとされている（Ryan & Tippins 2004, Schmidt & Hunter 1998, Taylor & Bergmann 1987）．

---

[5] 今城は，実証的な方法論を用いて面接研究をおこない，同じ組織に属する面接者は，共通の評価軸・選抜基準をもって，求職者の組織適合を判定していたことを明らかにしている（今城 2009）．

[6] 選抜基準書や選抜基準手続きも，選抜ツールのひとつとして考えられる．岩脇は企業採用担当者を対象にして，その選抜基準を明らかにしている（岩脇 2007, 2008）．

概していえば，仕事の将来の業績を予測するためには，仕事のなかで必要な行動や資質を，仕事のなかで検証する方が効果的である．仕事の状況に埋め込まれてなされる評価こそが，もっとも信頼性が高いということである (Gardner 1993)．実際に仕事をさせることにくらべれば，標準化テストで測定・予測できる能力には限界もある．

2.6 採用・選抜研究の概括

以上，2.1項から2.5項まで採用・選抜研究の主要な研究分野を概括してきた．実証的な採用・選抜研究は数が極端に少ないということはないものの，人材マネジメントの他の研究分野にくらべ，研究知見の蓄積が限定的でその知見はあまり知られていない (Rynes, Brown & Colbert 2002)．

その理由については様々に議論されているが，最大の理由は理論モデルの不足にあるといわれている．すなわち，採用・選抜研究は，ともすれば場当たり的に，説明変数と被説明変数（成果変数）を選定し，その関係を模索する傾向があり，これらを一般化して理論モデルを構築するなどの努力を怠ってきた (Rynes, Heneman III & Schwab 1980)．その結果として，採用・選抜研究の発展は限定的なものにとどまり，その知見は広く知れわたっているわけではない．その結果として，人事の実務家のあいだに，様々な誤謬や誤概念が広まる結果となっている (Rynes, Brown & Colbert 2002, Rynes, Colbert & Brown 2002)．

近年では，Breaugh & Starke (2000) に見られる，採用研究を概括し，その発展の青写真や統合されたプロセスモデルを提案するなどのことも試みられている．しかし，実データを用いた実証は，いまだ完全とはいえない．

このように採用・選抜研究には課題も多いが，裏返せば，この領域には，まだまだ科学的探究の余地があるということを示しており，今後の研究の発展が見込まれる．

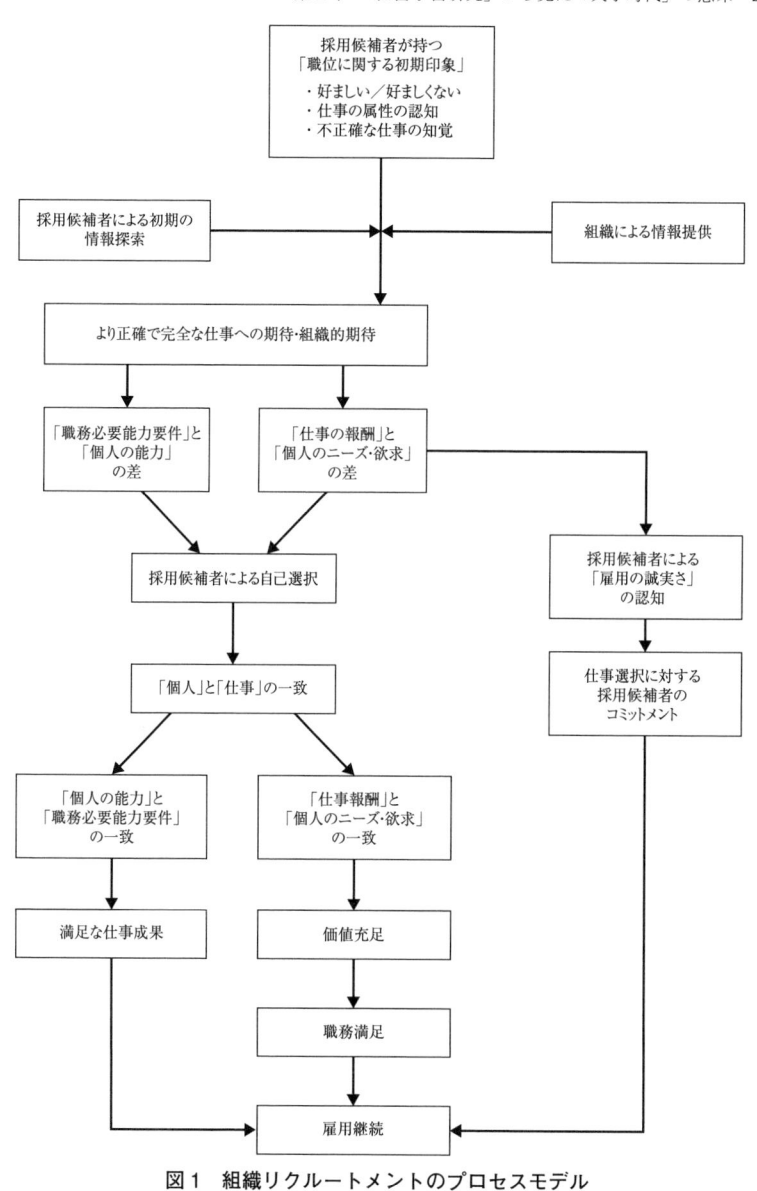

第2章 「経営学習研究」から見た「大学時代」の意味　25

```
                    ┌──────────────────┐
                    │ 採用候補者が持つ   │
                    │「職位に関する初期印象」│
                    │ ・好ましい／好ましくない│
                    │ ・仕事の属性の認知 │
                    │ ・不正確な仕事の知覚│
                    └─────────┬────────┘
    ┌──────────┐      │      ┌──────────┐
    │採用候補者による│─────▶│◀──────│組織による情報提供│
    │ 初期の情報探索 │             └──────────┘
    └──────────┘      │
                    ▼
         ┌──────────────────┐
         │より正確で完全な仕事への期待・組織的期待│
         └──────┬────────┬──┘
                ▼        ▼
       ┌──────────┐ ┌──────────┐
       │「職務必要能力要件」│ │「仕事の報酬」と │
       │と「個人の能力」の差│ │「個人のニーズ・欲求」│
       │            │ │    の差      │
       └─────┬────┘ └─────┬────┘
             ▼            │           ┌──────────┐
      ┌──────────┐       │           │採用候補者による│
      │採用候補者による │       │           │「雇用の誠実さ」│
      │    自己選択    │       │           │    の認知    │
      └─────┬────┘       │           └─────┬────┘
            ▼                               ▼
      ┌──────────┐                  ┌──────────┐
      │「個人」と「仕事」│                  │仕事選択に対する│
      │    の一致      │                  │採用候補者の  │
      └──┬────┬──┘                  │コミットメント│
         ▼    ▼                      └──────────┘
   ┌───────┐ ┌───────┐
   │「個人の能力」│ │「仕事報酬」と│
   │と「職務必要│ │「個人のニーズ│
   │能力要件」の│ │・欲求」の一致│
   │   一致    │ │            │
   └───┬───┘ └───┬───┘
       ▼         ▼
  ┌────────┐ ┌────────┐
  │満足な仕事成果│ │ 価値充足 │
  └────┬───┘ └────┬───┘
       │           ▼
       │      ┌────────┐
       │      │ 職務満足 │
       │      └────┬───┘
       ▼           ▼
         ┌──────────┐
         │  雇用継続   │
         └──────────┘
```

図1　組織リクルートメントのプロセスモデル
*Breaugh & Starke（2000）から和訳.

3 新規参入者の組織適応と能力形成

3.1 組織社会化

次に採用した人材が組織に参入する前後に関連する理論を紹介したい．新規参入者の組織適応，および，組織における能力形成に関しては，組織社会化（Organizational socialization）とよばれる研究群において数多くの研究蓄積が存在する（Van maanen 1976, Van maanen & Schein 1979, Fisher 1986, Feldman 1976, Jones 1986, Saks & Ashforth 1997b, Ashforth 2012, 小川・尾形 2011）．

組織社会化とは，一般に，組織参入時に組織から個人にもたらされる「社会化」[7]の諸力である．その定義は非常に多岐にわたっており，研究者間に合意はない．

しかし，わが国でもっともよく引用される定義としては，高橋（1993）の定義「組織社会化とは，組織への参入者が組織の一員になるために，組織の規範・価値・行動様式を受け入れ，職務遂行に必要な技能を習得し，組織に適応していく過程」というのがあり，本章ではこれを用いる．

組織社会化が成功したとき，1) 個人の役割意識・職務意識が明確化する，2) 業務内容についての理解が進み，生産性向上をのぞむことができる，3) 自己効力感を獲得することができる，4) 同僚等に組織メンバーとして受容され，信頼感を得ることができる，5) 職務態度・組織コミットメントが向上する，6) 離転職の防止に役立つ，などのメリットが生まれるという（Feldman 1981, Bauer & Green 1994, Ashforth, Myers & Sluss 2011）．

一般に「組織」とは「2人以上の人々による，意識的に調整された諸活動，諸力の体系」である（Barnard 1938）．人が独力では達成できない課題を成しとげようとして，複数の人々と共通意志と相互作用をもつとき，そこには「組織」が生まれる．

---

[7] 社会化とは「非常に広範囲の行動可能性をもって生まれた個人を，その準拠集団の基準にてらして，所属メンバーに慣習的に受け入れられる範囲の，限定された行動へ，実際に発展・誘導させる包括的プロセス」のことをさす（Child 1954）．社会化は，組織のみならず，家庭や学校などにおいて，生涯をかけておこなわれる．

しかし，組織のかかげる事業が継続的なものとなり，その規模が拡大してくると，メンバーの新規参入が必要になる．新たなメンバーを外部から迎え，彼らに，活動を担ってもらうべく，組織目標に合致したかたちで，個人をただちに「社会化」する必要がでてくる．つまり，組織目標を達成するために必要な個人が獲得するべき知識，技能，規範を個人に受容させることに成功しなくてはならない．このように，組織が組織として継続し，事業を維持していくためには，組織社会化の迅速な成功が重要な与件になる（Super 1957, Kilduff 1990）．

それでは，いったい組織はどのようにして個人を社会化するのだろうか．このことについて次項以降で論じることにしよう．

3.2　組織参入後の組織社会化プロセス[8]

3.2.1　2つの異なるベクトル

組織参入後の組織社会化プロセスに関しては，「社会化を担う主体とベクトル」の違いから，さらに2つに大別できる．

第1のベクトルは，組織側が主体となり，新規参入者に対して，どのように，はたらきかけるか，という観点からなされる組織社会化である．これを「組織による社会化」とよぼう．

第2のベクトルは，組織ではなく，新規参入者自らが，どのような主体的行動をなすことで，自らの社会化を完遂させるのか，という観点である．これを「個人による社会化」とよぼう[9]．

組織社会化研究の歴史をひもとけば，「組織による社会化」の方が「個人による社会化」よりも研究の歴史は古く，蓄積も大きい[10]．ここでは，こ

---

[8]　2節で述べた採用・選抜研究も，組織社会化研究の一部，すなわち，組織参入前の社会化プロセスとして見なすこともできる．採用・選抜研究を組織社会化の一部として見なした場合，それは「予期的社会化（Anticipatory socialization）」とよばれることが多い（Chao 1988）．具体的には，採用時，あるいは内定直後から組織参入にいたるプロセスにおいて，組織から個人に対しておこなわれる働きかけをさす場合がある．

[9]　こうした新人の能動的な主体的社会化は，プロアクティブ行動とよばれることもある．プロアクティブ行動とは，「現在の不確実な環境を改善したり，新しい環境を創り出す際にイニシアティブを取ること」である（Bauer & Erdogan 2012, Bauer & Green 1994, Bauer, et al. 2007, Ashford & Black 1996）．

の2点について以下，概観する．

3.2.2　組織による社会化

　組織が主体となっておこなう組織社会化の実際に関しては，長年の研究蓄積が存在し，その知見はすでに実務で多種多様に活かされている．近年では「オンボーディング（Onboarding）」という実務家向けの概念や様々な具体的施策や社会化のガイドラインが提案され，研究者のみならず実務家からの情報発信が活発におこなわれている（Klein & Polin 2012, Saks & Gruman 2012）．これらのガイドラインや概念は，そのまま組織社会化の概念とぴったりと符合するわけではないが（Klein & Polin 2012），組織社会化の広範囲な射程を把握する意味で示唆的であるのでここでも紹介する（表1参照）．

　ここでいう，オンボーディングとは，組織社会化に類似する実務的概念であり，組織（組織を管理する主体）が，新規参入者の組織適応を促すために用いる実践，プログラム，人事施策をさす場合が多い．

　表1に見るように，組織は，あらゆる手段を駆使して，新規参入者を組織適応させ，かつ，ただちに必要な知識やスキルを獲得させ，目標を達成をしようとしている．実務では，これら多様な試みがHR（ヒューマンリソース）部門ないしは日々の職場で実践されていることになる．

　このように「組織による社会化」は，組織参入後の各種儀式，手続き，日常的な業務のなかに埋め込まれ，多種多様な人々によって担われている．もちろん，求職者に対して，表1の施策がすべて一様に実行されるわけではない．何が実施され，何が実施されないかは，雇用慣行や文化的背景，組織ごとの人事施策の方針や発展の程度，現場マネジャーの理解や考え方などに深く依存している．

　しかし，日本の一般的な企業においても，海外の企業においても，もっとも広く実践され，発達しているのは，研修（新入社員教育）であり，現場で

---

10)　組織による社会化，すなわち，制度的社会化と，個人による社会化，いわゆる能動的社会化の関係が，近年論じられつつあり，統合がはかられている．たとえば，ブレイク・アッシュフォースらによって提案されている統合モデルでは，制度的社会化の駆動がコンテキストになって，個人による社会化が奏功するというメカニズムが示されている（Ashforth, Sluss & Harrison 2007）．

表1 オンボーディングのガイドライン (Klein & Polin 2012)

コミュニケーション：新規参入者とのコミュニケーションを計画的に促進する——一方向のメッセージ提示と双方向の対話の機会

1. 先輩従業員に質問をできる「質疑応答のセッション」が設けられている
2. 先輩従業員に面会できる機会が準備されている
3. マネジャーは，新規参入者の面談に，まとまった時間を割いている
4. 人事の代表者と面会の機会がある

資源：新規参入者のために準備された支援——新規参入者が任意で利用可能である

5. 会社が従業員のためにつくったウェブサイトにある情報を発見できる
6. 能力形成のための基本的考えがはじめから示されている
7. 会社だけで通用する省略語，専門用語集が提供されている
8. 新入社員向けのウェブサイトページが示されている
9. 社内の重要なキーパーソンの氏名や連絡先が教えられている
10. 物理的なワークスペースが確保されている（文房具や装備含めて）

トレーニング：スキル・行動・知識を獲得するための体系的かつ計画的な機会

11. 新入社員向けの教育ビデオが提供されている
12. 職場のメンバー（の仕事の様子）を一定時間見学する機会が設けられている
13. 仕事を覚えるためのOJTの機会が設けられている
14. 会社の施設を紹介するツアーが準備されている
15. 他の新入社員と出会うことのできるプログラムに参加できる
16. オンラインのオリエンテーションプログラムに参加できる
17. 仕事に精通している既存メンバーから説明を受ける機会が設けられている

歓迎：新入社員が出会い，交流し，歓迎を受けるための活動

18. 先輩社員から入社に際して，1対1で歓迎メッセージを受ける
19. マネジャーから入社に際して，1対1で歓迎メッセージを受ける
20. 歓迎のグッズなどが手渡される
21. 既存のメンバーと交流する機会に参加できる
22. 会議や歓迎ランチなどを通して，既存メンバーと集う機会が設けられている
23. 歓迎会が開催される
24. 既存メンバーと社交するイベントが開催されている
25. 仕事を離れて家族で参加できる社交イベントが開催されている
26. 新入社員が入社したことが，メールや社内報などのメディアで一斉通知されている
27. 会社の名前，ロゴのはいったグッズなどが提供されている

ガイド：新入社員に提供される支援

28. 自分のマネジャーよりも上位者がメンターに割り当てられている
29. 問題を抱えたときに一元的に対応できる人が割り当てられている
30. 問題を抱えたときに支援してくれる同僚が割り当てられている

のOJT（On the job training）やメンタリング（上司・OJT指導員からの部下指導）であろう．ここでは，数ある組織社会化の研究知見のなかから，研修とOJTについて焦点をあててみたい．

まず研修である．組織社会化時における研修の役割については尾形真実哉の研究がくわしいので，これを概観しよう．

尾形（2009）は，新人研修（論文内においては導入時研修）が新規参入者の組織社会化に与える影響について，従業員300名の製造メーカーを対象にして，定性的な研究をおこない，研修の効果をまとめた．尾形（2009）のまとめる研修効果としては，「研修の厳しさによる効果」と「研修内容の不変性による効果」の2点があった．

第1に「研修の厳しさの効果」は，1）タブラ・ラサ効果，2）ヨコとの連帯感醸成，3）タテへの信頼感醸成，4）自己効力感の醸成，5）組織コミットメントの醸成から構成されるという．

1）「タブラ・ラサ効果」とは，「新人たちの今までの価値観を一気に打ち壊し，社会人・社員としての新たな価値観・行動規範を習得させること」である．学生時代を通して構築してきた様々な価値観・信念をいったん「白紙」のように真っ白な状態にすることをさして「タブラ・ラサ」という用語が用いられている．

一般に「タブラ・ラサ」の状況をつくりだすためには，第三者による介入や揺さぶりを必要とする．このことを，かつてジョン・ヴァン＝マネンは「価値低下経験（Debasement experiences）」という概念で把握した（Van Maanen 1976）．「価値低下経験」とは，新規参入者に対して，彼らがこれまでに保有し続けてきた信念，価値観，自信，経験を，一時的に，意図的・操作的・強制的に「低下」させる経験のことである．「価値低下経験」は，新規参入者の保有する信念・価値観を剥奪し——つまりは意図的に「タブラ・ラサ」の状況をつくりだし——新たな価値観や信念の刷り込み，組織社会化の円滑な遂行を可能にするとされている．多くの場合，一時的かつ意図的に，新規参入者に対して屈辱・恥辱の経験や知覚を付与し，新規参入者がこれまで有していた信念，価値観，自信，経験などの諸要素とのあいだに葛藤状況をつくりだすことをいう．

2）ヨコとの連帯感の醸成とは，研修内容が厳しく，予断を許さないものであるからこそ，「同期のあいだの社会的結合が強固」になることをいう．教育機関から職業領域の移行期のまさに渦中にある新入社員研修は，新規参入者にとって，ひとつの「通過儀礼」ともいえる．通過儀礼の不条理な厳しさに接して，新人は「仲間とともに乗り越えること」の大切さを学ぶことになる．かつて文化人類学者のヴィクター・ターナーは，通過儀礼の前後に存在する「分離期・過渡期・統合期」において，過渡期とよばれる時期を「リミナリティ」という概念で把握した（Turner 1996）．

リミナリティとは，通過儀礼を挟んだ2つの世界のあいだに存在する，不確実で曖昧な過渡的状況であり，そこは「自己卑下」「隔離」「試練」によって特徴づけられる．そして，その不確実性・曖昧性ゆえに，そこには擬似的民主制が生起し，すべての成員が社会的結合（コミュニタス）を得る（Turner 1996）．尾形の指摘するタブラ・ラサの状況，そして，ヨコへの連帯感，とは，まさにターナーのいうリミナリティとコミュニタスに相似する．

3）タテへの信頼感とは，研修において時には不条理な指示・命令をだすトレーナーに対して，当初，新人はネガティブな感情を有しているものの，それが次第に，「サポートしてくれているのだ」という感覚に変わり，信頼感が生まれる，ということである．

4）自己効力感の醸成とは，厳しい研修を乗り越えたからこそ，いわゆる自己効力，すなわち，自分が行為の主体であるという感覚が生まれることをさす．このように連帯感・信頼感が醸成され，自己効力感が増すと，必然的に5）組織コミットメント（組織に対する愛着）が醸成されるものと思われる．

次に，新入社員研修の効果のうち第2の効果である「研修内容の不変性による効果」とは，尾形（2009）によれば，1）コミュニケーションツールとして機能すること，2）メンバーシップを獲得できることにあるという．

これらは，この会社の研修が，過去25年間，内容が変わっていないこと，すなわち，この会社に新規参入した人間であれば，すべての人間が共通体験を有していることからなる効果である．研修は，いわば共通の話題，共通言語（Lingua franca）として機能し，コミュニケーションを媒介する．これが，研修のコミュニケーションツールとしての効果だろう．そして，共通言語を

もつ人々と，もたない人々のあいだに境界が生まれる．この境界こそが，メンバーシップということになるだろう．

一方，新人は「研修」だけで業務をおぼえるわけではない（Morrison 1993）．業務に必要な知識やスキル，態度などは，現場での業務経験（OJT）を通じて学ばれる．次にOJTについて注目しよう．

現場でのOJTは日本企業における組織社会化戦術の具体的施策として，これまでもっとも注目され，かつ重視されている．

たとえば，若林・南・佐野（1980, 1984），若林（1988）の一連の研究では，入社して配属された職場における「直属上司 – 本人」との垂直的交換関係に焦点をあてて，その効果を調べた．その結果，1）入社1年目の「直属上司 – 本人間の垂直的交換関係」は，入社3年目の新規参入者の初期キャリアの発達に強い影響を与えていること（若林・南・佐野 1980），また2）入社後3年間において直属上司から付与された職務経験が，入社7年目の新入社員の管理能力の発達にとって大きな影響を与えていること（若林・南・佐野 1984），3）入社後3年間の垂直的交換関係が，入社13年目の昇進・給与・賞与等に影響を及ぼしていることがわかっている（若林 1988）．

若林らとは異なる手法で，上司によるOJT行動に接近したのが，榊原（2005）である．榊原（2005）は，上司・管理者・マネジャーが，新規参入者に対してOJTをおこなう際，具体的にどのようなOJT行動を選択すればよいのかを，質問紙調査を実施し，実証的に考察した．分析の結果，OJT行動には，直接的な教育・指導をおこなう側面と，責任と仕事の権限を委譲する，という2つの側面があることがわかり，かつ，後者の「責任と仕事の権限の委譲」こそが，能力自己評定値に対して，統計的に正の効果をもっていることがわかった（榊原 2005）．

OJTの研究は，さらに職場に関する多様な社会的ネットワークの研究に，近年では発展している（Jokisaari & Nurmi 2012, 中原 2012b）．

これらの背景には，1）組織社会化研究における研究分析単位が「組織」そのものから，その構成要素のひとつである「職場」や「職場にいる同僚・コワーカー」に焦点があたりはじめていること（Ashforth, Sluss & Harrison 2007），また，2）社会科学におけるネットワーク論，社会関係資本研究が急

速な発展をとげたことなどが存在すると思われる.

　この分野をいち早くリードしたモニカ・ヒギンスとキャシー・クラムは，多種多様で，かつ，重層的な複数の主体とのメンタリング関係を「発達的ネットワーク（Developmental network）」と概念化し（Higgins & Kram 2001），この概念を中核とした実証的な探究を進めている（Higgins 2000, Higgins & Thomas 2001）. また近年では，直属の上司のみならず，職場に存在する同僚などのメンバーからの社会的支援にも注目が集まっている. 従来の研究では，同僚などの職場の「他者」は，新人が自ら環境を探索していく際の「情報源」というよりも，むしろ，より積極的に「社会的支援を提供する主体」として位置づけられ，新人が能動性を発揮できる環境として機能し，組織社会化を加速させるのだという（Kammeyer-Mueller et al. 2013）.

　また，わが国においても，中原（2010）が，職場の社会的ネットワークと能力向上の関係を実証的に研究した. 中原は職場には，新人・若手の能力形成の支援手段として，業務支援・内省支援・精神支援が存在することを明らかにし，それと能力向上の関係を考察した. その結果，職場の多種多様な他者から多様な支援を受けていること，また内省支援を多数の主体から受けていることが，若手の能力形成にとって重要であることを明らかにしている.

　このフレームワークを踏襲し，OJT 指導員と新人の能力形成に適用し，実証的な研究をおこなったのは関根（2012）である. 関根雅泰は，新人の能力形成を支援している OJT 指導員の行動を探究し，OJT 指導員が「独力」で能力形成を支援しようとしていないこと，つまりは職場の多種多様な他者を巻き込みつつ，彼らと協働することで新人を育成しようとしていることを，実証的に明らかにしている（関根 2012）.

3.2.3　個人による社会化

　個人による社会化，言い換えれば，新規参入者の能動的な社会化とは，組織参入時に新人が行使する「不確実性減衰の行動」である（Van maanen & Schein 1979）.

　新人にとって，新たに参入する組織とは「暗闇」のようなものである. そこにどのような人が存在し，どのような政治的パワーが存在しているのか，

自分に何が期待され,何が評価されるのか.組織に長くいる人にとっては自明な物事の多くが,新規参入者には見えない.そこで,新規参入者は自ら組織・環境に能動的に働きかけ,自らの周囲に存在する「不確実性」をいくばくかでも減衰させるべく,動かなくてはならない.すなわち,自らの主体的な情報探索行動によって(Morrison 1993),「今,ここ」の職場環境,組織環境を,少しでも理解可能(Understandable)なものになるよう懸命に努力しなければならない(Falcione & Wilson 1988).

この意味で,新規参入者は,自ら外部環境に対して能動的働きかけをおこない,そのことを通して,環境から絶えざる情報のフィードバックを受け(Ashford & Cummings 1983),環境についての「意味構築」を自らおこなっている存在とも考えることができる.

このように新規参入者を「能動的主体」と見なし,その組織社会化プロセスを考察した代表的研究にメリル・ルイスらの認知的意味生成アプローチがある(Louis 1980)[11].

新人は組織参入時,様々な「変化」や「出来事」を経験する..そして,その変化を自分の記憶にある先行経験と対比させ,ショックを受けたり,驚きを感じる.問題となるのはこのショックや驚き自体ではない.なぜなら組織参入時には,少なからず,リアリティショックが生じるものであるからだ.見知らぬ組織に人がはじめてエントリーすれば,そこには必ずや感情の葛藤があるであろうことは,私たちの過去の経験から考えても,想像に難くない.

真の問題は,新規参入者がそうした「変化」や「出来事」をいかに受け止め,意味形成をおこなえるかにある.変化や出来事の意味形成に成功すれば,それがどんなものであったとしても,新規参入者は「納得」ができる.しかし,意味形成に失敗した場合には,その変化や出来事が,いかに「些細なもの」であったとしても,新規参入者は納得できない.この意味で,出来事を解釈し,理解可能なものとしていかに了解・意味構築していくのかが決定的に重要である.ルイスは,このプロセスを認知的意味生成プロセスと見なし,

---

11) Louis(1980)にとって組織社会化とは「個人が組織役割を引き受け,組織のメンバーとして必要な価値観,能力,期待される行動,社会的知識を正しく"認識"するようになるプロセス」ということになる.組織メンバー側の能動的な「認識形成」に着目している.

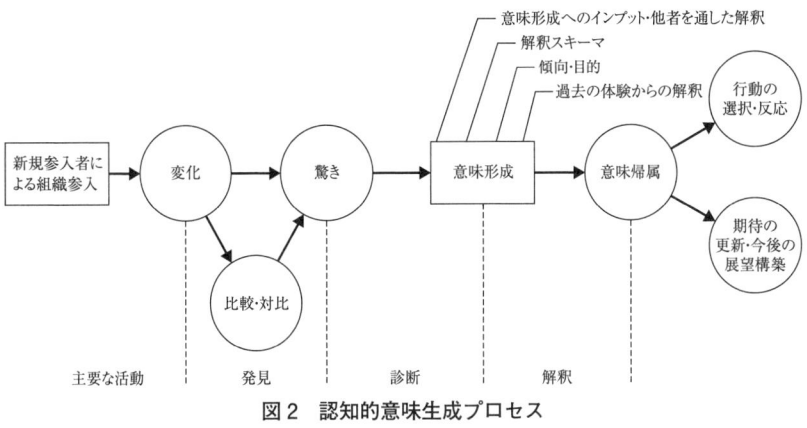

図2 認知的意味生成プロセス
*Louis (1980) から和訳.

図2のようなモデル化をおこなっている．

新規参入者とは「学習者」である．新規参入者は不断の情報探索・出来事解釈を通して，参入時の「不確実性」を減衰させ，積極的に自らを社会化しようとしているのである．

3.3 組織社会化，その後

このようにして組織社会化の諸力，あるいは個人によって行使された能動的な社会化の試みによって，新規参入者は，徐々に組織に適応し，組織の成果・目標に合致した行動を選択し，その方向に能力形成をおこないはじめる．

ちなみに，新規参入者にとって，初期キャリアとよばれる時代の仕事はとりわけ厳しい（上西・川喜多 2010）．しかし，この時期に必死に仕事をする経験こそが，適職感覚をつくり，さらなるキャリアの伸張につながる．もちろん前項で見たように厳しい業務経験を個人に付与するだけでなく，職場に個人を支援する社会的ネットワークが存在していることも重要であることはいうまでもない．

一般に，個人が受ける組織社会化の程度は（組織からの社会化の程度），個人が業務経験を積み重ね，キャリアを進展させることと反比例する．すなわち，入社から数年がたち「新人」や「若手」という社会的ラベルが剥奪され「実務担当者」ないしは「担当者」とよばれる頃には，組織社会化の諸力も

減衰している．組織社会化の諸力が解除の方向に向かい，実務担当者として仕事に取り組みはじめた以降の人々は組織社会化によって学習した内容をオペレーショナルに実行しつつ，「より高次なキャリア課題」に直面しなければならない．

「より高次なキャリア課題」のひとつとしてかかげられるのは「経営上重要で，オペレーションの確立していない新規な業務経験」に積極的に直面し関与していくことと，それを「革新行動によって克服する」こと，さらには「そうしたタフな業務経験そのものを内省する」ことである．

組織社会化で培った基本的な業務スキルを保持し実務担当者として働きだした人々は，それらを基盤とし，新規な課題に直面しつつ，さらに自らの専門性を高めることが期待されている．

ここでいう「経営上重要で，オペレーションの確立していない新規な業務経験」とは，金井（2002）が明らかにしたような「一皮むけた経験」に類似するものと考えられる．

金井（2002）は，日本企業に勤める20人の経営幹部にインタビュー調査を実施し，自らの成長につながった業務経験を抽出してもらった．その結果，「新規事業・新市場のゼロからの立ち上げ」「海外勤務」「悲惨な部門・業務の改善と再構築」「プロジェクトチームへの参画」などに代表される「一皮むけた経験」が，マネジメントやリーダーとしての成長に寄与していることがわかった．

当然のことながら，これらの「一皮むけた経験」を乗り越えるなかには，組織内部・職場内部に存在する従来の慣習や仕事のやり方を打破し，新規な物事に挑戦すること——すなわち個人をベースにした革新行動の実行が重要になる．新規の物事には，すでに確立されたオペレーションはない．そこではすでに確立されたオペレーションや知識をベースにしながらも，様々なやり方を検討し，新たな事業，新たな経営スタイルを創り出し，革新していくことが求められる（高石 2007，高石・古川 2008）．

もちろん，革新行動を追求するからといって，アクションばかりが続いてはいけない．業務経験やそれにともなう革新的な行動を繰り返すだけでは，熟達はおぼつかない（松尾 2006, 2011，中原・金井 2009）．経験学習の諸理論

が教えるように経験は内省をともなってこそ学習につながる(中原 2013).

このように,実務担当者以降の熟達とは,経営上重要な新規な業務経験に取り組み,革新行動によって現状を打破し,経営・事業の革新に貢献すること.さらには,その経験自体を内省していくことによって,促進されると考えられている(McCall 1988a, 1988b, 2010, McCauley, Moxley & Velsor 2011, 中原・金井 2009, 中原 2013). それが組織社会化を終え,一定の熟達を成しとげた人々のこなす「より高次な課題」として期待される行動である.

3.4 企業の観点から見た「大学時代」

以上,企業に新規参入者が採用・選抜され,組織参入を果たし,社会化されていくプロセスを先行研究の知見を参照しながら概観してきた.紙幅に制限があるので,詳細を論じることはできないが,その概略について理解を深めることができたと考える.本章の理論的概観が,第4章以降のデータ分析結果を読み解く補助線として機能することを期待する.

本章で紹介した採用・選抜・社会化等の活動は,企業にとっては目標・成果を達成するために必要不可欠な活動である.厳しいグローバルな競争環境にさらされている昨今にいたっては,いかに効率的に新規参入者を採用・選抜し,組織社会化させるかは,重要な経営課題のひとつとなっていることはいうまでもない.

さて本章の最後では,これらの先行研究を踏まえたうえで,企業の観点から「大学時代の経験」をどのように位置づけるのかを考えてみよう.

端的に述べるのであれば,企業の観点から見た「大学時代の経験」とは,合理的な採用・選抜等の人材マネジメントを実施していく際の情報リソースのひとつである.大学がレジャーランドと揶揄されていたかつてとは異なり,今や大学における大学生の学びや経験は,徐々に変化し,多様なものになってきている.大学によっては,成績評定の厳密化や達成度調査の経年実施など,評価の観点が強化され,さらには,その教育内容も,アクティブラーニング,プロジェクト学習,キャリア教育,職業統合学習(Work integrated learning),サービスラーニング,海外留学の必修化など,より主体性を必要とし,また実践的で職業関連性の高い内容が徐々に導入され,多様なものと

なってきている．このような背景を踏まえ，大学時代，学生がいかに学び，どのような人々と出会い，何を実践してきたのか，という「大学時代の学び・経験」は，企業が人材マネジメントをおこなう際，これまで以上に有望な情報リソースのひとつになるであろうと考えられる．そうした情報によって「教育機関での学習－採用・選抜－組織社会化を統合した人材マネジメントシステムの構築」が完成したとき，さらに合理的な組織参入前後のマネジメントが完成する[12]．

既述したように，組織社会化は組織参入前からすでにはじまっている．採用・選抜のプロセスにおいては，企業から様々なメッセージが様々なコミュニケーションチャンネルを通じて発信されており，個人はそれを受容する．組織社会化でもっとも影響力が強いのは，数あるオンボーディング施策のなかでも，研修や OJT ということになるだろうが，このような学習機会を通じて，「新人」は，一定の時間をかけて学習し，「担当者」に成長していく．

しかし，一方で企業の競争環境は年々激化している．目標や成果をただちにあげなければならないというプレッシャーは日に日に増しており，これまでのように社会化プロセスに時間的コスト，人的コストをかけることがままならない現状も存在している．願わくば，潜在能力のある学生を効率的かつ円滑に採用・選抜し，社会化と連動させ，即時に戦力を補充したい．

このような社会的ニーズを受けて，近年の組織社会化研究においては「Swift socialization（迅速な社会化）」という概念が注目されている（Ashforth 2012）．

「迅速な社会化」とは，個人と組織の関係構築のための期間，すなわち社会化のスピードを，これまで以上に，しかし，精度をあげ，高速化しようとする概念である．

「迅速な社会化」を実現する手段にはいくつかの方法がある．もっとも有力かつすぐにでも個々の企業が取り組むことができるのは，新人の「組織参

---

[12] ここでは，企業・経営的観点から「大学時代の経験」を「利用可能な有望な情報リソース」として意味づけているが，もちろん，これは一面的な見方である．誤解を避けるためにいっておくが，大学は，何も企業の経営だけに存在するわけではないことはいうまでもない．市民性の涵養や民主主義の実現，それに資するような高度な教養教育の提供，また，高度な付加価値のある研究を通して社会に貢献することも，また大学の責務である．

入後の組織からの社会化」を注意深くデザインし，より効率的に運用していくことだろう[13]．具体的には研修や OJT をさらに質の高いものにすることが考えられる．しかし，一方で，それを実現するために現場に投入される経営資源には限界もあり，組織参入後に実行できる施策にも限りがある．

　そこで，注目されるのが「大学時代の経験」である．すなわち，「大学でどのような学びや経験を積んだのか」というデータと，そうした個人が「企業に参入後，どのようなキャリアをたどったのか」ということを照合させ，人材マネジメントをさらに合理化していくことが求められる．

　これまで企業の採用活動においても，大学時代の経験に関するデータは，面接やエントリーシートなどの手段で取得されてきた．しかし，その選抜は経験的基準に左右されがちであったし，その経験的基準においてですら，採用活動に人事部の人材，事業部の人材，経営陣が重層的に関与するために，揺れ動いていたことは否めない．このような現実を鑑み，まずは採用・選抜の科学化をはかる．そのうえで，科学的な採用・選抜によって選出した潜在能力を有する個人に対して，さらに高度化された社会化をおこない，経営への貢献を実現したい．そのためのフレームワークが「教育機関での学習 – 採用・選抜 – 組織社会化を統合した人材マネジメントシステムの構築」に他ならない[14]．

　昨今，戦略的人的資源管理のフレームワークを用い，各種採用活動を企業の戦略・目的と整合したものにしていくことに加えて（垂直的統合性），採用とその他の人材マネジメント施策同士の水平的統合性を確保していくことが，ますます重要になることを指摘する議論が生まれつつあるが，本章の結論もまさにそのとおりである（Gully, Phillips & Kim 2013）．

　柔軟かつ円滑に組織適応を果たし，成果を出すことのできる人材は教育機関においてどのような経験をしているのか．そうした情報を採用・選抜に活

---

13) いまだ本格的な成功事例は少ないものの，近年，企業が提供しているインターンシップのプログラムも，組織社会化の手段になりうる．要するに，組織参入前のインターンシップの就業機会を組織社会化のリソースとして活用するということである（佐藤・堀・堀田 2006）．
14) 一方で大学には，予期的社会化の一部を担ってもらえるよう，そのカリキュラムを職業的連関の高いものにしてもらえるよう要請していくことが考えられる．

かし，組織社会化のプロセスと一貫したかたちで接合することが，今後，さらに注目される（Bradt 2012）.

このような実務上のニーズに対して，昨今，研究の現場で重要になってきているのが，「大学時代の経験（意識・行動）」と「企業における能力形成・キャリア」を視野に入れた，大規模な縦断研究の必要性である．分野としては，大学生の学びと成長を研究する分野と，企業における能力形成を研究する分野の知見が融合し，学際的な新たな研究領域を創り出していくことが求められる．

本書において筆者らが挑戦しようとしているのは，このような背景による．続く第3章では，高等教育の観点から企業を位置づけなおしたうえで，第4章以降の知的探究につなげる．

参考文献

Allen, D. G., Mahto, R. V. & Otondo, R. F.（2007）Web-based recruitment: Effects of information, organizational brand, and attitudes toward a Web site on applicant attraction. *Journal of Applied Psychology*. Vol. 92 No. 6 pp. 1696-1708.

Allen, D. G., Scotter, J. R. V. & Otondo, R. F.（2004）Recruitment communication media: Impact on prehire outcomes. *Personnel Psychology*. No. 57 pp. 143-171.

Ashford, L. L. & Cummings, L. L.（1983）Feedback as an individual resource: Personal strategies of creating information. *Organizational Behavior and Human Performance*. Vol. 32 pp. 370-398.

Ashford, S. J. & Black, J. S.（1996）Proactivity during organizational entry: The role of desire for control. *Journal of Applied Psychology*. Vol. 81 No. 2 pp. 199-214.

Ashforth, B. E.（2012）The role of time in socialization dynamics. Wanberg, C. R.（ed.）*The Oxford handbook of organizational socialization*. Oxford University Press. pp. 161-186.

Ashforth, B. E., Myers, K. K. & Sluss. D. M.（2011）Socializing perspective and positive organizational scholarship. Cameron, K. S. & Spreitzer, G. M.（eds.）*The oxford handbook of positive organizational scholarship*. Oxford University Press. pp. 537-551.

Ashforth, B. E., Sluss, D. M. & Harrison, S. H.（2007）Socialization in organizational contexts. Hodkinson, G. P. & Ford, J. K.（eds.）*International Review of Industrial and Organizational Psychology*. Vol. 22 pp. 1-70.

Barber, A. E. (1998) *Recruiting employees: Individual and organizational perspectives.* Sage.

Barnard, C. I. (1938) *The functions of the executive.* Harvard University Press.

Bauer, T. N., Bodner, T., Erdogan, B., Truxillo, D. M. & Tucker, J. S. (2007) Newcomer adjustment during organizational socialization: A meta-analytic review of antecedents, outcomes, and methods. *Journal of Applied Psychology.* Vol. 92 pp. 707-721.

Bauer, T. N. & Erdogan, B. (2012) Organizational socialization outcomes: Now and into the future. Wanberg, C. R. (ed.) *The Oxford handbook of organizational socialization.* Oxford University Press. pp. 97-112.

Bauer, T. N. & Green, S. G. (1994) Effect of newcomer involvement in work-related activities: A longitudinal study of socialization. *Journal of Applied Psychology.* Vol. 79 pp. 211-223.

Bauer, T. N., Green, S. G. & Stephen, G. (1998) Testing the combined effects of newcomer information seeking and manager behavior on socialization. *Journal of Applied Psychology.* Vol. 83 pp. 72-83.

Braddy, P. W., Maede, A. W. & Kroustalis, C. M. (2006) Organizational recruitment website effects on viewers' perceptions of organizational culture. *Journal of Business and Psychology.* Vol. 20 No. 4 pp. 525-543.

Bradt. G. B. (2012) Socializing socialization: Everything is connected—especially recruiting, hiring, and accelerating talent. Wanberg, C. R. (ed.) *The Oxford handbook of organizational socialization.* Oxford University Press. pp. 315-324.

Breaugh, J. A., Macan, T. H. & Grambow, D. M. (2008) Employment recruitment: Current knowledge and direction for future research. Hodgkinson, G. P. & Ford, J. K. (eds.) *International Review of Industrial and Organizational Psychology.* Vol. 23 pp. 45-82.

Breaugh, J. A. & Starke, M. (2000) Research on employee recruitment: So many studies, so many remaining questions. *Journal of Management.* Vol. 26 No. 3 pp. 405-434.

Carlson, K. D. & Mecham III, R. L. (2013) Research design in evaluating recruitment effectiveness: Past, present, future. Yu, K. Y. T. & Cable, D. M. (eds.) *The oxford handbook of recruitment.* Oxford University Press. pp. 184-214.

Chao, G. T. (1988) The socialization process: Building newcomer commitment. London, M. & Mone, E. M. (eds.) *Career growth and human resource strategies: The role of the human resource professional in employee development.* Quorum Books.

Chapman, D. S., Uggerslev, K. L., Carroll, S. A., Piasentin, K. A. & Jones, D. A. (2005) Applicant attraction to organizations and job choice: A meta-analytic review of the correlates of recruiting outcomes. *Journal of Applied Psychology*. Vol. 90 No. 5 pp. 928–944.

Chien-Cheng, C., Mei-Mei, L. & Chang-Ming, C. (2012) Exploring the mechanisms of the relationship between website characteristics and organizational attraction. *The International Journal of Human Resource Management*. Vol. 23 No. 3 pp. 867–885.

Child, I. L. (1954) Socialization. Lindzey, G. (ed.) *Handbook of social psychology*. Addison-Wesley. pp. 655–692.

Connerley, M. L. (2013) Recruiter effects and recruitment outcomes. Yu, K. Y. T. & Cable, D. M. (eds.) *The Oxford handbook of recruitment*. Oxford University Press. pp. 21–34.

Dineen, B. R. & Allen, D. G. (2013) Internet recruting 2.0: Shifting pardigms. Yu, K. Y. T. & Cable, D. M. (eds.) *The Oxford handbook of recruitment*. Oxford University Press. pp. 382–401.

Dineen, B. R. & Soltis, S. M. (2011) Recruitment: A review of research and emerging directions. Zedeck, S. (ed.) *APA handbook of industrial and organizational psychology*. Vol. 2 pp. 43–65.

Falcione, R. L. & Wilson, C. E. (1988) Socialization processes in organizations. Goldhaber, G. M. & Barnett, G. A. (eds.) *Handbook of organizational communication*. Ablex. pp. 151–169.

Feldman, D. C. (1976) A contingency theory of socialization. *Administrative Science Quarterly*. Vol. 21 pp. 433–452.

Feldman, D. C. (1981) The multiple socialization of organization members. *The Academy of Management Review*. Vol. 6 pp. 309–318.

Fisher, C. D. (1986) Organizational socialization: An integrated review. Rowland, K. M. & Ferris, G. R. (eds.) *Research in personnel and human resources management*. Vol. 4 pp. 101–145.

Gardner, H. (1993) *Multiple intelligences: The theory in practice*. Perseus Book Group.

Glueck, W. (1973) Recruiters and executives: How do they affect job choice? *Journal of College Placement*. Vol. 34 pp. 77–78.

Griffeth, R. W., Tenbrink, A. & Robinson, S. (2013) Recruitment sources: A review of outcomes. Yu, K. Y. T. & Cable, D. M. (eds.) *The Oxford handbook of recruit-*

ment. Oxford University Press. pp. 215–250.

Guion, R. M.（1975）Recruiting, selection and job placement. Dunnelle, M.（ed.）*Handbook of industrial and organizational psychology*. Wieley.

Gully, S. M., Phillips, J. M. & Kim, M. S.（2013）Strategic recruitment: A multilevel perspective. Yu, K. Y. T. & Cable, D. M.（eds.）*The oxford handbook of recruitment*. Oxford University Press. pp. 21–34.

Han, J. & Han, J.（2009）Network-based recruiting and applicant attraction in China: Insights from both organizational and individual perspectives. *The International Journal of Human Resource Management*. Vol. 20 No. 11 pp. 2228–2249.

Harold, C. M., Uggerslev, K. L. & Kraichy, D.（2013）Recruitment and job choice. Yu, K. Y. T. & Cable, D. M.（eds.）*The Oxford handbook of recruitment*. Oxford University Press. pp. 47–72.

林祐司（2009）新卒採用プロセスが内定者意識形成に与える影響：製造業大手Ａ社のデータを用いて．経営行動科学．Vol. 22 No. 2 pp. 131–141.

Higgins, M. C.（2000）The more, the merrier?: Multiple developmental relationships and work satisfaction. *Journal of Management Development*. Vol. 19 No. 4 pp. 277–296.

Higgins, M. C. & Kram, K. E.（2001）Reconceptualizing mentoring at work: A development network perspective. *The Academy of Management Review*. Vol. 26 No. 2 pp. 264–288.

Higgins, M. C. & Thomas, D. A.（2001）Constellations and careers: Toward understanding the effects of multiple developmental relationships. *Journal of Organizational Behavior*. Vol. 22 pp. 223–247.

Hoye, G. L.（2013）Word of mouth: Asa recruitment source. Yu, K. Y. T. & Cable, D. M.（eds.）*The Oxford handbook of recruitment*. Oxford University Press.

Hsu, Y. & Leat, M.（2000）A study of HRM and recruitment and selection policies and practices in Taiwan. *The International Journal of Human Resource Management*. Vol. 11 No. 2 pp. 413–435.

Huang, W. T.（2013）Impression management during the recruitment process. Yu, K. Y. T. & Cable, D. M.（eds.）*The Oxford handbook of recruitment*. Oxford University Press. pp. 314–334.

今野浩一郎・佐藤博樹（2002）人事管理入門：マネジメント・テキスト．日本経済新聞社．

今城志保（2009）新規学卒採用面接における組織適合評価の実証的研究：面接者間の評価の違いに着目した検討．経営行動科学学会年次大会発表論文集．Vol. 12 pp.

98–101.

岩脇千裕（2007）大学新卒者採用における面接評価の構造．日本労働研究雑誌．Vol. 49 No. 10. pp. 49–59.

岩脇千裕（2008）理想の人材像と若者の現実：大卒新卒者採用における行動特性の能力指標としての妥当性．JILPT Discussion Paper Series 08–04.

Jokisaari, M. & Nurmi, J. E.（2012）Getting the right connections?: The consequences and antecedents of social networks in newcomer socialization. Wanberg, C. R.（ed.）*The Oxford handbook of organizational socialization*. Oxford University Press. pp. 78–96.

Jones, G. R.（1986）Socialization tactics, self-efficacy and newcomers' adjustments to organizations. *The Academy of Management Review*. Vol. 29 pp. 262–279.

Kammeyer-Mueller, J., Wanberg, C., Rubenstein, A. & Song, Z.（2013）Support, undermining, and newcomer socialization: Fitting in during the first 90 days. *Academy of Management Journal*. Vol. 56 No. 4 pp. 1104–1124.

金井壽宏（1994）エントリー・マネジメントと日本企業のRJP志向性：先行研究のレビューと予備的実証実験．神戸大学経営学部研究年報．Vol. 40 pp. 1–66.

金井壽宏（2002）仕事で「一皮むける」．光文社新書．

Kang, H. & Jie, S.（2013）International recruitment and selection practices of South Korea multinationals in China. *The International Journal of Human Resource Management*. Vol. 24 No. 17 pp. 3325–3342.

Kilduff, M.（1990）The interpersonal structure of decision making: A social comparison approach to organizational choice. *Organizational Behavior and Human Decision Processes*. Vol. 47 pp. 270–288.

Klein, H. J. & Polin, B.（2012）Are organizations on board with best practices onboarding. Wanberg, C. R.（ed.）*The Oxford handbook of organizational socialization*. Oxford University Press. pp. 267–287.

Kristof-Brown, A. L. & Reeves, C. J.（2013）The goldilocks pursuit during organizational fit. Yu, K. Y. T. & Cable, D. M.（eds.）*The Oxford handbook of recruitment*. Oxford University Press. pp. 437–457.

Landis, R. S., Earnest, D. R. & Allen, D. G.（2013）Realistic job preview: Past, present, future. Yu, K. Y. T. & Cable, D. M.（eds.）*The Oxford handbook of recruitment*. Oxford University Press. pp. 423–436.

Louis, M. R.（1980）Surprise and sense making: What newcomers experience in entering unfamiliar organizational settings. *Administrative Science Quarterly*. Vol. 25 No. 2 pp. 227–251.

松尾睦（2006）経験からの学習：プロフェッショナルへの成長プロセス．同文舘出版．
松尾睦（2011）「経験学習」入門．ダイヤモンド社．
Maurer, S., Howe, V. & Lee, T.（1992）Organizational recruiting as marketing management: An interdisciplinary study of engineering graduates. *Personnel Psychology*. No. 45 pp. 807–832.
McCall, M. W.（1988a）*The lessons of experience: How successful executives develop on the Job*. Free Press.
McCall, M. W.（1988b）*High flyers: Developing the next generation of leaders*. Harvard Bussiness Press.
McCall, M. W.（2010）The experience conundrum. Nohria, N. & Khurana, R.（eds.）*Handbook of leadership theory and practice*. Harvard business press.
McCauley, C. D., Moxley, R. S. & Velsor, E. D. 金井壽宏（監訳）・嶋村伸明・リクルートマネジメントソリューションズ組織行動研究所（訳）（2011）リーダーシップ開発ハンドブック：The Center for Creative Leadership: CCL. 白桃書房．
Meglinoa, B. M., Ravlin, E. C. & DeNisi, A. S.（2000）Ameta-analytic examination of realistic job preview effectiveness: A test of three counterintuitive propositions. *Human Management Resource Review*. Vol. 10 No. 4 pp. 407–433.
守島基博（2004）人材マネジメント入門．日経文庫．
Morrison, E. W.（1993）Longitudinal study of the effects of information seeking on newcomer socialization. *Journal of Applied Psychology*. Vol. 78 No. 2 pp. 173–183.
永野仁（編）（2004）大学生の就職と採用：学生1,143名，企業658社，若手社員211名，244大学の実証分析．中央経済社．
中原淳（2010）職場学習論：仕事の学びを科学する．東京大学出版会．
中原淳（2012）経営学習論：人材育成を科学する．東京大学出版会．
中原淳（2012b）学習環境としての「職場」：経営研究と学習研究の交差する場所．日本労働研究雑誌．No. 618 pp. 35–45.
中原淳（2013）経験学習の理論的系譜と研究動向．日本労働研究雑誌．No. 639 pp. 4–14.
中原淳・金井壽宏（2009）リフレクティブ・マネジャー：一流はつねに内省する．光文社新書．
尾形真実哉（2009）導入時研修が新人の組織社会化に与える影響の分析．甲南経営研究．Vol. 49 No. 4 pp. 19–61.
小川憲彦・尾形真実哉（2011）組織社会化．経営行動科学学会（編）経営行動科学ハンドブック．中央経済社．pp. 319–324.
Phillips, J. M.（1998）Effects of realistic job previews on multiple organizational out-

comes: A meta analysis. *The Academy of Management Journal*. Vol. 41 No. 6 pp. 151-176.

Porter, L. W. & Steers, R. M. (1973) Organizational, work and personal factors in employee turnover and absenteeism. *Psychological Bulletin*. Vol. 80 No.2 pp. 151-176.

Premack, S. L. & Wanous, J. P. (1985) A meta analysis of realistic job preview experiments. *Journal of Applied Psychology*. Vol. 70 No. 4 pp. 706-719.

Ryan, A. M. & Tippins, N. T. (2004) Attracting and selecting: What psychological research tells us. *Human Resource Management*. Vol. 43 No. 4 pp. 305-318.

Rynes, S. L. & Boudreau, J. W. (1986) College recruiting in large organizations: Practice, evaluation and research implications. *Personnel Psychology*. Vol. 39 No. 4 pp. 729-757.

Rynes, S. L., Bretz, R. D. Jr. & Gerhart, B. (1990) The importance of recruitment in job choice: A different way of looking. *Personnel Psychology*. Vol. 44 pp. 487-521.

Rynes, S. L., Brown, K. G. & Colbert, A. E. (2002) Seven common misconceptions about human resource practices: Research findings versus practitioner belief. *The Academy of Management Executive*. Vol. 16 No. 3 pp. 92-103.

Rynes, S. L. & Cable, D. M. (2003) Recruitment research in the twenty-first century. *Handbook of psychology*. pp. 55-76.

Rynes, S. L., Colbert, A. E. & Brown, K. G. (2002) HR professionals' beliefs about effective human resource practice: Correspondence between research and practice. *Human Resource Management*. Vol. 42 No. 2 pp. 149-174.

Rynes, S. L., Heneman III, H. G. & Schwab, D. P. (1980) Indicisual reactions to organizational recruiting: A review. *Personnel Psychology*. No. 33 pp. 529-542.

榊原國城（2005）職務遂行能力自己評価に与えるOJTの効果：地方自治体職員を対象として．産業・組織心理学研究．Vol. 18 No. 1 pp. 23-31.

Saks, A. M. (2013) How do you study recruitment?: A consideration of issues and complexity of designing and conducting recruitment research. Yu, K. Y. T. & Cable, D. M. (eds.) *The Oxford handbook of recruitment*. Oxford University Press. pp. 463-491.

Saks, A. M. & Ashforth, B. E. (1997a) A longitudinal investigation of the relationships between job information sources, applicantt perception of fit, and work outcomes. *Personnel Psychology*. Vol. 50 No. 2 pp. 395-425.

Saks, A. M. & Ashforth, B. E. (1997b) Organizational socialization: Making sense of the past and present as a prologue for the future. *Journal of Vocational Behavior*.

Vol. 51 pp. 234-279.

Saks, A. M. & Gruman, J. A.（2012）Getting newcomers on board: A review of socialization practices and introduction to socialization resource theory. Wanberg, C. R.（ed.）*The Oxford handbook of organizational socialization*. Oxford University Press. pp. 27-55.

佐藤博樹・堀有喜衣・堀田聰子（2006）人材育成としてのインターンシップ：キャリア教育と社会教育のために．労働新聞社．

Schmidt, F. L. & Hunter, J. E.（1998）The validity and utility of selection methods in personnel psychology: Practical and theoretical implications of 85 years of research findings. *Psychological Bulletin*. Vol. 124 No. 2 pp. 262-274.

関根雅泰（2012）新入社員の能力向上に資する先輩指導員のOJT行動：OJT指導員が一人でやらないOJTの提案．中原淳（編）職場学習の探求．生産性出版．

下村英雄・堀洋元（2004）大学生の就職活動における情報探索行動：情報源の影響に関する検討．社会心理学研究．Vol. 20 No. 2 pp. 93-105.

Steven, C. K. & Seo, M.（2013）Job search and emotions. Yu, K. Y. T. & Cable, D. M.（eds.）*The Oxford handbook of recruitment*. Oxford University Press. pp. 127-138.

Super, D. E.（1957）．*The psychology of careers*. Harper & Brothers.

高橋弘司（1993）組織社会化研究をめぐる諸問題：研究レビュー．経営行動科学．Vol. 8 No. 1 pp. 1-22.

高石光一（2007）組織市民行動と経営革新．産業・組織心理学研究．Vol. 21 No. 1 pp. 67-71.

高石光一・古川久敬（2008）企業の経営革新を促進する従業員の自発的行動について：組織市民行動を越えて．九州大学心理学研究．Vol. 9 pp. 83-92.

竹内倫和・竹内規彦（2009）新規参入者の組織社会化メカニズムに関する実証的検討：入社前・入社後の組織適応要因．日本経営学会誌．Vol. 23 pp. 37-49.

Taylor, M. S. & Bergmann, T. J.（1987）Organizational recruitment activities and applicants' reactions at different stages of the recruitment process. *Personnel Psychology*. Vol. 40 pp. 261-285.

Taylor, M. S. & Collins, C. J.（2000）Organizational recruitment: Enhancing the intersection of research and practice. Cooper, C. L. & Locke, E. A.（eds.）*Industrial and organizational psychology: Linking theory with practice*. Wiley-Blackwell Publishing. pp. 304-334.

Turban, D. B. & Dougherty, T. W.（1992）Influences of campus recruiting on applicant attraction to firms. *The Academy of Management Journal*. Vol. 35 No. 4 pp. 739

-765.

Turner, V. W. 冨倉光雄（訳）（1996）儀礼の過程．新思索社．

上西充子・川喜多喬（編）（2010）就職活動から一人前の組織人まで：初期キャリアの事例研究．同友館．

Uggerslev, K. L., Fassina, N. E. & Kraichy, D.（2012）Recruiting through the stages: A meta analytic test of predictors of applicant attraction at different stages of the recruiting process. *Personnel Psychology*. Vol. 65 pp. 597–660.

Van de Ven, A.（1986）Central problem in the management of innovation. *Management Science*. Vol. 32 pp. 590–607.

Van Maanen, J.（1976）Breaking in: Socialization to work. Dubin, R.（ed.）*Handbook of work, organization and society*. McNally.

Van Maanen, J. & Schein, E. H.（1979）Toward a theory of organizational socialization. Staw, B. M.（ed.）*Research in organizational behavior*（Vol. 1）. JAI press.

若林満（1988）組織内キャリア発達とその環境．若林満・松原敏浩（編）組織心理学．第10章．福村出版．

若林満・南隆男・佐野勝男（1980）わが国産業組織における大卒新入社員のキャリア発達過程：その経時的分析．組織行動研究．Vol. 6 pp. 3-131.

若林満・南隆男・佐野勝男（1984）わが国産業組織における大卒新入社員のキャリア発達過程：入社7年目時点でのフォローアップ．組織行動研究．Vol. 11 pp. 3-61.

Wanberg, C. R.（ed.）（2012）*The Oxford handbook of organizational socialization*. Oxford University Press.

Wanous, J. P.（1973）Effects of a realistic job preview on job acceptance, job attitudes and job survival. *Journal of Applied Psychology*. Vol. 58 No. 3 pp. 327–332.

Wanous, J. P.（1992）*Organizational entry: Recruitment, selection, orientation and socialization of newcomers*. Addison-Wesley.

Weitz, J.（1956）Job expectancy and survival. *Journal of Applied Psychology*. Vol. 40 pp. 245–247.

Yu, K. Y. T. & Cable, D. M.（eds.）（2013）*The Oxford handbook of recruitment*. Oxford University Press.

第3章 大学時代の経験から仕事につなげる：学校から仕事へのトランジション

溝上慎一

1 はじめに

　第2章では，企業がおこなう人材マネジメントの視点から，個人が企業という組織にどのように参入し，どのように社会化されていくのかを概観した．本章は，この企業人の組織社会化に大学時代の経験（学習や読書，クラブ・サークル，アルバイト，対人関係などの大学生活，キャリア意識など）がどのように関連しているかを，学校から仕事へのトランジション（以下「トランジション」と表記することもある）のテーマのもとに検討しようとするものである．

　学校から仕事へのトランジションは，狭義には学校教育を修了し正規雇用の職に就くまでを指すものである（定義や詳しい説明は4節で述べる）．したがって，このテーマのもとにプロジェクトを企画するには，前段階である学校教育の段階——本書では大学・大学生を対象とする——で，卒業後に仕事をしていくうえでおそらく「効く」であろうと予想される，大学生の種々の経験を特定する研究が必要である．つまり，どのような経験を持つ大学生が成長しているのかという問いに答える経験変数を明らかにする研究が必要だということになる．

　本章は，これまでの大学教育・大学生研究の先行研究やこれまでの成果からこの問いに答えることで，分析編へとつなげようとするものだが，本書の読者層は，大学教育の研究に通じている者がそれほど多くないと想定されている．したがって，この問いに答える前に，2節で，大学生の成長研究が大学教育のなかでどのように取り組まれているか，またどのような歴史的状況を経て取り組まれるようになったのかを概観するところから始めようと思う．

そのうえで，先述のどのような経験を持つ大学生が成長しているのかという問いに，筆者が中心になって約5年間取り組んできた，京都大学と電通育英会の共同調査「大学生のキャリア意識調査」（結果レポートは溝上（2009）；http://www.dentsu-ikueikai.or.jp/research/report/ を参照）の成果をもって答えることとする（3節参照）.

4節では，学校から仕事へのトランジションの定義やその背景について概説する．これは，本書全体を通して，3節の結果をトランジション研究として発展させるための理論的概説である．5節では，以上の節を受けて，今後どのようなトランジション研究が必要となるか，その展望について述べる．

2 近年の大学教育の状況

2.1 学びと成長の場としての大学教育

学生の成長研究は，大学教育のなかでは「学生の学びと成長（Student learning and development）」研究としておこなわれている（溝上 2012a）.

一般的にここで言うところの「学び」は，いわゆる授業に関する学習だけでなく，クラブ・サークル活動，アルバイトや対人関係，社会活動など授業外のさまざまな活動まで広く取り扱われる．ただし，それが大学教育の文脈における「学び」として取り扱われる以上，授業に多かれ少なかれ関わる学習そのものが除外されることはない．しかし，なかには学習を除外して，「クラブ・サークルでの先輩後輩の人間関係が社会に出てから大事だ」「アルバイトが大事だ」といった主張をする者が少なからず出てきて，まるでクラブ・サークル活動，アルバイトだけを4年間やっていればいいかのような乱暴な大学教育の無用論となることもある．

いま大学教育は，社会に学生を送り出すうえで，彼らに求められる知識や技能・態度（能力）を育てようと抜本的な改革を進めている．クラブ・サークル活動やアルバイトなどでの経験が重要であることを否定する者は，大学教育関係者のなかにもいないだろう．しかし，それだけでいいのだろうか．企業からすれば，大学での学習は直接役に立たないと見えることが多いだろ

う．大学で一生懸命勉強してきた者が，いま企業で活躍しているということもそれほど多くはないかもしれない．しかし，知識基盤社会の到来，社会の情報化・グローバル化をはじめ，社会が急速に変化するなかで，働き方が変わってきている．それにあわせて，学習の考え方も変わってきている．新しい知識が常に求められ，大量の情報を処理して判断をくだし，国際的な文脈では一生懸命勉強してきた他国の従業員と伍して仕事をしていかなければならない．そのために役立つ学習となるように，いま大学教育は変革を迫られている．学習も含めた学生の学びが，社会に出て以降重要であると言えるように，いま大学は授業や教育を変えていこうと抜本的な改革を進めているのである．

　加えて，大学という学校教育の機関から社会を見ると，大学は職業人養成だけのための場ではないので，仕事に役立つだけの知識や技能・態度（能力）を育てる場と限定するわけにはいかないという事情がある．職業人養成は大学教育の重要な役割であるが，それ以外にも大学は，社会的に責任や義務を負う市民として，さまざまな社会的役割を彩って力強く人生を過ごしていけるような若者を育てる役割をも担っている．仕事はその社会的役割の1つである．学生の学びと成長研究は，このような学生（若者）を育てる場として，どのように大学教育を変革していけばいいのか，どのように学生の経験を育てていくのかを研究する学問なのである．

2.2　大学教育改革の転換の契機となった『学士課程答申』

　2008年に出された中央教育審議会答申『学士課程教育の構築に向けて』（2008年12月24日）（以下，『学士課程答申』）は，各大学が自らの教育理念と学生の成長を実現する学習の場として，学士課程を充実させることを強く求めるものであった（山田 2009a）．日本の高等教育政策もまた，『学士課程答申』を通して学生の学びと成長の観点を制度化したと理解される．

　そこでは，大学教育で育成すべき学生の資質・能力を「学士力」と呼び，表1に示すように，その構成要素として①知識・理解，②汎用的技能，③態度・志向性，④統合的な学習経験と創造的思考力から成るものとして提示されている．

表1　学士力の構成要素（『学士課程答申』）

①知識・理解	専攻する特定の学問分野における基本的な知識を体系的に理解するとともに，その知識体系の意味と自己の存在を歴史・社会・自然と関連付けて理解する． (1) 多文化・異文化に関する知識の理解 (2) 人類の文化，社会と自然に関する知識の理解
②汎用的技能	知的活動でも職業生活や社会生活でも必要な技能 (1) コミュニケーション・スキル（日本語と特定の外国語を用いて，読み，書き，聞き，話すことができる） (2) 数量的スキル（自然や社会的事象について，シンボルを活用して分析し，理解し，表現することができる） (3) 情報リテラシー（情報通信技術（ICT）を用いて，多様な情報を収集・分析して適正に判断し，モラルに則って効果的に活用することができる） (4) 論理的思考力（情報や知識を複眼的，論理的に分析し，表現できる） (5) 問題解決力（問題を発見し，解決に必要な情報を収集・分析・整理し，その問題を確実に解決できる）
③態度・志向性	(1) 自己管理力（自らを律して行動できる） (2) チームワーク，リーダーシップ（他者と協調・協働して行動できる．また，他者に方向性を示し，目標の実現のために動員できる） (3) 倫理観（自己の良心と社会の規範やルールに従って行動できる） (4) 市民としての社会的責任（社会の一員としての意識を持ち，義務と権利を適正に行使しつつ，社会の発展のために積極的に関与できる） (5) 生涯学習力（卒業後も自律・自立して学習できる）
④統合的な学習経験と創造的思考力	これまでに獲得した知識・技能・態度等を総合的に活用し，自らが立てた新たな課題にそれらを適用し，その課題を解決する能力

　学生の成長指標が，まずもって，一般教育科目や専門科目を通しての「①知識・理解」であることは教育である以上当然のことである．人は知識があってこそものを考えることができ，世界を見ることができる．したがって，「①知識・理解」は次の「②汎用的技能」「③態度・志向性」「④統合的な学習経験と創造的思考力」の基礎と言えるものとなる．

　知識基盤社会の到来，社会の情報化・グローバル化を受けて，大学での学びが「①知識・理解」だけでなく，「②汎用的技能」「③態度・志向性」「④統合的な学習経験と創造的思考力」まで求められるようになっている．学生は与えられる知識を習得するだけでなく，変化の激しい身のまわりの世界を自ら経験し，理解し，概念化する．そして，それらを自分の言葉で他者に伝え，発表する．その過程で足りない知識，必要な情報が出てくればそれらを調べる．学生は，そのような能力を身につけ，発展させることを期待されるようになっている．

　学士力が示す「②汎用的技能」「③態度・志向性」「④統合的な学習経験と

創造的思考力」は，就業力の観点から提示されたものではないが，結果的には，コミュニケーションや思考力，情報リテラシー，チームワーク，リーダーシップなど，経済産業省が提示する「社会人基礎力」と重なる部分が大きい．社会人基礎力とは，「前に踏み出す力（アクション）」「考え抜く力（シンキング）」「チームで働く力（チームワーク）」から成る，職場や地域社会で多様な人びとと仕事をしていくために必要な基礎的な能力と考えられているものである．

また，大学受験が根深い文化性を持つ日本社会において，高校までの学びはどうしても答え先にありきの「①知識・理解」の学びである傾向が強い．この点は，国際的な動向をいくら追いかけてもなかなか見えてこない日本固有の側面である．知識基盤社会の到来，社会の情報化・グローバル化ではなく，この高校から大学への移行という観点から考えても，「②汎用的技能」「③態度・志向性」「④統合的な学習経験と創造的思考力」の重要性を理解しておく必要がある．

最後に，先ほど述べた，「③態度・志向性」のなかにある「(4) 市民としての社会的責任」「(5) 生涯学習力」といった要素も忘れないようにしなければならない．『学士課程答申』では，大学教育の役割が職業人養成に偏りすぎないように釘を刺している．

> 国においては，基礎力の養成を求める産業界の意向を踏まえた政策的な対応も始まっている（例えば，厚生労働省の「若年者就職基礎能力」（平成一八年），経済産業省の「社会人基礎力」（平成一八年））．しかしながら，学士課程教育の目的は，職業人養成にとどまるものではない．自由で民主的な社会を支え，その改善に積極的に関与する市民や，生涯学び続ける学習者を育むこと，知の世界をリードする研究者への途を開くことなど，多様な役割・機能を担っている．各大学は，このことを踏まえて，自主性・自律性を備えた教育機関として，学士課程を通じて学生が習得すべき学習成果の在り方について，さらに吟味することが求められる．（『学士課程答申』p. 10）

2.3 国際的な動向

　大学教育が，学生の学びと成長の観点から抜本的に改革が進められているのは，日本だけではない．この流れは国際的な動向であり，むしろ日本はかなり遅れての後追い状況である．社会が急速に変化し，人材開発や教育のグローバル化が進み，国境の壁が低くなるにつれて，日本の大学教育だけ旧態依然というのは許されないものとなっている．

　学生の学びと成長の観点をもって大学教育を抜本的に変えてきたのは，米国である．今日のわが国の高等教育改革が1991年の大学設置基準の大綱化を境として語られることが多いのと同じように，今日の米国全体の教育改革は1983年の『危機に立つ国家（A Nation at Risk）』レポートを境として語られることが多い．そのなか，高等教育においては，『学習への関与（Involvement in Learning）』（Study Group on the Conditions of Excellence in American Higher Education 1984）が世間を支配した影響力のある国家レポートであった（Koljatic & Kuh 2001）．

　『学習への関与』レポートは，その冒頭で，「米国は，学習は一生涯続くという学習社会を実現しなければならない．しかし，このことを議論し始めるとすぐに，学習は高校で終わりであるかのような考え方が出てきて議論が頓挫する」（Study Group on the Conditions of Excellence in American Higher Education 1984, p. 1）と述べている．ここには，1980年代初頭の米国の高等教育が，いまだ学生を学習によって成長させるという教育観を持っていなかったこと，であるがゆえにそのような教育観へと転換していかねばならなかったという意図が暗示されている．ここだけを読むと，まるで現在の日本の状況が描かれているようで，興味深い．

　『学習への関与』レポートで主張されている高等教育における新しい教育観——大学教育を通して学生をいかに成長・発展させるか——は，報告書のタイトルが示すように，委員の1人であったアレクサンダー・アスティンの学生関与論を基礎としている．学生関与とは，「学生が学習に対してどのくらい時間，エネルギー，努力を割いたかを問うもの」（Study Group on the Conditions of Excellence in American Higher Education 1984, p. 17）と定義されて

表2 優れた教育実践のための7つの原則
1	学生と教員のコンタクトを促す
2	学生同士が交流したり協力したりするようにする
3	アクティブラーニングの手法を使う
4	素早いフィードバックを与える
5	学習に要する時間の大切さを強調する
6	学生に高い期待を伝える
7	多様な才能と学習のしかたを尊重する

*Chickering & Gamson(1987)から和訳して作成.

表3 7つの発達的ベクトル
1	コンピテンスを発達させること
2	感情をコントロールすること
3	自律の獲得とともに相互依存もできること
4	成熟した対人関係を発達させること
5	アイデンティティを確立すること
6	目的を持つこと
7	統合すること

*Chickering & Reisser(1993)から和訳して作成.

いる(Astin 1984 も参照).

　学生関与の考え方は,Chickering & Gamson(1987)の「優れた教育実践のための7つの原則」(表2を参照,以下「7つの原則」)などを受けて,いかに学生を学ばせ成長させるかが大学教育改革の柱として,理論的にも実践的にも推進されるようになった.

　7つの原則を打ち出したアーサー・チッカリングは,1960年代末というはやい時期から,学生の成長を大学教育の課題と見なし,成長の指標として「7つの発達的ベクトル(Seven developmental vectors)」(表3参照)を主張してきた1人である.彼は,1993年に出版した*Education and Identity*第2版(Chickering & Reisser 1993)の序文で,1969年の初版(Chickering 1969)を振り返って,この間の変化を次のように述べている.

> 1969年に*Education and Identity*の初版を出版したとき,多くの人は私たちの仕事に賛同しなかった.多くの人は,大学が学生の個人的な価値観や考え方,学習様式,対人関係や知的技能に関心を持つべきだということに疑問を持つのであった.(中略)〔しかし今や時代は変わり:引用者注〕社会は,高等教育が人の学びと成長に,限られた技能や洞察,見方〔を授ける旧来のやり方:引用者注〕を超えて,本質的に貢献する必要があると認識するようになったのである.(Chickering & Reisser 1993, pp. xi-xii).

　このような状況の変化を知ると,学生の学びと成長の観点から推進されて

いる米国の大学教育も，1980年代以前には日本とさほど変わらない状況であったと理解されるのである．

3 どのような経験を持つ大学生が成長しているか

前節では，学生の学びと成長の観点から大学教育の改革が進められるようになったことを概説した．ここでは，この流れのなかで進められてきた，大学生の学びと成長に関する実証的研究を紹介する．つい最近まで，大学生がどのように学び成長しているかさえほとんどわかっていない状態だったので，学生の学びと成長の観点から大学教育を改革していくためには，学生の学びと成長の実態や構造を明らかにする調査研究が大規模になされなければならなかった．

3.1 これまでの大学生研究・調査の状況

2005年頃が，このテーマに関する大きな転換点だったように思う．当時わかっていたことは，学生の学習や生活に関する実態調査は，すでに多くの大学で，しかも古くよりおこなわれていたことである．しかしながら，それらのほとんどは個別の大学が尋ねたいことを尋ねるだけの簡単なアンケート調査であり，大学生の成長を明らかにしていこうとする学術的な調査ではなかった．また，大学間を比較して，たとえばA大学の学生は全国に比べて，あるいはB大学に比べてどの程度学習をしているか，対人関係がどの程度豊かかといった結果が得られるような，共通フォーマットによる調査でもなかった．その結果，全国の一般的な，あるいは人文科学系，社会科学系，理工学系，医療系といった専門分野別の学生の学習や生活に関する特徴がどのようなものかも，十分にわからない状況であった．

このような一般的状況のなかでも，2, 3の特筆しておくべき状況はあった．その1つは，全国大学生活協同組合連合会（大学生協連）が1963年より今日に至るまで，全国の大学生を対象に「学生の消費生活に関する実態調査」を実施してきたことである．これは戦後の大学生の実態や特徴を示すわが国の最大規模の調査であろうと思われる．近年，知識基盤社会の到来，社

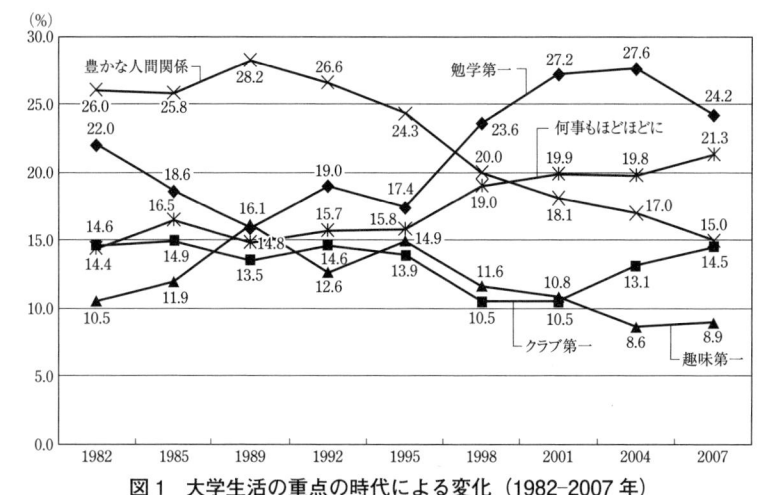

図1 大学生活の重点の時代による変化（1982-2007年）

＊データは，全国大学生活協同組合連合会『学生の消費生活に関する実態調査』各年度より．
＊＊図は溝上（2010），図0-1（p.ⅱ）より．

　会の情報化・グローバル化などの社会状況の変化，就職活動における厳しい雇用状況，大学における授業やカリキュラム，教授学習環境，教育組織などの改革を受けて，学生の学習や生活が変化しているであろうことは容易に想像がつく．このような学生の学習や生活の変化をデータで示すのが大学生協連の調査である．質問項目の1つに「大学生活の重点」があって，学生はもっとも重視している項目を1つだけ選ぶ．図1を見ると，1990年代末以降「勉学第一」「何事もほどほどに」と答える者の割合が高まっていること，1980年代までは多数派であった「豊かな人間関係」が減少の一途をたどっていることがわかる．このデータは，大学生の現代性にいちはやく着目した武内（2003）が，その現代性を説明するのに用いた根拠資料の1つである．私たちは，今日の大学生の大学生活が変化していることを，こうした資料からうかがい知ることができる（詳しくは溝上 2012b参照）．

　もっとも，筆者（溝上 2012c）が同データを用いておこなった最近の分析によれば，この1990年代末以降の変化はおもに文科系で著しく，理科系，医歯薬系では1990年代初頭より今も変わらず，「勉学第一」がもっとも高く選ばれている（図2を参照）．

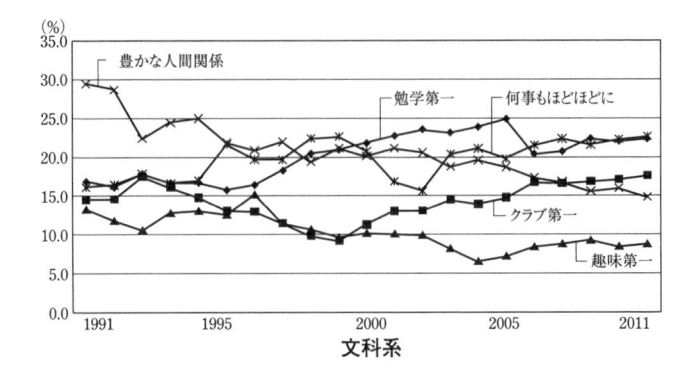

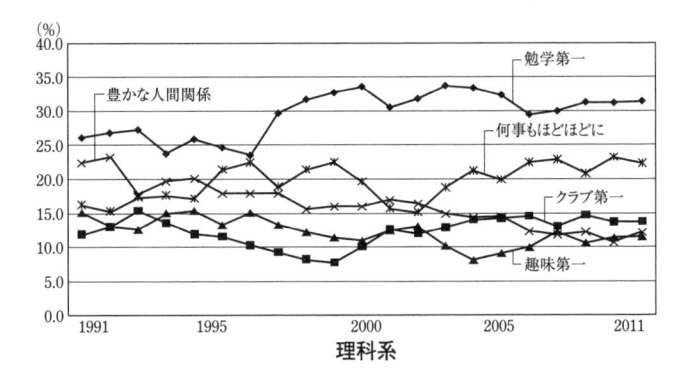

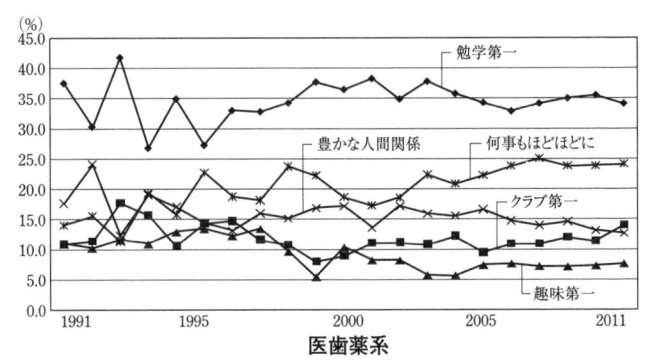

図2 大学生活の重点の時代による変化（1991-2011年）

*データの元は図1に同じであるが，ここでは，1991-2011年の20年間比較的定期的に調査が実施されてきた大学の学生約7000〜9000人を抽出して再分析した結果を示している．図は溝上（2012c）より．

大学生協連は，このように全国の大学生の学習や生活に関する一般的傾向を示す貴重なデータを提供している．しかしながら，学生の成長を示す調査項目が入っていなかったり，学習の実態をきめ細かく尋ねる項目がなかったりして，調査目的が違うのであるからやむを得ないが，結果的には実態調査の域を超えないものとなっている．他方で，高等教育研究者のなかでも，大学教育の改善・改革に向けての全国データ，共通フォーマットによる個別大学群の調査を実施していく動きは2005年頃よりようやく始まっており，その後成果が本格的に世に公刊されていく．その代表的なものとして，山田礼子を中心とするJCIRPの調査（山田 2009b, 2012），東京大学大学経営・政策研究センターが実施した全国大学生調査（http://ump.p.u-tokyo.ac.jp/crump/）が挙げられる．JCIRPの大学生調査の一部は，現在18大学（2013年11月時点）が加盟する「大学IRコンソーシアム」(http://www.irnw.jp/) の調査の一部として使用され，取り組みを発展させている．そこでは，共通フォーマットによる各大学の学生の学習行動，学習成果，教育の効果，外国語到達度などに関する基礎データが蓄積され，さらには各大学が持つGPAなどの成績データ，就職活動の結果などと基礎データをあわせて，学生の教育効果の測定，ならびに加盟大学間での相互評価がおこなわれている．

3.2 どのような経験を持つ大学生が成長しているのか

3.1項で述べたような状況のなかで，筆者は「学生の学びと成長」という上記の高等教育関係者とは別のテーマ・目的のもと，全国の大学生調査を実施し始めた．これが「はじめに」で述べた，京都大学と電通育英会の共同調査「大学生のキャリア意識調査」である．2007年より調査を始め，今なお継続的に調査を進めている．学生の学びと成長というテーマは，今日の大学教育の目的が，大学や教員が何を教えるかではなくて，学生が何を学びどのように成長するかを指標として，教育改善・改革をおこなうことを目指すものである（Barr & Tagg 1995, Tagg 2003を参照）．要は，大学教育が単に専門や教養の知識を教授するだけの場ではなく，表1に従って，「②汎用的技能」「③態度・志向性」「④統合的な学習経験と創造的思考力」の側面まで含めて学生をしっかり学ばせ，成長させる場としても機能することを目指すも

のである.そのために,どういう学生が学び成長しているのか,どういう学生は学んでいないのか,成長していないのかを調査データから明らかにし,データをもとに教育改善・改革をしていくのである.

まだまだデータが不足しており,結論を出していくにははやい段階であるが,少なくとも上述の「大学生のキャリア意識調査」,それをもとにした過去5年間の筆者の各所での調査結果をもとに,学生の成長を促す変数は3つあるのではないかと考えられるようになった.

それは,①1週間の過ごし方(大学生活:自主学習,1人の娯楽活動,課外活動・対人関係),②学習(授業学習,授業外学習,自主学習),③2つのライフ(キャリア意識:将来の見通し(Future life)とその見通しの実現に向けての理解実行(Present life))である.詳しくは,本書第7章2節でデータを用いて示しているので,そちらを参照して欲しい.

さて,変数をすべて同時に扱って,どの変数がもっとも,あるいはどの程度成長に効くかを検討したところ(第7章2節を参照),授業・授業外にかかわらず,知識・能力の獲得にもっとも効いていたのは,「2つのライフ(キャリア意識)」と「自主学習」であった.この他に,授業で身につける知識・能力には「授業外学習」が,授業外で身につける知識・能力には「課外活動・対人関係」が固有に効いていることも明らかとなった.以上の結果は,2つのライフ(キャリア意識)と自主学習という,これまで一般的に効くとは考えられてこなかった変数が学生の成長に効いていること,昨今改革が進められる大学の授業であるが,その授業をただ受ける(授業学習)だけでは学生は成長しないこと,これまで学生の成長に効くと考えられてきた課外活動・対人関係は,授業外での知識・能力の獲得には有効だが,授業で獲得する知識・能力には有効ではないこと,などを示唆している.

4　学校から仕事へのトランジション

4.1　大学の経験と職場における仕事

前節で示した変数——①1週間の過ごし方(大学生活)における「課外活

動・対人関係」「自主学習」，②「授業外学習時間」，③「2つのライフ（キャリア意識）」――は，冒頭に述べた，どのような経験を持つ大学生が成長しているのかという問いに対する現時点での回答である．それは，これまで大学生の学習や生活に関する調査とその分析をいろいろ重ねてきた結果から導き出されたものである．

　これらの変数は，対活動や対他者（1週間の過ごし方における「課外活動・対人関係」），対課題（「授業外学習時間」，「自主学習」），対人生（「2つのライフ」）といったそれぞれの対象に対する学生の主体的な態度を表しているとも考えられるものである．主体的な学びと言えば対課題に限定されることが多いが，ここでは対活動・対他者といった活動や関係性の拡がり，対人生といった時間軸の拡がりをもあわせて問題としている．つまり，学生の主体的な態度をより広く取り扱ったものと言える．それは，人が学習だけで成長するわけではなく，さまざまな活動や関係性，人生に対する拡がりをもあわせ持って成長していくのだという成長観に基づいている．さらに言えば，これくらいの拡がりを持って学生の成長を扱っていかないと，おそらく大学での経験を仕事（企業）へのトランジションへとつなげていくことはできないだろうと考えられるのである．

　このような大学生の経験（変数）がどの程度職場での仕事のしかたに影響を及ぼすのかを，データで明らかにしていくのが本書の目的である．この章の後半では，学校から仕事へのトランジションの理論的視座を概説して，第4章以下の議論，分析結果の解釈へとつなぎたい．

4.2　学校から仕事へのトランジションとは

　国際的な文脈をふまえてより一般的に考えると，学校から仕事へのトランジション（移行）は「フルタイムの学校教育（Full-time schooling）を修了して，安定的なフルタイムの職（Stable full‐time work）に就くこと」と定義されると考えられる．安定的なフルタイムの職に対比されるのは，一時的な仕事，短時間労働（不完全就業），最低水準の賃金によってアセスメントされる職のことである（Buchmann 2011）．「安定的な」には，「生計を立てるのに十分な収入を伴う」という意味と，一時的な雇用ではない「継続的な（Continuous)」という意味が込められている．ただし，「継続的な」を日本が採用してきたような終身雇用制に近いものと見なすのは，国際的には問題があると考えられるので，あくまで短期で解雇や契約が切れない程度の意味となる．さらに，「安定的で継続的なフルタイムの職」と定義することも考えられたが（Scherer 2001），「継続的な」を「安定的」の意に含み込んだことと，近年，初職に就いた後の初期キャリアまで見ていくトランジション研究の流れがあることをふまえて，ここでは除外した．

　日本でトランジションと言えば，新規学卒者が在学中から就職活動をおこない，そして内定を得て就職していく，と説明されるが，国際的に見ればこのトランジション・プロセスの説明はきわめて日本特異なものであることがわかる．そもそも新規学卒者という用語自体がとても日本的であり，諸外国のなか，たとえば，米国の若者のなかにはフルタイムの学校教育をいったん終えて仕事を始めた後も，さらなるキャリアアップや学び直しを期待して学校へと戻ることが少なからずある（Neumark 2007, Staff & Mortimer 2008）．Arum & Hout（1998）は，約20%の若者は26歳までに学校から仕事へのトランジションを2回以上おこなっていることを報告している．また英国では，フルタイムの学校教育を終えて就職をした後，仕事をしながら継続教育機関で教育・研修や夜間学級などでコースを受講し，学歴を上げるということがある．そして，それが昇進につながることがある（Kerckhoff 2000, Raffe et al. 1998には英国の学校と仕事が交錯する多様な，柔軟な状況が詳しく書かれている）．これら2つの例は，いずれもトランジション・プロセスが，学校と仕事とが断絶して「学校から仕事へ」となるばかりではなく，両者を往還しながらゆるやかに学校の割合が落ち，仕事の割合が主となっていくトランジションの形態があることを示唆している．ドイツ語圏（ドイツ，オーストリア，スイスなど）では，学卒後就職活動をするのではなく，デュアルシステム（Dual system：職場での職業実習・訓練を主としつつ，訓練センターや学校での学習も同時におこなう徒弟的教育）と呼ばれる徒弟教育を受けて特定の業種や仕事に必要な知識や技能を身につけ，そうして安定的なフルタイムの職に就いていく（寺田 2003）．

　実は日本でも，正規雇用（フルタイム）の職に就くことは在学中の就職活

表4 学卒後のキャリアパス（25-29歳） (%)

	男性	女性
正社員定着	31.6	26.4
正社員→正社員	10.8	8.2
正社員→失業・無業	6.4	0.6
正社員→非典型→正社員	3.3	5.9
正社員→非典型	0.2	16.2
正社員→自営・家業	10.6	1.1
正社員→非典型→失業・無業	12.3	0.8
非典型→社員	1.0	8.9

*小杉（2010），表3-1, 3-2 (p. 81, 83) より，男女いずれかで5%以上のキャリアパスを抽出して表を作成した．

動だけではなくなってきており，表4に見られるように，派遣や契約社員，アルバイトなどの非正規雇用の職を経ながら正規雇用（フルタイム）に就く者や，学卒後正規雇用の職に就きながらも転職をして，非正規雇用の職などを経験しながら正規雇用（フルタイム）に戻ってくる者，あるいはそのまま非正規雇用の地位に居続ける者が増えている（小杉 2010）．日本においてさえ，学卒後すぐに正規雇用（フルタイム）の職に就く状況とは単純に言えなくなってきており，学卒後の正規雇用（フルタイム）に至るパスは非常に複雑なものとなってきている．

4.3 なぜ今トランジション研究か

歴史的に見れば今日の先進国の多くは，19世紀末から20世紀初頭にかけて，社会が工業化・近代化され，国民国家の形成のもとに学校教育もまた近代化された．以降，学校教育を経て仕事へ移行するという人びとのライフコース，すなわち「学校から仕事へのトランジション（School-to-work transition)」の経験は，支配階級や中産階級の子弟から，徐々にその他さまざまな人びとへと拡がり一般化してきた（溝上 2010）．そして，出身階層や属性（性や民族など），重要な他者の影響を受けながらも，どのような教育を受け，どのような教育アスピレーションを抱けば学卒後の社会的地位や職業的成功に寄与するのかは，社会学や教育社会学等の多くの研究が示してきた（藤田 1979, Kerckhoff 2000, 中山・小島 1979, Staff & Mortimer 2008）．

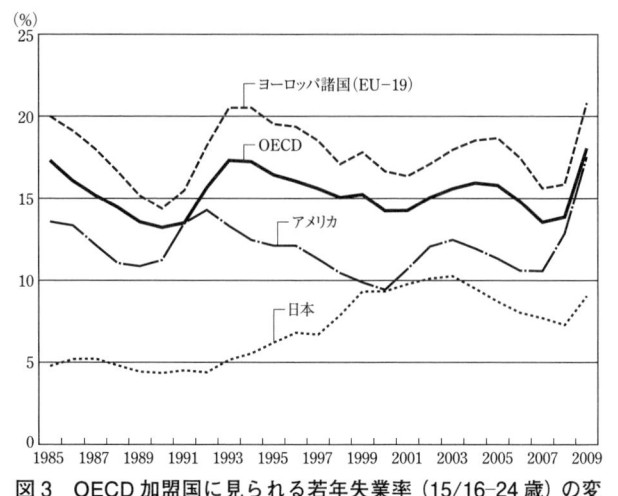

図3 OECD加盟国に見られる若年失業率（15/16-24歳）の変化（1985-2009年）

*OECD（2010），Figure 1.1（p. 24）の"C. Unemployment rate"を抜粋・和訳．

　Schoon & Silbereisen（2009）が述べるように，トランジションは一方で，学歴や身につけた技能，意思などの個人の能力や判断によって決まるものであるが，他方で，そのトランジションを決める労働市場が，社会的・歴史的な文脈や経済的な条件に影響を受けて変化しやすいという実情がある．西欧諸国では1970年代以降，新しい技術の導入，単純労働の減少，女性労働者の増加，社会の情報化・グローバル化の進展に伴う経済的な変動，契約やパートタイムをはじめとする不安定な，あるいは一時的な雇用を含む雇用形態の多様化，労働市場の規制緩和などがあり，若者の労働市場への参入が厳しくなっている．図3は，1985-2009年のOECD加盟国に見られる若年失業率の変化を示している．国によって，あるいは年によって様相は異なるが，OECD諸国の若年失業率の平均は15%を超える年が多く，とくにヨーロッパ諸国（EU-19）のそれはOECD平均を上回っている．

　若年失業率は，若者が学校から仕事へとうまく移行できない姿を示すもっともわかりやすい指標であるが，しかし1つの指標に過ぎない（OECD 2010, Ryan 2001）．近年のOECD指標は，失業だけでなく，非活動（Inactive：就業にも失業にも分類されない者），あるいはニート（NEET, Not in Education, Employment or Training：教育，労働，職業訓練のいずれにも参加していない者）の指標も加えて，トランジションの問題を多元的に数値化するようになっている．

　日本で，学校から仕事へのトランジションが一般化したのは 1960 年代以降のことである．日本では，1960 年代になってようやく，子どもが労働から解放され，学校教育を通して職業を選択し人生を形成するというライフコースが，庶民・農家の子どもにまで浸透するようになった（溝上 2010）．そこでは，学校教育修了時における新規学卒者の一括採用，学校の職業紹介・斡旋機能，会社独自の OJT（On-the-job training），Off-JT（Off-the-job training）を組み合わせた企業内教育の充実，日本的雇用システム（とくに年功序列，終身雇用）などに支えられた日本独自のトランジションが構造化されていった．学校を卒業した後，安定的なフルタイムの仕事に就くのに数年かかることの多い OECD 諸国に比べて，日本の若年労働市場が，新規学卒者に安定的なフルタイムの仕事（正規雇用）をすぐに与える割合が高く，かつ若者の離職率が低いことは，日本の大きな特徴だと見なされてきた（OECD 2009）．

　しかしながら，バブル経済が崩壊し，労働市場や雇用システムが大きく様変わりし，情報化・グローバル化が急速に進んだ 1990 年代以降，このような学校教育を終えると同時に安定的なフルタイムの仕事（正規雇用）へと移行する構造が大きく崩れてしまった．それは最終の学校教育を終えて仕事へと移行するパターンがかなり多様化・複雑化したとも言える．若者の契約・派遣社員，アルバイト，フリーターなどの非正規雇用の問題は，このような状況に絡んで社会問題化しているものの 1 つである．こうして日本ではこの 10〜15 年，まさに学校から仕事へのトランジションが以前のように機能しなくなった状況を問題視して，トランジションに関する研究や支援が盛んになされるようになっている（本田 2005, 2009，乾 2010，児美川 2008，中野 2002，竹内・高生研 2002，矢島・耳塚 2001）．

5 本書プロジェクトにおけるトランジション

5.1 トランジションの対象を大学を卒業する年齢層まで拡大

　近年，学校から仕事へのトランジションに関する研究や支援の対象が，大学（高等教育，以下同様）進学者ないしは大学を卒業する年齢層まで拡げられている．

　大きな背景は2つあると考えられる．1つは，大学への進学者が増加しており，国全体で見たときに仕事へ移行する年齢が遅くなってきていることである．日本では1990年代以降の大衆化からユニバーサル段階への移行として議論されてきたことであるし，その現象はヨーロッパ諸国においても同様である（Scherer 2001）．

　成人形成期の議論も，大学への進学者の増加，仕事へ移行する年齢が遅くなってきていることと関連するものと言えるかもしれない．この議論は，成人期に向けての職業・キャリア発達，ひいては家族や社会的役割に関する発達が以前に比べて長期化していること，遅くなっていることなどを受けて，ちょうど大学生の年齢期18〜25歳の時期に，「成人形成期（Emerging adulthood）」という新たな発達段階（Arnett 2000, 2004）を設けようというものである．

　もう1つは，大学卒業者にとって労働市場が厳しいものとなってきている，あるいは大学卒業者のトランジションが問題となってきていることである（Holden & Hamblett 2007, 小杉 2001, 小川・田中 2008, 寺田 2003, 2004）．トランジション研究や支援の現れは1970年代から認められるものの，それはどちらかと言えば，失業率をはじめとしてトランジションが困難となっている非大学（高等教育）進学者（高校・後期中等教育修了後就労する若者），あるいは高校・中等教育を中途退学する者，人種・民族マイノリティや貧困層，移住者など，社会的に恵まれない若者を対象とするものが多かった（Cheek & Campbell 1994, 深堀 2008, 小杉 2010, Neumark 2007, Raffe et al. 1998, 寺田 2004）．ところが，新しい技術の導入，女性労働者の増加，社会の情報化・グローバ

ル化の進展に伴う経済的な変動，契約やパートタイムをはじめとする不安定な，あるいは一時的な雇用を含む雇用形態の多様化，労働市場の規制緩和などの一般的な社会的状況の変化を背景としつつ，大学進学者の増加，大学生の質的な多様化，社会性の弱さや仕事に通ずる技能・態度（能力）の弱さなどによって，大学卒業者にとっても労働市場は厳しいものとなってきている，あるいは大学卒業者のトランジションが問題となってきている．今や，学校から仕事へのトランジションに関する研究や支援の対象は，大学進学者ないしは大学を卒業する年齢層まで拡げておこなわれていると言える．

　前述したように，日本では1990年代初頭まで学校から仕事へのトランジションは比較的スムースになされており，OECD諸国に比べて，日本の若年労働市場が，新規学卒者にすぐに安定的なフルタイムの仕事（正規雇用）を与える割合が高く，かつ若者の離職率が低いことは，日本の大きな特徴だと見なされてきた（OECD 2009）．ところが，バブル経済崩壊以降，労働市場や雇用システムが大きく様変わりし，高校でも大学でも就職率の低下や離職率の増加が大きな社会問題となり始めた．それが単なる若年就業の問題ではなく，学校から仕事へのトランジションの問題として検討されるようになったのは2000年頃からである（溝上 印刷中）．労働市場や就業へとスムースに移行させるためのキャリア教育やキャリア形成支援がおこなわれ始めたのも，ちょうどこの時期である（川﨑 2005）．

　このようななかで，本書で問題とするような，大学時代の経験が卒業後の仕事のしかたにどのような影響を及ぼしているかを検討した研究は，とくに教育社会学の分野ですでにいくつか見られる．たとえば，矢野（2009）や濱中（2013）の大学卒業時の知識能力が間接的にではあるが，現在のビジネスパーソンの収入に影響を及ぼしているという学び習慣仮説の研究がそうである．また，松繁（2004）は，たとえば大学時代の成績が初任給に及ぼす効果を検討している．その結果，景気が良く労働需要が増加するときには成績は効果を示さないが，景気が悪くなり労働需要が減少するときには効果を示すことが明らかになった．これらに対する本書におけるトランジション調査の特徴は，端的に言って，大学時代の経験変数をかなり詳細に設定・検討していることにある．つまり，第1に学習変数を授業外学習や自主学習と細か

く設定していること，第2に，クラブ・サークル活動をおこなっていたか，アルバイトをしていたかなどの経験を問うだけでなく，新聞や読書，友人との交際，インターネット，ゲームなど，さまざまな活動を設定していること（1週間の過ごし方），そして第3に，キャリア意識を設定していることである．

なぜここまで大学時代の経験変数を詳細に設定するのか．それは，本トランジション調査が大学教育の改善・改革に直結して取り組まれているからである．キャリア意識は，キャリア教育がすでになされていることから言うまでもない．授業外学習についても，中央教育審議会はすでに『新たな未来を築くための大学教育の質的転換に向けて：生涯学び続け，主体的に考える力を育成する大学へ（答申）』（平成24年8月28日）において，日本の大学生がいかに授業外学習をおこなっていないかを深刻な問題だと受けとめ警鐘を打ち鳴らしている（溝上 2012a も参照）．3節で示したように，大学生のなかだけで見れば「授業外学習時間」や大学生活の1つとしての「自主学習」は，学生の成長に寄与する重要な変数であると十分に考えられる．しかしながら，この変数が単なる大学教育内だけの問題なのか，卒業後の仕事のしかたにも影響を及ぼすものなのかは，現在のところ明らかになっていない．本トランジション調査は，ビジネスパーソンの振り返り調査という制約のもとではありながらも，この問題に直接解を見出そうとするものである．

5.2 初期キャリアにまでトランジションの射程を拡げて

小杉（2010）が述べるように，正規雇用への参入パターンが複雑になっている今日の日本において（表4参照），いま初期キャリアの研究が痛切に求められている．

狭義には，トランジションは学校教育修了後，安定的なフルタイムの職（正規雇用）に就くまでを問題とするが，表4の状況は，正規雇用に就いた後の離職・転職などの就業の不安定さを如実に物語っている．この問題は，安定的なフルタイムの職に就くという結果を，初期キャリアあたりまで延長して検討すべきであるとの示唆として受けとめることができる．

また，ここが本トランジション調査の新しい視点であるが，やはり安定的なフルタイムの職に就くという結果だけでなく，職に就いた後の職場への適

応過程，すなわち「組織社会化」（第2章）まで射程を拡げながら，トランジションを大きく捉えることが今求められていると考えたい．つまり，学校教育側から見ると，単に就職できたかできなかったかの話としてのトランジション研究・支援ではなく，就職後しっかり職場に適応して働けているかまでを見たトランジション研究・支援である．たとえ就職できても，職場に適応できていない，しっかり働けていないということであれば，そのポイントを特定して，学校教育（大学）での支援がさらに求められることであろう．

　第1の拡張については別のプロジェクトで扱う予定であり，本書では残念ながら扱わない．本書では，3節で示してきた大学時代の経験としての大きな3つの変数を中心にして，第2の拡張としての組織社会化など，職場での仕事のしかたについて，そのトランジションの様相を検討するものである．

付記：本章の学生の学びと成長に関する説明は，拙著「学生の学びと成長」（京都大学高等教育研究開発推進センター（編）（2012）『生成する大学教育学』ナカニシヤ出版，pp. 119-145）を，トランジションに関する説明は，拙著「学校から仕事へのトランジションとは」（溝上・松下（編）（印刷中）『高校・大学から仕事へのトランジション』ナカニシヤ出版）を適宜引用している．詳しくはそれらを参照してほしい．

参考文献

Arnett, J. J.（2000）Emerging adulthood: A theory of development from the late teens through the twenties. *American Psychologist*. Vol. 55 pp. 469-480.

Arnett, J. J.（2004）*Emerging adulthood: The winding road from the late teens through the twenties*. Oxford University Press.

Arum, R. & Hout, M.（1998）The early returns: The transition from school to work in the United States. Shavit, Y. & Müller, W.（eds.）*From school to work: A comparative study of educational qualifications and occupational destinations*. Clarendon Press. pp. 471-510.

Astin, A. W.（1984）Student involvement: A developmental theory for higher education. *Journal of College Student Personnel*. Vol. 25 pp. 297-308.

Barr, R. B. & Tagg, J.（1995）From teaching to learning: A new paradigm for undergraduate education. *Change*. Vol. 27 No. 6 pp. 12-25.

Buchmann, M. C.（2011）School-to-work transitions. Brown, B. B. & Prinstein, M.

J. (eds.) *Encyclopedia of adolescence. Volume 2: Interpersonal and sociocultural factors*. Academic Press. pp. 306–313.

Cheek, G. D. & Campbell, C. P. (1994) Improving the school-to-employment transition with lessons from abroad. Pautler, Jr. A. (ed.) *High school to employment transition: Contemporary issues*. Pracken. pp. 115–127.

Chickering, A. W. (1969) *Education and identity*. Jossey-Bass.

Chickering, A. W. & Gamson, Z. F. (1987) Seven principles for good practice in undergraduate education. *AAHE Bulletin*. Vol. 39 No. 7 pp. 3–7.

Chickering, A. W. & Reisser, L. (1993) *Education and identity*. 2nd ed. Jossey-Bass.

藤田英典 (1979) 社会的地位形成過程における教育の役割. 富永健一 (編) 日本の階層構造. 東京大学出版会. pp. 329–361.

深堀聡子 (2008) 「社会的に恵まれない層」をターゲットとするアメリカの若年雇用政策：中等教育段階の職業教育と離学後の積極的雇用政策を中心に. 山内乾史 (編) 教育から職業へのトランジション：若者の就労と進路職業選択の教育社会学. 東信堂. pp. 74–101.

濱中淳子 (2013) 検証・学歴の効用. 勁草書房.

Holden, R. & Hamblett, J. (2007) The transition from higher education into work: Tales of cohesion and fragmentation. *Education + Training*. Vol. 49 No. 7 pp. 516–585.

本田由紀 (2005) 若者と仕事：「学校経由の就職」を超えて. 東京大学出版会.

本田由紀 (2009) 教育の職業的意義：若者, 学校, 社会をつなぐ. ちくま新書.

乾彰夫 (2010)〈学校から仕事へ〉の変容と若者たち：個人化・アイデンティティ・コミュニティ. 青木書店.

川﨑友嗣 (2005) 変わる私立大学・「就職支援」から「キャリア形成支援」へ. IDE (現代の高等教育). Vol. 467 pp. 45–49.

Kerckhoff, A. C. (2000) Transition from school to work in comparative perspective. Hallinan, M. T. (ed.) *Handbook of sociology of education*. Kluwer Academic/Plenum Publishers. pp. 453–474.

Koljatic, M. & Kuh, G. D. (2001) A longitudinal assessment of college student engagement in good practices in undergraduate education. *Higher Education*. Vol. 42 pp. 351–371.

児美川孝一郎 (2008) オーストラリアにおける「学校から仕事への移行」支援の現状と課題 (1)：「移行」プロセスの変容と政策的対応の枠組み. 生涯学習とキャリアデザイン (法政大学キャリアデザイン学会). Vol. 5 pp. 1–24.

小杉礼子 (2001) 変わる若者労働市場. 矢島正見・耳塚寛明 (編) 変わる若者と職

業世界：トランジッションの社会学．学文社．pp. 23-38.

小杉礼子（2010）若者と初期キャリア：「非典型」からの出発のために．勁草書房．

松繁寿和（編）（2004）大学教育効果の実証分析：ある国立大学卒業生たちのその後．日本評論社．

溝上慎一（2009）「大学生活の過ごし方」から見た学生の学びと成長の検討：正課・正課外のバランスのとれた活動が高い成長を示す．京都大学高等教育研究．Vol. 15 pp. 107-118.

溝上慎一（2010）現代青年期の心理学：適応から自己形成の時代へ．有斐閣選書．

溝上慎一（2012a）学生の学びと成長．京都大学高等教育研究開発推進センター（編）生成する大学教育学．ナカニシヤ出版．pp. 119-145.

溝上慎一（2012b）大学生タイプと学習支援と生活支援．IDE（現代の高等教育）．No. 546 pp. 23-29.

溝上慎一（2012c）大学生活の重点・授業出席・朝食摂取の観点から．全国大学生活協同組合連合会広報調査部（編）バブル崩壊後の学生の変容と現代学生像「学生生活実態調査をはじめとした調査分析」報告書．pp. 18-31.

溝上慎一（印刷中）学校から仕事へのトランジションとは．溝上慎一・松下佳代（編）高校・大学から仕事へのトランジション：変容する能力・アイデンティティと能力．ナカニシヤ出版．

中野育男（2002）学校から職業への迷走：若年者雇用保障と職業教育・訓練．専修大学出版局．

中山慶子・小島秀夫（1979）教育アスピレーションと職業アスピレーション．富永健一（編）日本の階層構造．東京大学出版会．pp. 293-328.

Neumark, D.（2007）Improving school-to-work transitions: Introduction. Neumark, D.（ed.）*Improving school-to-work transitions*. Russell Sage Foundation. pp. 1-23.

OECD（2009）*Jobs for youth: JAPAN*. OECD Publishing.

OECD（2010）*Off to a good start? Jobs for youth*. OECD Publishing.

小川啓一・田中伸幸（2008）OECD 諸国における教育・職業訓練と労働市場の比較．山内乾史（編）教育から職業へのトランジション：若者の就労と進路職業選択の教育社会学．東信堂．pp. 200-220.

Raffe, D., Biggart, A., Fairgrieve, J., Howieson, C., Rodger, J. & Burniston, S.（1998）*Thematic review of the transition from initial education to working life: United kingdom: Background report*. OECD（http://www.oecd.org/education/country-studies/1908270.pdf）.

Ryan, P.（2001）The school-to-work transition: A cross-national perspective. *Journal of Economic Literature*. Vol. 39 pp. 34-92.

Scherer, S. (2001) Early career patterns: A comparison of Great Britain and West Germany. *European Sociological Review*. Vol. 17 No. 2 pp. 119-144.

Schoon, I. & Silbereisen, R. K. (2009) Conceptualizing school-to-work transitions in context. Schoon, I. & Silbereisen, R. K. (eds.) *Transitions from school to work: Globalization, individualization, and patterns of diversity*. Cambridge University Press. pp. 3-29.

Staff, J. & Mortimer, J. T. (2008) Social class background and the school-to-work transition. Mortimer, J. T. (ed.) Social class and transitions to adulthood. *New Directions for Child and Adolescent Development*. Vol. 119 pp. 55-69.

Study Group on the Conditions of Excellence in American Higher Education (1984). *Involvement in learning: Realizing the potential of American higher education*. National Institute of Education, U. S. Department of Education.

Tagg, J. (2003) *The learning paradigm college*. Anker.

武内清 (2003) 授業と学生. 武内清 (編) キャンパスライフの今. 玉川大学出版部. pp. 16-29.

竹内常一・高生研 (編) (2002) 揺らぐ〈学校から仕事へ〉：労働市場の変容と10代. 青木書店.

寺田盛紀 (2003) 新版 ドイツの職業教育・キャリア教育：デュアルシステムの伝統と変容. 大学教育出版.

寺田盛紀 (2004) 序章. 寺田盛紀 (編) キャリア形成・就職メカニズムの国際比較：日独米中の学校から職業への移行過程. 晃洋書房. pp. 1-4.

矢島正見・耳塚寛明 (編) (2001) 変わる若者と職業世界：トランジッションの社会学. 学文社.

山田礼子 (2009a) 学生の情緒的側面の充実と教育成果：CSSとJCSS結果分析から. 大学論集（広島大学高等教育研究開発センター）. Vol. 40 pp. 181-198.

山田礼子 (編) (2009b) 大学教育を科学する：学生の教育評価の国際比較. 東信堂.

山田礼子 (2012) 学士課程教育の質の改善に向けてのプロセス評価の役割と限界. 大学教育学会誌. Vol. 34 No. 2 pp. 6-12.

矢野眞和 (2009) 教育と労働と社会：教育効果の視点から. 日本労働研究雑誌. Vol. 51 No. 7 pp. 5-15.

第4章 大学生活と仕事生活の実態を探る

河井 亨

1 はじめに

　本章の目的は，第5章から第7章までの分析編で用いられる大学生活と仕事生活の項目について，その記述統計を示すことである．2節では，大学生活の項目の記述統計を示す．具体的には，大学生活と就職活動の経験は肯定的か否定的かとその理由，大学生活で何に重点を置いたか，アクティブラーニング型授業に参加したか，主体的な学修態度，将来への見通しがあったかどうか，どのような大学生活を過ごしてきたかについて見ていく．次に3節では，仕事生活の項目の記述統計を示す．具体的には，最初の配属先での経験は肯定的か否定的かとその理由，仕事に関する能力・業績，経験学習，組織社会化，業務能力の向上，革新行動について結果を示した．この章では，以降の章でも使われる各項目の得点の結果を全体的に示し，各章における分析を読み進める準備を整えていく．

　本章の最後には，大学時代の地位・属性変数と卒業後の代表的な地位・属性変数である収入と企業規模との関係を見ていく．本書の特徴は，大学時代の経験と企業における組織行動・キャリアの二項関係を見ていくことにある．本章末でおこなわれる基礎的分析は，本書のこの特徴的分析の補助線となることが期待される．

2 大学生活

　2節では，トランジション調査で尋ねた大学生活の項目に関する結果を概観する．

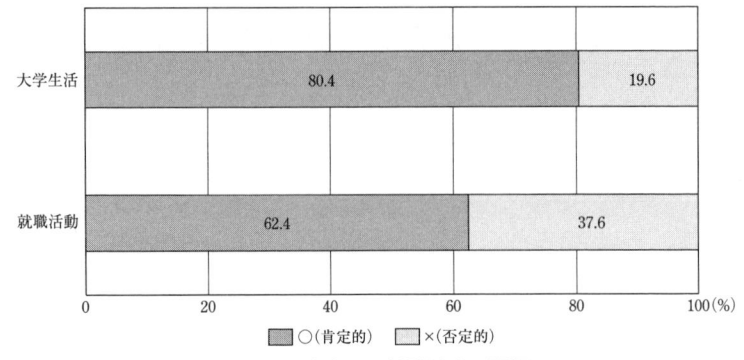

```
              大学生活 │████████ 80.4 ████████│  19.6  │
              就職活動 │██████ 62.4 ██████│    37.6    │
                     0    20    40    60    80   100(%)
                       ■○(肯定的)  □×(否定的)
```

図1 大学生活と就職活動の評価

　第1に，大学生活と就職活動の経験について肯定的か否定的か選択した結果を見る（図1）．大学生活を肯定的に評価している回答者（自らの大学生活を○と自己評価した者）が80.4%，否定的に評価している回答者が19.6%であった．また，就職活動を肯定的に評価している回答者が62.4%，否定的に評価している回答者が37.6%であった．

　次に，肯定と否定の理由を尋ね，あてはまるものをすべて選択してもらった．その結果，大学生活の肯定的評価の理由のうち多かったものは，「友人関係に恵まれた」（67.0%），「アルバイトが充実していた」（51.4%），「さまざまな人や価値観にふれた」（41.7%）であった．また，「勉強を頑張った」（36.7%），「ゼミでの学習や研究が充実していた」（35.2%）といった大学での学業に関する理由も見られた．他方，大学生活の否定的評価の理由のうち多かったものは，「だらだら過ごしていた」（54.1%），「やりたいことや目的意識がなかった」（48.0%），「資格や語学の勉強をもっとするべきだった」（45.4%）であった．また，「勉強しなかった」（42.9%）という大学での学業に関する理由も見られた．

　同様に，就職活動の肯定的評価の理由のうち多かったものは，「いろいろな会社を見ることができた」（41.3%），「いろいろな人と話をすることができた」（34.3%），「第一志望ではないが，なんとか就職が決まった」（33.8%）であった．他方，就職活動の否定的評価の理由のうち多かったものは，「自分が何をしたいのかよくわからなかった」（50.7%），「就職活動をしっかり

図2 大学生活の重点

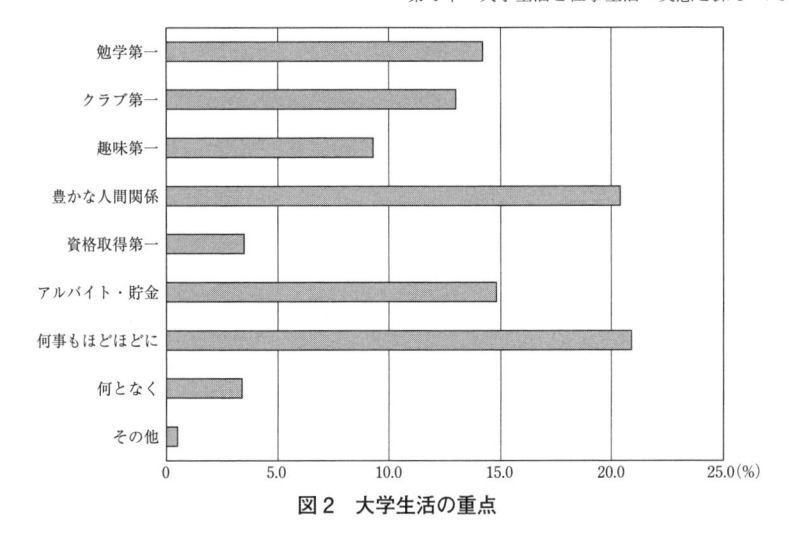

やらなかった」(48.2%),「あまりよく考えずに決めてしまった」(39.9%)であった.

　第2に,大学生活で何に重点を置いたかを尋ねた項目の結果を見る(図2).この項目は,全国大学生活協同組合連合会広報調査部編(2012)の「学生の消費生活に関する実態調査」の「大学生活の重点」という項目である.「勉学第一」「クラブ第一」「趣味第一」「豊かな人間関係」「資格取得第一」「アルバイト・貯金」「何事もほどほどに」「何となく」「その他」という9つの選択肢のうち,自分の大学生活がどれに近いものであったかを選んでもらった.その結果,「何事もほどほどに」(20.9%)と「豊かな人間関係」(20.4%)が多く,それに続いて「アルバイト・貯金」(14.8%),「勉学第一」(14.2%),「クラブ第一」(13.0%)が並ぶというものであった.

　第3に,アクティブラーニング型授業に参加したかどうかを尋ねた項目の結果を見る(図3).項目では,「ある問題を考えたり,発表したり,ディスカッションをしたりする参加型の授業や演習にどの程度参加してきたか」を尋ねている.「まったく参加してこなかった」「あまり参加してこなかった」と回答したものを合わせると53.3%,「よく参加してきた」「まあまあ参加してきた」と回答したものを合わせると46.7%であった[1].

AL	14.0	39.3	36.2	10.5

0　　　　20　　　　40　　　　60　　　　80　　　100(%)

■まったく参加して　　■あまり参加して　　□まあまあ　　　　□よく
　こなかった　　　　　　こなかった　　　　　参加してきた　　　参加してきた

図3　アクティブラーニング型授業への参加

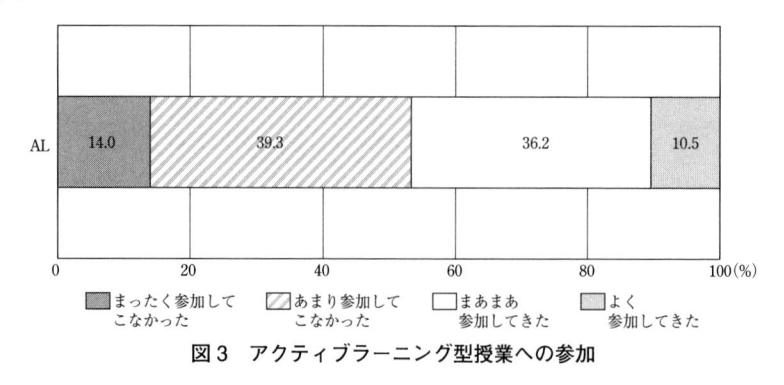

　第4に，主体的な学修態度について尋ねた項目の結果を見る．主体的な学修態度とは，ただレポートを出せばいい，発表をすればいいというのではなく，レポートや発表といった課題に自分の納得いくように取り組む学修態度のことを意味する．主体的な学修態度を尋ねる尺度は，畑野（2011）の「授業プロセスパフォーマンス」尺度（ただし，本研究では尺度名が内容を正確に伝えていないことを考慮して「主体的な学修態度」と置き換えた）を用い，9項目の文章末尾を過去形にして使用した．回答は，「あてはまらない」「どちらかと言えばあてはまらない」「どちらとも言えない」「どちらかと言えばあてはまる」「あてはまる」から1つを選ぶ形式である．「あてはまらない」～「あてはまる」にそれぞれ1～5点を与え，各項目の平均値と全体をまとめた平均値を求めたところ，図4の結果が得られた．以下の本書における分析では，逆転項目としている項目の得点を逆転処理し，項目得点の和を項目数で除した得点を「主体的な学修態度」尺度得点として使用した．なお，図4の主体的な学修態度の値は，すべての項目を足し合わせて項目数で除した点数である．

　第5に，将来への見通しに関して尋ねた項目の結果を見る（図5）．項目では，「大学1～2年生のとき，自分の将来についての見通し（将来こういう風

1）　同一の項目に対して，30-34歳の回答者では，「まったく参加してこなかった」「あまり参加してこなかった」と回答したものが69.7％，「よく参加してきた」「まあまあ参加してきた」と回答したものが30.3％であった．また，35-39歳の回答者では，「まったく参加してこなかった」「あまり参加してこなかった」と回答したものが71.4％，「よく参加してきた」「まあまあ参加してきた」と回答したものが28.6％であった．

第4章　大学生活と仕事生活の実態を探る　77

項目	値
主体的な学修態度	3.18
レポートや課題はただ提出すればいいという気分で仕上げることが多かった	3.48
レポートは満足がいくように仕上げた	3.35
課されたレポートや課題を少しでも良いものに仕上げようと努力した	3.48
課題には最小限の努力しかおこなわなかった	3.05
単位さえもらえればよいという気持ちで授業に出ていた	3.10
課題は納得いくまで取り組んだ	3.04
授業には意欲的に取り組んだ	3.22
授業はただぼうっと聞いていた	2.88
プレゼンテーションの際,何を質問されても大丈夫なように十分に調べた	3.06

図4　主体的な学修態度

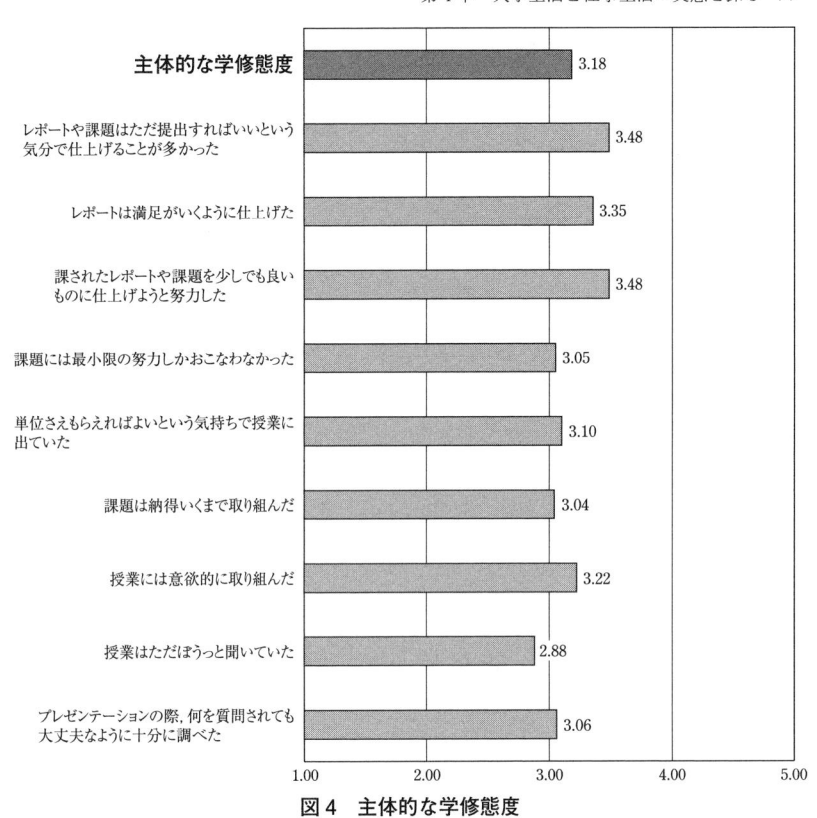

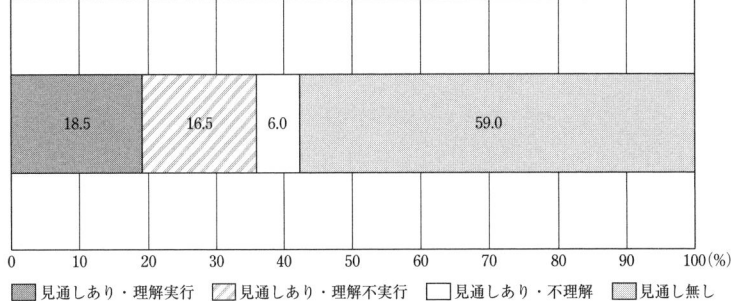

見通しあり・理解実行	見通しあり・理解不実行	見通しあり・不理解	見通し無し
18.5	16.5	6.0	59.0

図5　将来の見通し

でありたい）を持っていたか」を尋ねている．この項目は，溝上（2009）で用いられた項目である．「持っていた」と回答したのは41.0%，「持っていなかった」と回答したのは59.0%であった．見通しを「持っていた」と回答した者には，「何をすべきかわかっていたし，実行もしていた」か，「何をすべきかはわかっていたが，実行はできていなかった」か，「何をすべきかはまだわからなかった」のいずれであるかを尋ねている．それぞれを選択した割合は全体のなかで，18.5%，16.5%，6.0%であった．

第6に，どのような大学生活を過ごしてきたかを尋ねた項目の結果を見る．項目では，「大学生活全般を通じて，以下の活動をどの程度おこなったか」を尋ねている．尋ねた活動は，「大学で授業や実験に参加する」「授業に関する勉強（予習や復習，宿題・課題など）をする」「授業とは関係のない勉強を自主的にする」「同性の友達と交際する」「異性の友達と交際する」「クラブ・サークル活動をする」「コンパや懇親会などに参加する」「家庭教師や塾の講師のアルバイトをする」「家庭教師や塾の講師以外のアルバイトをする」「テレビをみている」「インターネットサーフィンをする」「ゲーム（ゲーム機・コンピュータゲーム・オンラインゲーム）をする」「勉強のための本（新書や専門書など）を読む」「娯楽のための本（小説・一般書など，マンガや雑誌を除く）を読む」「マンガや雑誌を読む」「新聞を読む」「通学にかかる時間」である．この項目は，大学生のキャリア意識調査で開発・活用された項目である（溝上 2009を参照）．回答は，「まったくなし」「あまりなし」「どちらともいえない」「まあまあり」「非常にあり」から1つを選ぶ形式である．「まったくなし」～「非常にあり」に1～5点を与え，各項目の平均値と全体をまとめた平均値を求めたところ，図6の結果が得られた．

大学生のキャリア意識調査2007と同2010と並べて因子分析したところ，複数の因子に負荷する項目や場合によってどの因子を構成するかが変わる項目が見られたので，それらを除いて因子分析をおこなった（主因子法・プロマックス回転）．分析の結果見出された因子を，自主学習，1人の娯楽活動，課外活動・対人関係と名づけた．次に，この3因子の因子得点を用いて，クラスター分析（Ward法）をおこない，解釈可能なタイプが抽出された（図7）．タイプ1（N=244）は，自主学習，1人の娯楽活動，課外活動・対人関係と

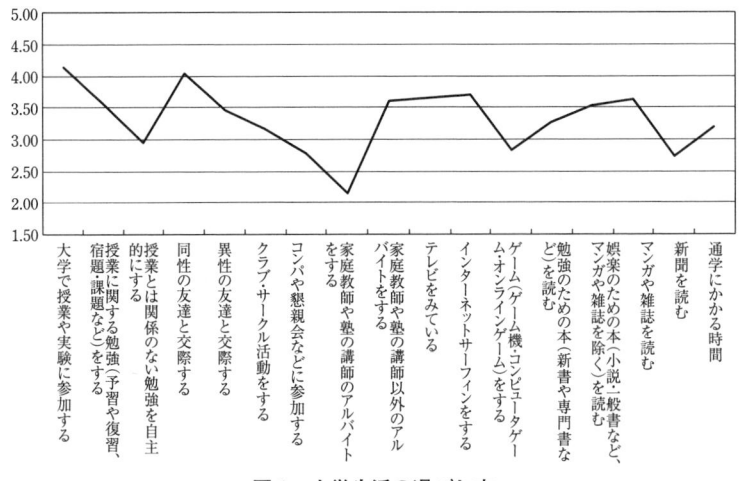

図6 大学生活の過ごし方

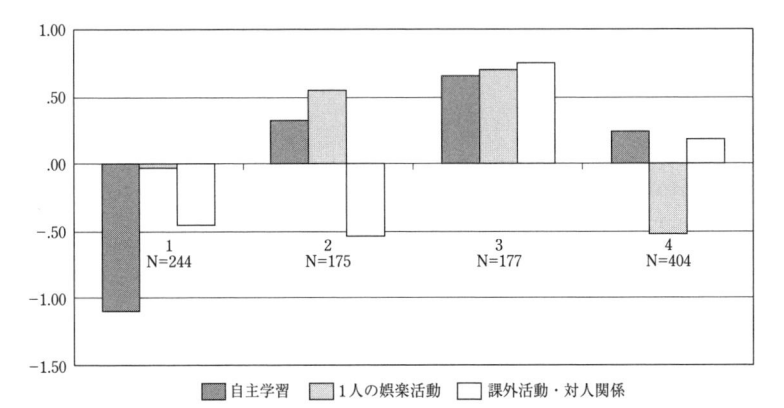

図7 大学生活の過ごし方別に見た回答者のタイプ（クラスター分析・Ward法）

いう3つの活動がいずれも低い．タイプ2（N=175）は，3つの活動のうち課外活動・対人関係の活動が低い．タイプ4（N=404）は，1人の娯楽活動が低い．タイプ3（N=177）は，3つの活動すべてが高いという結果であった．

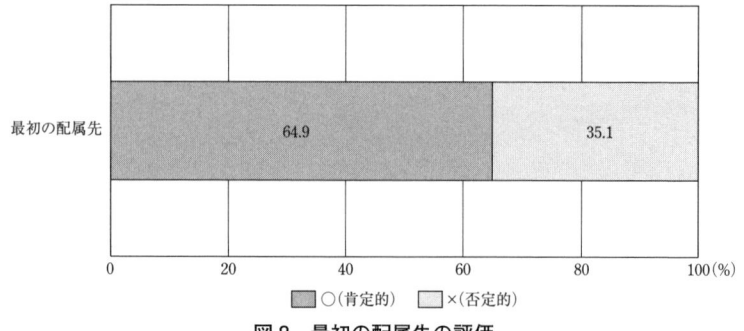

図 8　最初の配属先の評価

3　仕事生活

　第1に，最初の配属先の経験を肯定的か否定的か選択してもらった結果を見る（図8）．最初の配属先を肯定的に評価している回答者が64.9％，否定的に評価している回答者が35.1％であった．次に，肯定と否定の評価の理由を尋ね，あてはまるものをすべて選択した結果を見る．最初の配属先の肯定的評価の理由のうち多かったものは，「上司や同僚などの職場の人間関係に恵まれた」（53.6％），「はやく一人前になるべく一生懸命頑張った」（38.5％），「いろいろ刺激を受けて経験を豊かにした」（34.8％）であった．他方，最初の配属先の否定的評価の理由のうち多かったものは，「会社や仕事が自分に合っていなかった」（40.2％），「上司や同僚など職場の人間関係に恵まれなかった」（37.3％），「将来に希望を持てなかった」（36.5％）であった．

　第2に，現在の仕事に関する能力や業績について尋ねた項目の結果を見る（図9）．項目では，「全般的な職務遂行能力」「仕事の質」「仕事の業績・成果」について，社内における同年代の社員と比較した場合の評価を尋ねている．この項目は，Black（1993）を修正して用いた．回答は，「最上位」「上位」「平均よりやや上」「平均的」「平均よりやや下」「下位」「最下位」から1つを選ぶ形式である．主成分分析の結果，一主成分で説明されることがわかった．以下の分析では，クロンバックのα係数を確認したうえで，そ

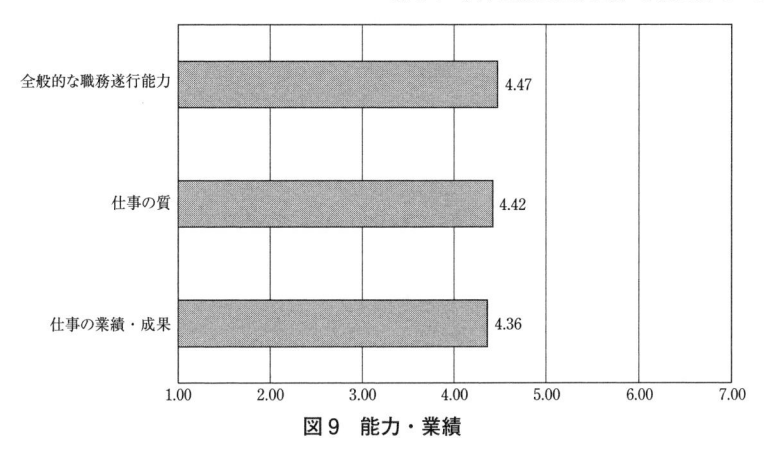

```
                全般的な職務遂行能力 ████████████ 4.47

                         仕事の質 ████████████ 4.42

                      仕事の業績・成果 ████████████ 4.36

                1.00   2.00   3.00   4.00   5.00   6.00   7.00
```

図9　能力・業績

れぞれの選択肢に 7～1 点を与え，主成分得点を用いる．

　第 3 に，経験学習について尋ねた項目の結果を見る．経験学習とは，人は実際の経験を通し，それを省察することでより深く学べるという考え方に基づく学習の捉え方である．経験学習を尋ねる尺度は，木村ら（2011）を修正して使用した．経験学習は，具体的経験・内省的観察・抽象的概念化・能動的実験という因子から構成される．回答は，「まったくしていなかった」「あまりしていなかった」「ときどきしていた」「しばしばしていた」「いつもしていた」から 1 つを選ぶ形式である．「まったくしていなかった」～「いつもしていた」に 1～5 点を与え，各因子およびそれらを構成する項目の平均値を求めたところ，図 10 の結果が得られた．以下の本書の分析では，逆転項目としている項目の得点を逆転処理し，全体をまとめた得点を経験学習尺度得点として用いた．図中の太字になっている「具体的経験」「内省的観察」「抽象的概念化」「能動的実験」の値は，それぞれの因子を構成する各項目の得点を加算して項目数で除した得点である．

　第 4 に，組織社会化について尋ねた項目の結果について見る．組織社会化とは，新しく組織に加わったメンバーが，組織の目標を達成するために求められる役割や知識，規範，価値観などを獲得して，組織に適応していくプロセスのことを指す．組織社会化を尋ねる尺度は，Chao et al.（1994）と小川（2006）を参考にして作成した．組織社会化は，職務役割の知識・政治人

図10 経験学習

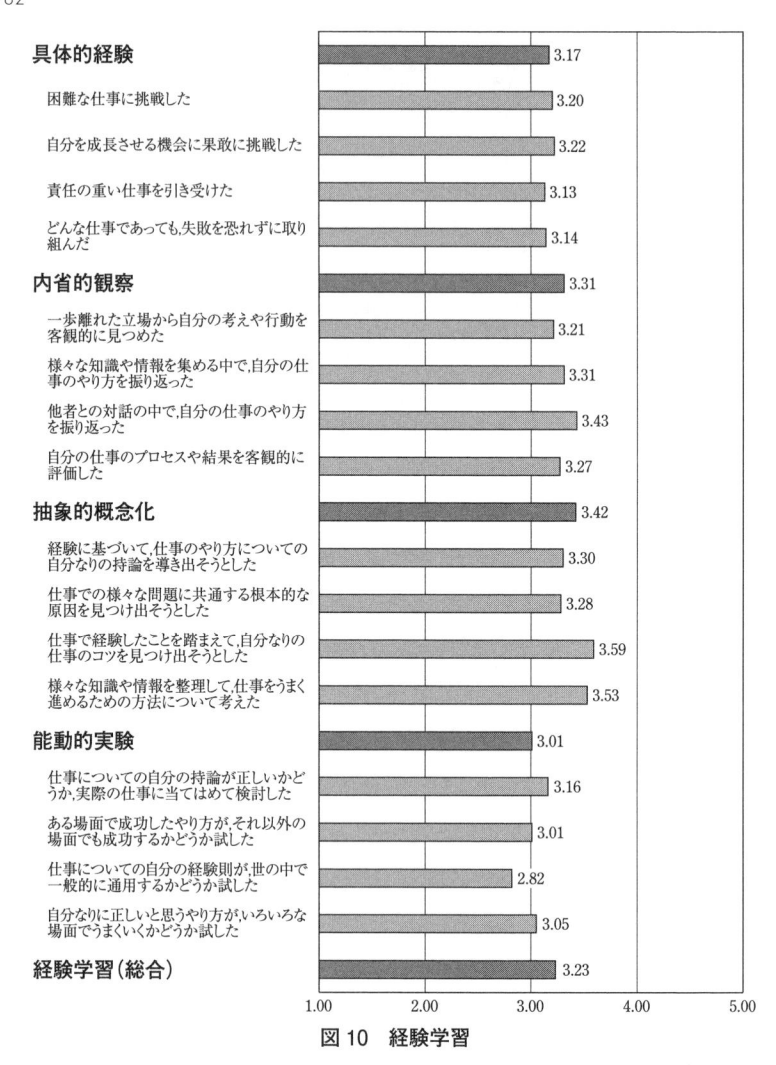

- **具体的経験** 3.17
  - 困難な仕事に挑戦した 3.20
  - 自分を成長させる機会に果敢に挑戦した 3.22
  - 責任の重い仕事を引き受けた 3.13
  - どんな仕事であっても,失敗を恐れずに取り組んだ 3.14
- **内省的観察** 3.31
  - 一歩離れた立場から自分の考えや行動を客観的に見つめた 3.21
  - 様々な知識や情報を集める中で,自分の仕事のやり方を振り返った 3.31
  - 他者との対話の中で,自分の仕事のやり方を振り返った 3.43
  - 自分の仕事のプロセスや結果を客観的に評価した 3.27
- **抽象的概念化** 3.42
  - 経験に基づいて,仕事のやり方についての自分なりの持論を導き出そうとした 3.30
  - 仕事での様々な問題に共通する根本的な原因を見つけ出そうとした 3.28
  - 仕事で経験したことを踏まえて,自分なりの仕事のコツを見つけ出そうとした 3.59
  - 様々な知識や情報を整理して,仕事をうまく進めるための方法について考えた 3.53
- **能動的実験** 3.01
  - 仕事についての自分の持論が正しいかどうか,実際の仕事に当てはめて検討した 3.16
  - ある場面で成功したやり方が,それ以外の場面でも成功するかどうか試した 3.01
  - 仕事についての自分の経験則が,世の中で一般的に通用するかどうか試した 2.82
  - 自分なりに正しいと思うやり方が,いろいろな場面でうまくいくかどうか試した 3.05
- **経験学習（総合）** 3.23

間関係の知識・組織全体の知識という因子から構成される．回答は,「あてはまらない」「あまりあてはまらない」「どちらともいえない」「ややあてはまる」「あてはまる」から1つを選ぶ形式である．「あてはまらない」～「あてはまる」に1～5点を与え，各因子およびそれらを構成する項目の平均値を求めたところ，図11の結果が得られた．以下の本書の分析では，逆

図11 組織社会化

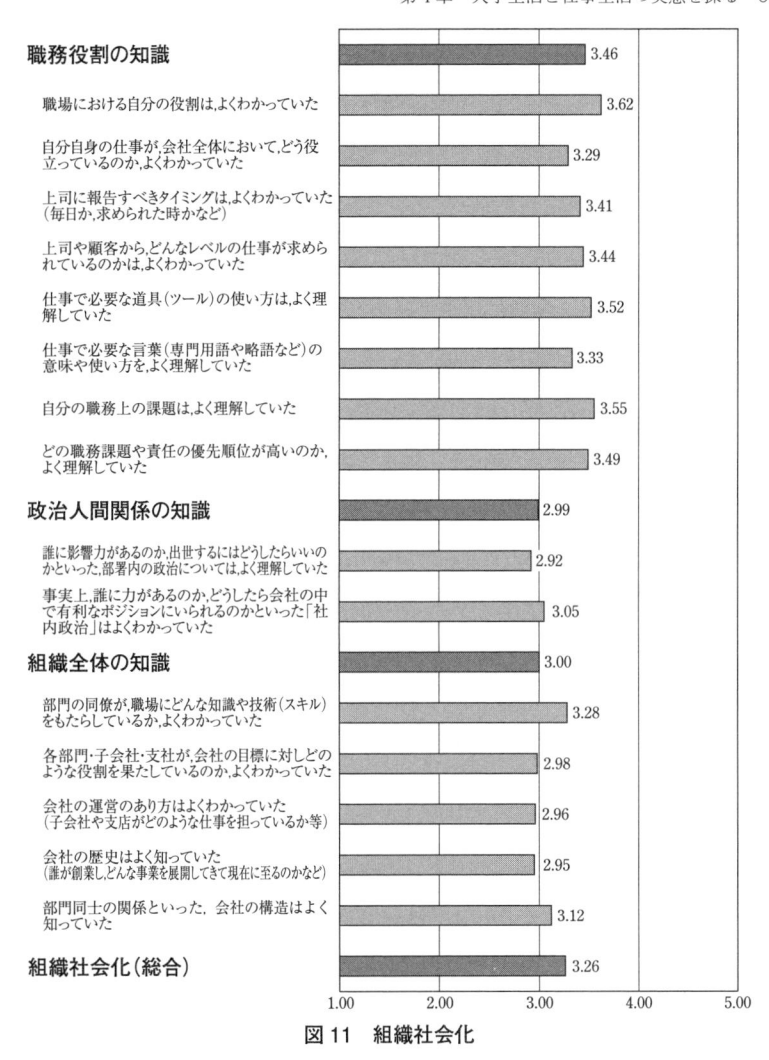

項目	値
職務役割の知識	3.46
職場における自分の役割は,よくわかっていた	3.62
自分自身の仕事が,会社全体において,どう役立っているのか,よくわかっていた	3.29
上司に報告すべきタイミングは,よくわかっていた(毎日か,求められた時かなど)	3.41
上司や顧客から,どんなレベルの仕事が求められているのかは,よくわかっていた	3.44
仕事で必要な道具(ツール)の使い方は,よく理解していた	3.52
仕事で必要な言葉(専門用語や略語など)の意味や使い方を,よく理解していた	3.33
自分の職務上の課題は,よく理解していた	3.55
どの職務課題や責任の優先順位が高いのか,よく理解していた	3.49
政治人間関係の知識	2.99
誰に影響力があるのか,出世するにはどうしたらいいのかといった,部署内の政治については,よく理解していた	2.92
事実上,誰に力があるのか,どうしたら会社の中で有利なポジションにいられるのかといった「社内政治」はよくわかっていた	3.05
組織全体の知識	3.00
部門の同僚が,職場にどんな知識や技術(スキル)をもたらしているか,よくわかっていた	3.28
各部門・子会社・支社が,会社の目標に対しどのような役割を果たしているのか,よくわかっていた	2.98
会社の運営のあり方はよくわかっていた(子会社や支店がどのような仕事を担っているか等)	2.96
会社の歴史はよく知っていた(誰が創業し,どんな事業を展開してきて現在に至るのかなど)	2.95
部門同士の関係といった,会社の構造はよく知っていた	3.12
組織社会化(総合)	3.26

転項目としている項目の得点を逆転処理し,全体をまとめた得点を組織社会化尺度得点として用いた.図中の太字の項目の値は,各因子を構成する各項目の得点を加算して項目数で除した得点である.

第5に,能力向上について尋ねた項目の結果について見る.能力の向上は,人が職場において伸ばす能力のことを指す.能力向上尺度は,中原

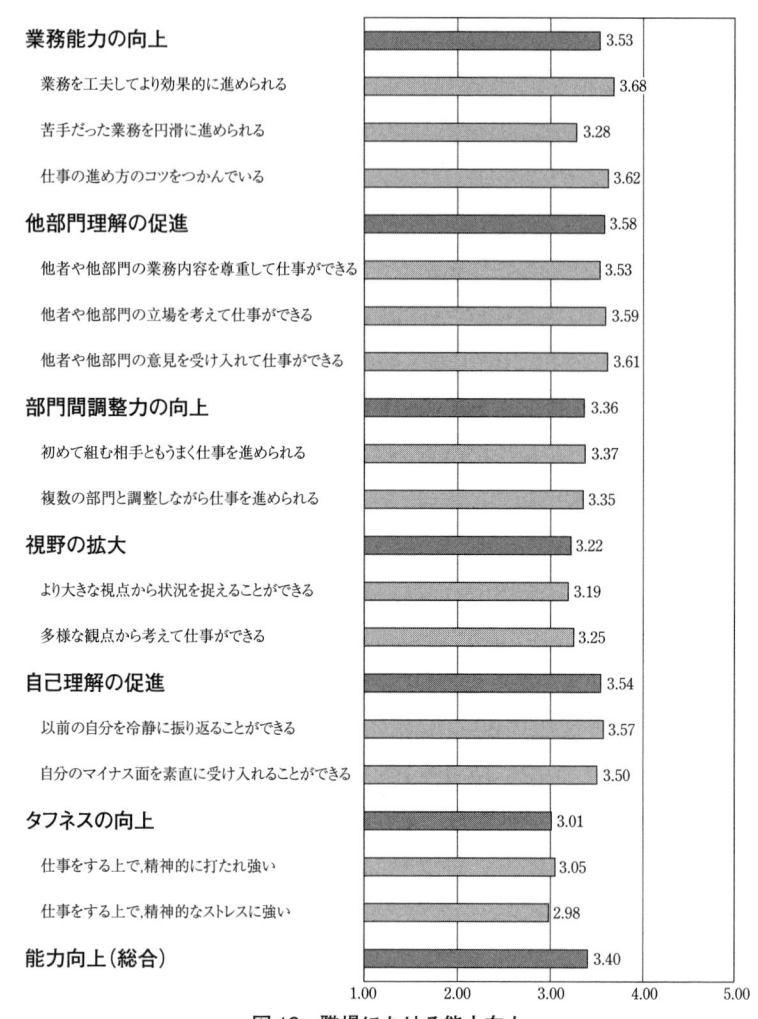

項目	値
業務能力の向上	3.53
業務を工夫してより効果的に進められる	3.68
苦手だった業務を円滑に進められる	3.28
仕事の進め方のコツをつかんでいる	3.62
他部門理解の促進	3.58
他者や他部門の業務内容を尊重して仕事ができる	3.53
他者や他部門の立場を考えて仕事ができる	3.59
他者や他部門の意見を受け入れて仕事ができる	3.61
部門間調整力の向上	3.36
初めて組む相手ともうまく仕事を進められる	3.37
複数の部門と調整しながら仕事を進められる	3.35
視野の拡大	3.22
より大きな視点から状況を捉えることができる	3.19
多様な観点から考えて仕事ができる	3.25
自己理解の促進	3.54
以前の自分を冷静に振り返ることができる	3.57
自分のマイナス面を素直に受け入れることができる	3.50
タフネスの向上	3.01
仕事をする上で,精神的に打たれ強い	3.05
仕事をする上で,精神的なストレスに強い	2.98
能力向上(総合)	3.40

図12　職場における能力向上

(2010) を修正して使用した.能力向上は,業務能力の向上・他部門理解の促進・部門間調整力の向上・視野の拡大・自己理解の促進・タフネスの向上という因子から構成される.回答は,「あてはまらない」「あまりあてはまらない」「どちらともいえない」「ややあてはまる」「あてはまる」から1つを選ぶ形式である.「あてはまらない」〜「あてはまる」に1〜5点を与え,

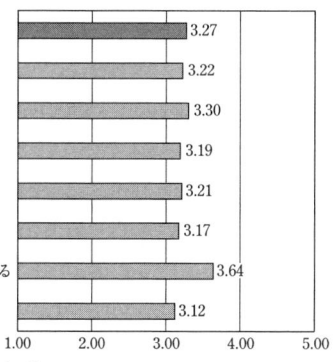

図13 革新行動

項目	値
革新行動	3.27
仕事では、新しい試みを積極的に実行に移している	3.22
新しい提案をまず試してみようとしている	3.30
問題を解決するための提案を活発に出している	3.19
当面の課題ばかりだけでなく、将来の課題にも目を向けている	3.21
職場のあり方について職場メンバーと議論している	3.17
仕事のやり方や手続きは自分なりに工夫し、変えるようにしている	3.64
自分が期待されている役割や目標を自ら変えた経験がある	3.12

各因子およびそれらを構成する項目の平均値を求めたところ、図12の結果が得られた．本書の以下の分析では、逆転項目としている項目の得点を逆転処理し、全体をまとめた得点を能力向上尺度得点として用いた．図中の太字の項目の値は、各因子を構成する各項目の得点を加算して項目数で除した得点である．

第6に、革新行動について尋ねた項目の結果について見る．革新行動とは、これまでの制度・組織・方法・習慣などを改めて新しくするような行動のことを指す．革新行動尺度は、鴻巣（2012）を若干修正して使用した．回答は、「あてはまらない」「あまりあてはまらない」「どちらともいえない」「ややあてはまる」「あてはまる」から1つを選ぶ形式である．「あてはまらない」～「あてはまる」にそれぞれ1～5点を与え、各項目の平均値と全体をまとめた平均値を求めたところ、図13の結果が得られた．以下の本書の分析では、逆転項目としている項目の得点を逆転処理し、項目得点の和を項目数で除した得点を革新行動尺度得点として使用した．

4　地位・属性変数の分析

最後に、大学時代の地位・属性変数と、卒業後の代表的な地位・属性変数である収入と企業規模との関係を見ていく．まず、現在の収入は、「200万未満」「200～400万未満」「400～600万未満」「600～800万未満」「800～

1000万未満」「1000〜1200万未満」「1200〜1500万未満」「わからない」という選択肢から1つ選ぶ形式であった．全体の分布を表1に示す．

以下の分析では，「わからない」を欠損値とし，800万円以上を1つのグループにまとめて示していく．大学時代の地位・属性変数として，出身大学の偏差値と種別と文理別についての評定と，年収とをかけあわせた結果を表2から表4に示す．なお，年収と偏差値と成績に関しては，欠損値があるため，全体の合計が1000とならない．分析の結果，出身大学の偏差値が高い回答者において，年収の高い者の割合が大きかった．大学が国立か公立か私立かという種別と年収との間にはっきりとした関係は見られない．文科系か理科系かという違いでは，理科系と回答した者において，年収の高い者の割合が大きい．この調査では，大学時代の成績について，履修した科目のうちの優（80点以上）の割合がどの程度であったかを尋ねている．「その他（わからない，覚えていない，など）」と回答した者は欠損値としている．大学時代の成績ごとに見た表5からは，大学時代の成績と現在の年収の間にはっきりとした関係は見られない．さらに，性別ごとの年収を表6に示す．女性よりも男性で，年収の高い者の割合が大きかった．

同様に，上記の大学時代の地位・属性変数と，働いている企業の規模との関係を見ていく．まず，出身大学の偏差値と種別と文理別と，企業規模をかけあわせた結果を表7から表9に示す．クロス表からは，出身大学の偏差値が高い回答者，国立大学出身者，理科系の卒業生で規模の大きい企業で働く者が多いことが読み取れる．また，大学時代の成績と企業規模との関係を見た表10からは，優の割合が「70〜80%くらい」の回答をした者と「90%以上」の回答をした者では，500人未満の規模の企業に勤める者よりも500人以上の規模の企業に勤める者が多いものの，統計上の有意差は見られなかった．さらに，性別ごとの企業規模を表11に示す．女性よりも男性で，規模の大きい企業に勤める者の割合が高かった．

以上の結果から，出身大学偏差値，文科系か理科系か，性別によって，現在の年収が異なっていることがわかる．出身大学の偏差値が高い回答者，理科系と回答した回答者，男性の回答者において，年収の高い者の割合が大きかった．他方で，大学時代の成績からは現在の年収に違いは見られないこと

表1 回答者の年収の分布

年収	度数	(%)
200万未満	73	(7.3)
200〜400万未満	527	(52.7)
400〜600万未満	190	(19.0)
600〜800万未満	20	(2.0)
800〜1000万未満	4	(0.4)
1000〜1200万未満	1	(0.1)
1200〜1500万未満	1	(0.1)
わからない	22	(2.2)
合計	838	(83.8)
欠損値	162	(16.2)
合計	1000	(100)

表2 出身大学偏差値別の年収

個人収入	出身大学偏差値					合計	(%)
	40未満	40〜50未満	50〜60未満	60〜65未満	65以上		
200万未満	11	19	33	7	1	71	(8.8)
200〜400万未満	62	136	248	51	22	519	(64.5)
400〜600万未満	19	37	87	25	21	189	(23.5)
600〜800万未満	0	3	10	5	2	20	(2.5)
800万以上	0	0	1	3	2	6	(0.7)
合計	92	195	379	91	48	805	
(%)	(11.4)	(24.2)	(47.1)	(11.3)	(6.0)		(100.0)

$\chi^2=45.2, p<.001$, Cramer's $V=0.118$

表3 出身大学種別の年収

個人収入	出身大学種別			合計	(%)
	国立	公立	私立		
200万未満	22	2	49	73	(8.9)
200〜400万未満	115	34	378	527	(64.6)
400〜600万未満	56	10	124	190	(23.3)
600〜800万未満	6	0	14	20	(2.5)
800万以上	2	0	4	6	(0.7)
合計	201	46	569	816	
(%)	(24.6)	(5.6)	(69.7)		(100.0)

$\chi^2=9.0, n.s.$, Cramer's $V=0.074$

がわかる．

また，出身大学偏差値，出身大学が国立か公立か私立かの違い，文科系か理科系か，性別によって勤め先の企業規模が異なっていることがわかる．クロス表からは，出身大学の偏差値が高い回答者，男性の回答者，国立大学出身の回答者，理科系の卒業生で規模の大きい企業で働く者が多いことが読み

表4　文理別の年収

個人収入	出身大学文理別			合計	(%)
	文科系	理科系	その他		
200万未満	46	19	8	73	(8.9)
200〜400万未満	329	173	25	527	(64.6)
400〜600万未満	85	99	6	190	(23.3)
600〜800万未満	14	6	0	20	(2.5)
800万以上	4	2	0	6	(0.7)
合計	478	299	39	816	
(%)	(58.6)	(36.6)	(4.8)		(100.0)

$\chi^2=33.4, p<.001$, Cramer's $V=0.143$

表5　大学時代の成績別の年収

個人収入	成績（優（80点以上）の割合）					合計	(%)
	10%以下	20〜30%くらい	50%くらい	70〜80%くらい	90%以上		
200万未満	0	5	17	33	14	69	(8.7)
200〜400万未満	13	48	134	201	118	514	(64.7)
400〜600万未満	5	19	56	66	39	185	(23.3)
600〜800万未満	0	1	4	10	5	20	(2.5)
800万以上	0	2	2	2	0	6	(0.8)
合計	18	75	213	312	176	794	
(%)	(2.3)	(9.4)	(26.8)	(39.3)	(22.2)		(100.0)

$\chi^2=12.8, n.s.$, Cramer's $V=0.063$

表6　性別の年収

個人収入	性別		合計	(%)
	男	女		
200万未満	20	53	73	(8.9)
200〜400万未満	194	333	527	(64.6)
400〜600万未満	129	61	190	(23.3)
600〜800万未満	17	3	20	(2.5)
800万以上	5	1	6	(0.7)
合計	365	451	816	
(%)	(44.7)	(55.3)		(100.0)

$\chi^2=80.2, p<.001$, Cramer's $V=0.314$

表7　出身大学偏差値別の企業規模

企業規模	出身大学偏差値					合計	(%)
	40未満	40〜50未満	50〜60未満	60〜65未満	65以上		
500人未満	64	142	222	50	17	495	(50.1)
500人以上	49	102	240	62	40	493	(49.9)
合計	113	244	462	112	57	988	
(%)	(11.4)	(24.7)	(46.8)	(11.3)	(5.8)		(100.0)

$\chi^2=19.8, p<.001$, Cramer's $V=0.142$

表8 出身大学種別の企業規模

企業規模	出身大学種別			合計	(%)
	国立	公立	私立		
500人未満	100	25	375	500	(50.0)
500人以上	137	30	333	500	(50.0)
合計	237	55	708	1000	
(%)	(23.7)	(5.5)	(70.8)		(100.0)

$\chi^2=8.7, p<.05$, Cramer's $V=0.093$

表9 文理別の企業規模

企業規模	出身大学文理別			合計	(%)
	文科系	理科系	その他		
500人未満	315	159	26	500	(50.0)
500人以上	277	201	22	500	(50.0)
合計	592	360	48	1000	
(%)	(59.2)	(36.0)	(4.8)		(100.0)

$\chi^2=7.7, p<.05$, Cramer's $V=0.088$

表10 大学時代の成績別の企業規模

企業規模	成績(優(80点以上)の割合)					合計	(%)
	10%以下	20～30%くらい	50%くらい	70～80%くらい	90%以上		
500人未満	13	48	136	189	95	481	(49.5)
500人以上	10	46	116	203	115	490	(50.5)
合計	23	94	252	392	210	971	
(%)	(2.4)	(9.7)	(26.0)	(40.4)	(21.6)		(100.0)

$\chi^2=4.3, n.s.$, Cramer's $V=0.067$

表11 性別の企業規模

企業規模	性別		合計	(%)
	男	女		
500人未満	183	317	500	(50.0)
500人以上	227	273	500	(50.0)
合計	410	590	1000	
(%)	(41.0)	(59.0)		(100.0)

$\chi^2=8.0, p<.01$, Cramer's $V=0.089$

解けた．そして，大学時代の成績からは現在勤める企業規模にそれほど大きな違いが見られない．大学時代の成績や，学習に関する影響の詳細な検討（大学時代の学習のあり方と企業内の組織行動の関係）は第7章でおこなうものとする．

本書では，第1章で述べられているとおり，これらの大学時代の地位・属性に関する項目と卒業・就職後の地位・属性変数の関係だけでなく，大学時代の経験変数と就職後の経験変数との関連を見ていくところに特色がある．基本的な項目と回答者の状態についての理解を携えて，実際の分析結果に進むこととしよう．

参考文献

Black, J. S.（1993）The Role of expectations during repatriation for Japanese managers. *Research in Personal and Human Resources Management*. Vol. 3 pp. 339–358.

Chao, G. T., O'Leary-Kelly, A. M., Wolf, S., Klein, H. J. & Gardner, P. D.（1994）Organizational socialization: Its content and consequences. *Journal of Applied Psychology*. Vol. 79 No. 5 pp. 730–743.

畑野快（2011）「授業プロセス・パフォーマンス」の提唱及びその測定尺度の作成．京都大学高等教育研究．Vol. 17 pp. 27–36.

木村充・舘野泰一・関根雅泰・中原淳（2011）職場における経験学習尺度の開発の試み．日本教育工学会研究報告集．Vol. 4 pp. 147–152.

鴻巣忠司（2012）新卒採用者と中途採用者の組織社会化の比較に関する一考察：個人の革新行動に与える影響を中心として．大学院ワーキングペーパー（神戸大学大学院経営学研究科 http://mba.kobe-u.ac.jp/life/thesis/workingpaper/2011/wp2011-4b.pdf）．

溝上慎一（2009）「大学生活の過ごし方」から見た学生の学びと成長の検討：正課・正課外のバランスのとれた活動が高い成長を示す．京都大学高等教育研究．Vol. 15 pp. 107–118.

中原淳（2010）職場学習論：仕事の学びを科学する．東京大学出版会．

小川憲彦（2006）組織社会化における社会化過程と個人化行動に関する理論的・実証的研究．神戸大学博士論文．

全国大学生活協同組合連合会広報調査部編（2012）「学生生活実態調査をはじめとした調査分析」報告書．

第5章 就職時の探究:「大学生活の重点」と「就職活動・就職後の初期キャリアの成否」の関係を中心に

木村 充

1 はじめに

　本章の目的は,大学から職業への移行について,就職活動や就職後の初期キャリアにおいて成功を収めた者が,大学生活においてどのような過ごし方をし,どのようなことを学んだかを探究することである.

　新規学卒者の就職状況や離職率の悪化が問題となるなかで,大学生が大学から職業へと円滑に移行できるようにキャリア形成を支援する役割が大学に求められている.このような状況のなかで,各大学では多様なキャリア教育が展開されているが,大学生の自己理解の促進や職業紹介が中心であり,大学として社会の要請に応える人材を育成できているか,疑問が残る.

　もちろん,キャリア意識の醸成は前提であるが,同時に社会で通用する知識や技術を備えていなければ,新規学卒者が抱える課題は解決されないだろう.近年,プロジェクト型学習 (PBL) やコーオプ教育,サービスラーニングなど,地域や企業のなかでの活動を通して社会で通用する能力を育成する試みが各大学でなされるようになっているのは,このような問題意識も一因となっている.キャリア教育をより良いものにしていくためには,正課内だけでなく正課外における学習活動も視野に入れ,統合的な視点から大学生のキャリア形成を支援していくことが重要になると考えられる.

　そこで本章では,大学生の成長に最も影響を与えた正課内・正課外活動は何か,大学生活でどのような過ごし方をした者が大学生活において成長したと実感していたか,大学生活の過ごし方が就職活動や就職後の初期キャリアにおいてどのような影響を及ぼしていたかについて,トランジション調査の結果をもとに考察する.「大学生活の重点」「成長に影響を与えた正課内活

動」「成長に影響を与えた正課外活動」「大学時代の成否」「就職活動の成否」「最初の配属先の成否」を分析指標とし，大学生活と就職活動・初期キャリアとの関連を検討することで，大学教育と職業との関係だけでなく，大学生活と大学教育を連動させながら職業的意義を高めていく可能性について述べる．

2 大学とキャリア教育

わが国の新規学卒者の就職内定率や離職率を取り巻く問題は，ここ数年改善傾向にあるものの，依然として厳しい状態である．

例えば，厚生労働省が発表した2012年の若年者の離職率によると，2009年に就職した学卒者の29％が3年以内に離職している．業種別に見ると，鉱業・採石業で6％，電気・ガスなどのライフライン産業で7％，製造業で15％と比較的低いのに対し，教育，学習支援業，宿泊業，飲食サービス業で48％，生活関連サービス業，娯楽業で45％と，サービス産業では高い傾向が見られる（厚生労働省 2012）．

製造業などでは，企業がOJTによって時間をかけて新人を育成していくのに対して，サービス業では，入社直後から現場の前線に駆り出され，即座に一人前になることが求められる．そのため，なかなか自分の成長を実感できず，悩んで辞めてしまう場合が多いことが指摘されている（船戸 2012）．しかし，多くの若者がキャリアを積む前に早期離職してしまう状況が続くと，企業にとって中核となる人材が育たず，日本の将来は危機的な状況を迎えることが予想される．このような状況に対し，大学と企業が一体となって，若者の就職支援や早期離職の防止に取り組む必要がある．

このような情勢のなかで，大学においても，学生を社会に送り出すに当たって様々な支援を実施するようになっている．例えば，2009年度には各大学にキャリアカウンセラー等を配置するための「大学教育・学生支援推進事業（就職支援推進プログラム）」が，2010年度には「大学生の就業力育成支援事業」が措置されている．また，2011年度には大学においてキャリアガイダンス（教育課程内外を通じての社会的・職業的自立に向けた指導）が義務化され

た．このように，学校から職業への移行に関わる大学の取り組みとして，キャリア教育への関心が高まっている．

キャリア教育に注目が集まっている背景には，高等教育のユニバーサル化，知識基盤社会の到来，働き方の変化といった問題が挙げられる（川嶋 2011）．すなわち，大学への進学者が増加し，学生の将来展望が多様化するなかで，進路が未定のまま大学に入学する学生が増加していること，知識基盤社会のなかで自らの知識・技能を更新し，自らのキャリアを開発・管理する能力が学生に求められるようになっていること，正規雇用率の低下や離職率の上昇に見られるように労働市場が流動化するなかで，自分のキャリアを自分の力で切り開いていける能力を大学が育成することが，大学におけるキャリア教育の課題であると言える（川嶋 2011）．

キャリア教育に注目が集まる以前にも，大学教育の現場では，多様なキャリア教育が展開されてきた．それらのなかには非常に貴重な試みもあるが，自己理解や職業紹介といった点に重きがおかれており，職業に関する意思決定や新しい状況への移行に関する能力の育成と支援については不十分な状況にあったという指摘がある（川嶋 2011）．大学生は，学校から学校への移行（School to school）を経て，学校から職業への移行（School to work）を課題とする発達段階にある（三保・清水 2012）と言えるが，その移行のあり方が，社会情勢の変化に伴い変化している．例えば，前述のように，新規学卒者の就職内定率や離職率が問題となるなかで，若者の勤労意欲や職業意識の低下が指摘されるようになり，学生の「エンプロイアビリティ（雇用されうる能力）」を向上させることが求められている（児美川 2011）．このように，大学は単に専門的知識を提供するだけでなく，学生のキャリア形成に対して支援する機能を果たすよう，社会から要請されているのである（三保・清水 2012）．キャリアの見通しが明確でない学生が多数を占めるなかでは，大学で学んでいることと社会との関わりを認識することが重要となる（小方 2008）．社会人として必要な資質能力を自ら形成していくことができるようキャリア教育をおこなっていくことが，社会に参入する直前の発達段階を支援する大学に求められている（小杉 2007）．

3 大学と職業の関連性

　大学と職業の関連性をめぐっては，これまで「選抜レリバンス（大学の選抜性と企業威信の対応）」と「専門レリバンス（大学の専門教育と職場での専門的能力との対応）」の2つの次元で捉えられてきた（金子 1995）．しかし，近年，大学教育の内容と職業生活の関連性としての「職業的レリバンス」を重視する立場が，教育社会学において主流となっている（本田 2009）．

　職業的レリバンスを重視する立場におけるキャリア教育とは，学生が社会的・職業的に自立するために必要な能力や態度を育成するものであると捉えられている．社会人として必要な能力や態度には様々なものがあるが，例えば，経済産業省は，学生に求められる能力や態度として「社会人基礎力」という概念を提唱している．経済産業省「社会人基礎力に関する研究会」では，社会人基礎力の能力を3つのカテゴリーからなる12の要素として捉えている――「前に踏み出す力（主体性，働きかけ力，実行力）」，「考え抜く力（課題発見力，計画力，創造力）」，「チームで働く力（発信力，傾聴力，柔軟性，状況把握力，規律性，ストレスコントロール力）」．そして，このような分野を問わず汎用的に求められる能力を育成するための取り組みが，各大学においてなされている．

　このような汎用的な能力は，溝上（2008b）が指摘するように，大学教育においては基本的には授業を通して獲得されるべきであることは言うまでもない．しかし，職業生活においてより強く求められるこれらの能力を大学教育のなかで身に付けるためには，正課内教育だけでは限界があるだろう．社会人基礎力の「前に踏み出す力」にあるように，職業生活においては能動的な態度が重要視されているが，大学生活において学生の能動性を促すものとして，正課外活動が果たす役割は大きいと考えられる．学生にとって大学は，単に知識を修得する場であるだけでなく，様々な体験や出会いの場である（武内 2003）．学生たちは，授業，ゼミ活動，サークル活動，アルバイト，交友，異性交際，読書，情報行動などによって，高校時代まではできなかった多種多様な体験や活動をし，社会性やアイデンティティを形成している

(武内 2003).これまでの大学教育においては,正課内活動と正課外活動はお互いに独立したものとして捉えられてきたが,正課内活動と正課外活動が有機的にリンクしてこそ,大学から職業への移行を見据えたキャリア教育が可能になると考えられる.

4　正課内・正課外活動と社会人基礎力

社会人基礎力の獲得について,那須 (2012) は,経験的学習と知識的学習の 2 つの方法を挙げている.「前に踏み出す力」に分類される「主体性」「働きかけ力」「実行力」では,実際にそれを経験することで身に付ける経験的学習が有効であり,「考え抜く力」に分類される「課題発見力」と「計画力」では,関連する知識を学ぶ知識的学習が有効であるとしている.また,「チームで働く力」を構成する「発信力」「傾聴力」「状況把握力」等は,経験的学習と知識的学習の両方によって,その再現性が高くなると考察している.これらの学習のうち,知識的学習は,大学の正課内教育を中心として展開されることが多い.しかし,経験的学習については,部活動やサークル,アルバイト,ボランティア活動といった,実際に社会のなかで活動する正課外での経験を通じて学習するものである.武内 (2005) が,部活動やサークルへの参加は大学への満足度を高め,学生生活を充実させるものであると述べているように,学生が能動的に取り組む正課外活動は学生生活における主要な活動の1つである.課外活動への取り組みは,授業での知識的学習や,社会人として求められる汎用的技能の獲得にもつながっていくものである(溝上 2009, 山田・森 2010).

では,大学生は,大学生活においてどのようなことを経験し,そこからどのようなことを学んでいるのだろうか.本調査の結果をもとに,正課内・正課外活動の両面から大学生のキャリア発達について検討する.

4.1　正課内活動

まず,大学生の正課内活動と大学での学びと成長との関連について検討する.図1は,大学生活全体を振り返った際に,個人の成長に最も影響を与

```
教養での講義型授業               21.2
教養での演習型授業                4.9
教養での実験・実習・プロジェクト型授業  6.7
教養での実技                    0.8
専門での講義型授業                8.8
専門での演習型授業                9.2
専門での実験・実習・プロジェクト型授業 13.3
専門での実技                    2.3
卒業研究                      19.5
海外留学                       2.7
その他                        0.4
成長に影響を与えた活動なし          10.2
```

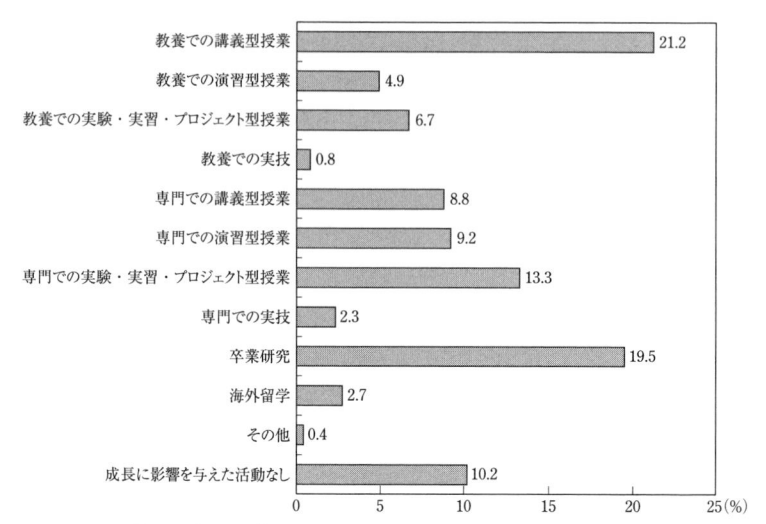

図1　自己の成長に最も影響を与えた正課内活動の種類

えた正課内活動（単位認定の対象となる大学の授業やプロジェクトなど）が何であるかという質問に対する回答である．

　自己の成長に最も影響を与えた正課内活動については，25〜29歳では，21.2%が「教養での講義型授業」，19.5%が「卒業研究」と回答している．一方で，10.2%が「成長に影響を与えた正課内活動はない」と回答している．図1には示されていないが，他の年代のデータでは，成長に影響を与えた活動がないと回答した者の割合は，35〜39歳で20.8%，30〜34歳で17.7%であり，年代が低いほど，大学での学びについて肯定的に捉えていることがわかる．各大学は，大学法人化以降，教授方法を工夫するなど教育改革に力を注いでおり，この結果は，このような教育改革の一定の効果を示していると言える．

　しかし，「教養での講義型授業」が最も効果的な正課内活動であるかと言うと，必ずしもそうとは言い切れない．なぜなら，その学生は，講義型の授業しか履修していなかった可能性も考えられるからである．そこで，大学在学時に「参加型，演習型授業（ある問題について考えたり，発表したり，ディスカッションしたりする参加型の授業や演習）」にどの程度参加してきたかによっ

第 5 章　就職時の探究　97

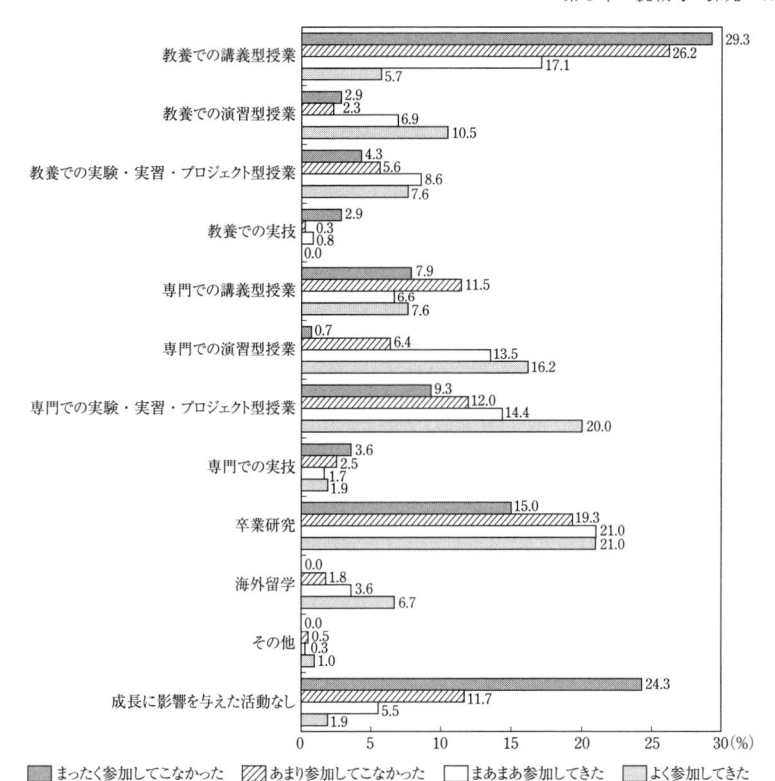

図2　参加型・演習型授業への参加度合いによる自己を成長させた正課内活動の種類

項目	まったく参加してこなかった	あまり参加してこなかった	まあまあ参加してきた	よく参加してきた
教養での講義型授業	29.3	26.2	17.1	5.7
教養での演習型授業	2.9	2.3	6.9	10.5
教養での実験・実習・プロジェクト型授業	4.3	5.6	8.6	7.6
教養での実技	2.9	0.3	0.8	0.0
専門での講義型授業	7.9	11.5	6.6	7.6
専門での演習型授業	0.7	6.4	13.5	16.2
専門での実験・実習・プロジェクト型授業	9.3	12.0	14.4	20.0
専門での実技	3.6	2.5	1.7	1.9
卒業研究	15.0	19.3	21.0	21.0
海外留学	0.0	1.8	3.6	6.7
その他	0.0	0.5	0.3	1.0
成長に影響を与えた活動なし	24.3	11.7	5.5	1.9

て，成長に影響を与えた正課内活動が異なるかどうか，検討した（図2）．

　参加型・演習型授業への参加の程度ごとに成長に影響を与えた正課内活動を見てみると，いずれにおいても「卒業研究」と答えた者が高い割合を占めている．そして，「まったく参加してこなかった」人では29.3%が「教養での講義型授業」を挙げているのに対し，「よく参加してきた」者では5.7%に留まっている．また，「よく参加してきた」者の20.0%は，「専門での実験・実習・プロジェクト型授業」を成長に影響を与えた正課内活動として挙げている．さらに，参加型・演習型授業に「まったく参加してこなかった」人の24.3%が「成長に影響を与えた正課内活動はない」と回答して

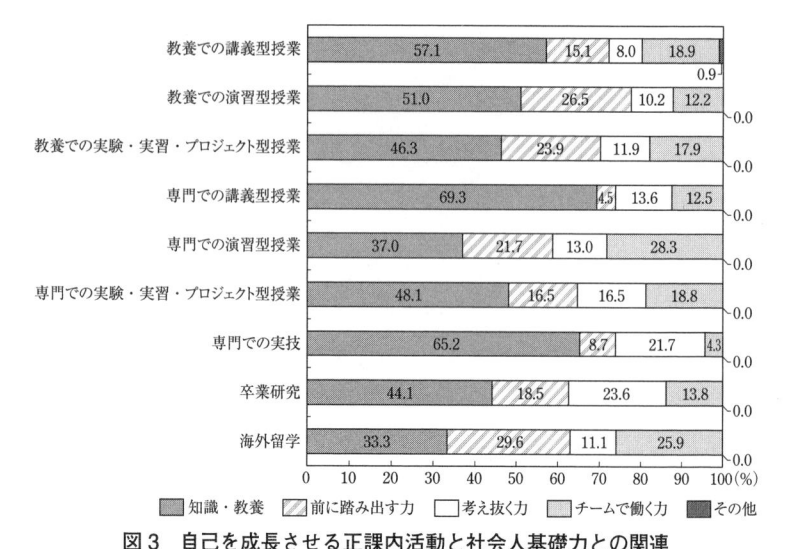

図3 自己を成長させる正課内活動と社会人基礎力との関連

正課内活動	知識・教養	前に踏み出す力	考え抜く力	チームで働く力	その他
教養での講義型授業	57.1	15.1	8.0	18.9	0.9
教養での演習型授業	51.0	26.5	10.2	12.2	0.0
教養での実験・実習・プロジェクト型授業	46.3	23.9	11.9	17.9	0.0
専門での講義型授業	69.3	4.5	13.6	12.5	0.0
専門での演習型授業	37.0	21.7	13.0	28.3	0.0
専門での実験・実習・プロジェクト型授業	48.1	16.5	16.5	18.8	0.0
専門での実技	65.2	8.7	21.7	4.3	0.0
卒業研究	44.1	18.5	23.6	13.8	0.0
海外留学	33.3	29.6	11.1	25.9	0.0

＊「専門的な知識・技術」「幅広い技術」の2つを加え，「知識・教養」とした．

いる．すなわち，自己の成長に最も影響を与えた正課内活動が「教養での講義型授業」であると回答した者は，いろいろな形式の授業に参加したうえで「講義型授業」であったと回答しているのではなく，「講義型授業」にしか参加してこなかった受動的な学習者であったことが読み取れる．一方で，「よく参加してきた」者のなかでも高い割合を占める「卒業研究」「専門での実験・実習・プロジェクト型授業」「専門での演習型授業」などは，効果のある授業形式であったと言える．

次に，成長に影響を与えた正課内活動と社会人基礎力との関連を検討した（図3）．社会人基礎力については，経済産業省が提唱する12の能力に加え，「専門的な知識・技術」「幅広い教養」の2つの能力を加え，自己を成長させた正課内活動において身に付いた能力が何かを尋ねたものである．その結果，「専門的な知識・技術」「幅広い教養」と回答した者がいずれの活動においても多数を占め，特に「専門的な知識・技術」を身に付けたと回答した者は全体の42.9％であり，正課内活動は専門的な知識や技術を習得する場であったと認識されている様子がうかがえる．一方で，「前に踏み出す力」「考え抜く力」「チームで働く力」といった社会人基礎力が身に付いたと回答し

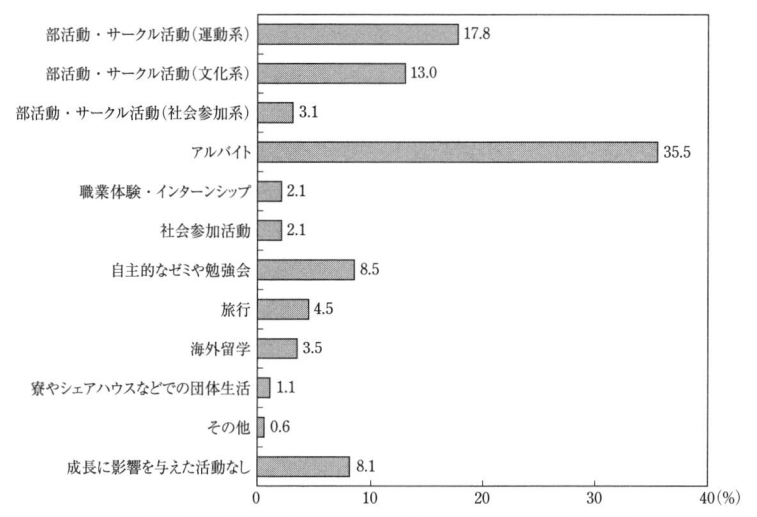

図4 自己の成長に最も影響を与えた正課外活動の種類

項目	割合(%)
部活動・サークル活動(運動系)	17.8
部活動・サークル活動(文化系)	13.0
部活動・サークル活動(社会参加系)	3.1
アルバイト	35.5
職業体験・インターンシップ	2.1
社会参加活動	2.1
自主的なゼミや勉強会	8.5
旅行	4.5
海外留学	3.5
寮やシェアハウスなどでの団体生活	1.1
その他	0.6
成長に影響を与えた活動なし	8.1

た者も一定数おり,正課内における授業においても社会人基礎力が身に付いたと認識されていることを示している.

4.2 正課外活動

続いて,大学生活全体を振り返った際に,個人の成長に最も影響を与えたと評価された正課外活動(単位認定の対象とならない自主的な活動)について検討する(図4).

調査の結果,35.5%の者が「アルバイト」を,33.9%の者が「部活動・サークル活動」を,自己を成長させた正課外活動として挙げていた.一方で,8.1%の者が「成長に影響を与えた正課外活動はない」と回答していた.約9割の大学生が卒業までに何らかのアルバイトを経験するなかで(インテリジェンス 2006),多くの大学生にとって,「アルバイト」が正課外において最も成長に影響を与えた活動であったと認識されていた[1].

正課内と同様に,自己を成長させる正課外活動と社会人基礎力との関連を

---

1) ただし,正課内での「教養での講義型授業」と同様に,単に「アルバイト」以外に打ち込んでいた正課外活動がなかっただけという可能性がある.

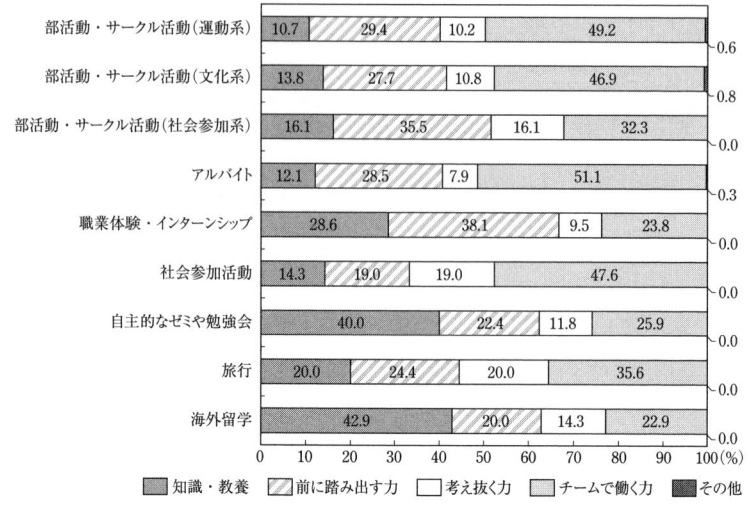

図5 自己を成長させる正課外活動と社会人基礎力との関連

検討した（図5）．その結果，正課内活動と比して，「前に踏み出す力」「チームで働く力」といった社会人基礎力が身に付いたと回答した者の割合が高かった．

正課外活動においても専門的な知識・技術や幅広い教養を身に付けたと回答した者が，全体の17.0%（それぞれ10.8%，6.2%）を占めており，正課外活動は，大学生にとって，社会人基礎力のみならず，専門的知識や幅広い教養が身に付く場であったことがうかがえる．

5 大学生活の過ごし方と初期キャリア

5.1 大学生活の重点

次に，大学生活と初期キャリアとの関連を見ていきたい．大学生の生活に関する調査として，全国大学生活協同組合連合会が毎年「学生の消費生活に関する実態調査」を実施している．この調査のなかに，大学生が「大学生活のなかで現在最も重点をおいていること（大学生活の重点）」について尋ねる

図6 大学生活の重点の変化（1982-2010年）
*溝上（2012）より引用

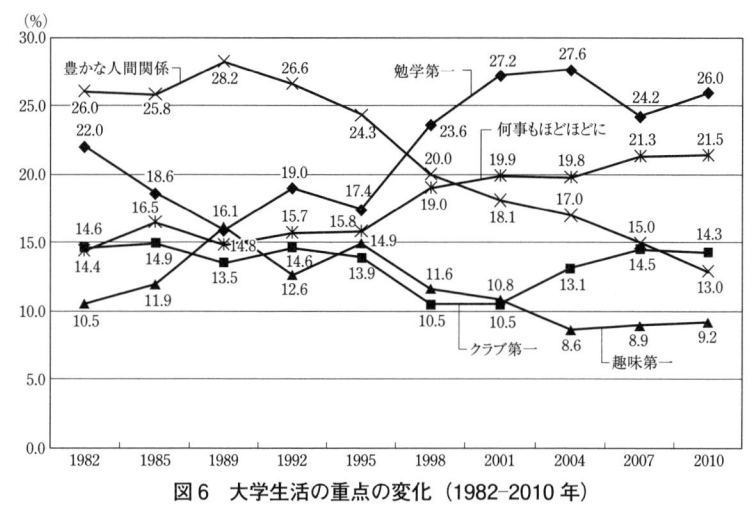

項目がある．「大学生活の重点」は，「大学生活の中で現在最も重点をおいていることを選んでください（1つのみ）」という教示文のもと，(1) 勉強や研究を第一においた生活（勉学第一），(2) サークル・同好会の活動を第一においた生活（クラブ第一），(3) 自分の趣味（車・スポーツ・音楽・パソコンなど）を第一においた生活（趣味第一），(4) よき友を得たり豊かな人間関係を結ぶことを第一においた生活（豊かな人間関係），(5) 将来就きたい仕事や就職のために資格取得や大学外の学校に通うことを第一においた生活（資格取得第一），(6) アルバイトをしたり，お金をためることを第一においた生活（アルバイト・貯金），(7) 特別に重点をおかず，ほどほどに組み合わせた生活（何事もほどほどに），(8) 何となく過ぎていく生活（何となく），(9) その他，のなかから，大学生活において最も重視していた項目を選んだものである．

図6は，大学生活の重点の推移を示したものであるが，武内（2003）が指摘するように，近年，大学生の大学生活の過ごし方は変化してきている．1990年代前半までは「豊かな人間関係」を重視する学生の割合が全体のなかで最も高かった．しかし，1990年代後半以降「勉学第一」「何事もほどほどに」と回答する学生の割合が高まっている．2010年の調査では「勉学第一」が26.0%であるのに対し「豊かな人間関係」は13.0%と，「豊かな人

間関係」を重視している者は減少の一途をたどっていることがわかる．また，2000年代からは，「何事もほどほどに」という過ごし方をしている大学生も増加しており，2010年の調査では「勉学第一」に次いで21.5%を占めるまでになっている．このように，近年は「豊かな人間関係」よりも「勉学第一」「何事もほどほどに」と考えて大学生活を過ごす学生が多い傾向にある．

　大学生活の過ごし方は人によって様々である．勉強や研究を第一においた生活を送る者がいれば，部活動・サークル活動を第一においた生活を送る者，アルバイトに重点をおいた生活を送る者もいる．しかし，正課内・正課外にわたる多様な大学生活の過ごし方があるなかで，正課内・正課外の両方において「成長に影響を与えた活動はない」と回答した者が2.8%存在していた．この数字を多いと捉えるか少ないと捉えるかは意見が分かれるところであろう．しかし，このような者にとっては，大学生活は意義を見出せないものであり，大学教育について考える際に，極めて大きな問題を抱えていると考えられる．そこで，彼らの大学生活の過ごし方から，その問題について検討したい．

　表1は，大学生活の重点（大学生活の中で何に重点をおいていたか）と正課内・正課外で成長に影響を与えた活動の有無の関連を示したものである．その結果，正課内・正課外ともに成長に影響を与えた活動がないと回答した人は，大学生活を「何となく」過ごした人で11.8%であり，次いで「何事もほどほどに」「アルバイト・貯金」のそれぞれ4.8%，3.4%であった．これらの者は，大学生活充実度，大学時代の成績の得点も低く，大学生活に意義を見出せずに過ごした者であったと考えられる．

　その他のタイプを見てみると，「アルバイト・貯金」「趣味第一」「クラブ第一」と回答した人の10.1%，9.7%，9.2%が，正課内で成長に影響を与えた活動がなく正課外で成長に影響を与えた活動がある「内無・外有」タイプであった．一方で，「勉学第一」と回答した人の12.7%が，正課外で成長に影響を与えた活動がなく正課内で成長に影響を与えた活動がある「内有・外無」タイプであった．

　また，正課内で成長に影響を与えた活動があり，正課外でも成長に影響を与えた活動があると回答した「内有・外有」タイプが多かったのは，「資格

表1 大学生活の重点と正課内・正課外で成長に影響を与えた活動の有無

大学生活の重点	正課内・正課外で成長に影響を与えた活動の有無									
	内無・外無		内無・外有		内有・外無		内有・外有		合計	
勉学第一	4	(2.8%)	3	(2.1%) ▼	18	(12.7%) △	117	(82.4%)	142	(100.0%)
クラブ第一	1	(0.8%)	12	(9.2%)	0	(0.0%) ▼	117	(90.0%)	130	(100.0%)
趣味第一	1	(1.1%)	9	(9.7%)	9	(9.7%) △	74	(79.6%)	93	(100.0%)
豊かな人間関係	3	(1.5%)	14	(6.9%)	5	(2.5%) ▼	182	(89.2%) △	204	(100.0%)
資格取得第一	0	(0.0%)	0	(0.0%)	2	(5.7%)	33	(94.3%)	35	(100.0%)
アルバイト・貯金	5	(3.4%)	15	(10.1%)	1	(0.7%) ▼	127	(85.8%)	148	(100.0%)
何事もほどほどに	10	(4.8%)	18	(8.6%)	14	(6.7%)	167	(79.9%) ▼	209	(100.0%)
何となく	4	(11.8%) △	3	(8.8%)	4	(11.8%)	23	(67.6%) ▼	34	(100.0%)
合計	28	(2.8%)	74	(7.4%)	53	(5.3%)	840	(84.4%)	995	(100.0%)

*$\chi^2(21)=69.815$, $p<.001$, Cramer's $V=.153$
**△5% 水準で期待値より高い，▼5% 水準で期待値より低い

取得第一」「クラブ第一」「豊かな人間関係」で，それぞれ 94.3%，90.0%，89.2% であった．

　大学生活の重点によって正課内・正課外の成長経験に偏りはあるものの，97.2% の者が，大学生活全体を振り返った際に，正課内・正課外の何らかの活動が成長に影響を与えたと捉えていた．しかし，「何となく」大学生活を過ごしていた学生は，数は少ないものの，大学生活において正課内・正課外ともに「成長に影響を与えた活動はない」という状態に陥ってしまう可能性が他の過ごし方に比べて高いことが示唆された．先行研究では，大学時代の将来の見通しが，大学生のその後のキャリア発達のためには重要であることを指摘しているが，充実した大学生活を送るためには「何となく」過ごすことは避けるべきことであり，目的意識を持って大学生活を過ごすことの重要性が改めて確認されたと言える．

5.2 大学生活の重点と初期キャリア

　では，大学生活においてどのような過ごし方をしていた学生が，大学生活，就職，初期キャリアにおいて成功したと感じていたのであろうか．「「大学時代」「就職活動」「最初の配属先」の自分の過ごし方やその結果を振り返って，○（肯定的）か×（否定的）で評価すると，どのようになりますか」「その理由をお答えください」という質問への回答と，「大学生活の重点」との関連を検討した（表2）．

表2 大学生活の重点と大学時代・就職活動・最初の配属先の成否

	大学時代の成否		就職活動の成否		最初の配属先の成否	
	肯定的	否定的	肯定的	否定的	肯定的	否定的
勉学第一	121 (85.2%)	21 (14.8%)	89 (66.4%)	45 (33.6%)	97 (68.3%)	45 (31.7%)
クラブ第一	114 (87.7%)△	16 (12.3%)▼	71 (56.3%)	55 (43.7%)	83 (63.8%)	47 (36.2%)
趣味第一	72 (77.4%)	21 (22.6%)	47 (52.8%)▼	42 (47.2%)△	56 (60.2%)	37 (39.8%)
豊かな人間関係	192 (94.1%)△	12 (5.9%)▼	145 (73.2%)△	53 (26.8%)▼	149 (73.0%)△	55 (27.0%)▼
資格取得第一	32 (91.4%)△	3 (8.6%)▼	25 (75.8%)	8 (24.2%)	23 (65.7%)	12 (34.3%)
アルバイト・貯金	104 (70.3%)▼	44 (29.7%)△	87 (60.8%)	56 (39.2%)	85 (57.4%)▼	63 (42.6%)△
何事もほどほどに	154 (73.7%)▼	55 (26.3%)△	123 (60.6%)	80 (39.4%)	135 (64.6%)	74 (35.4%)
何となく	11 (32.4%)▼	23 (67.6%)△	11 (36.7%)▼	19 (63.3%)△	19 (55.9%)	15 (44.1%)
合計	800 (80.4%)	195 (19.6%)	598 (62.6%)	358 (37.4%)	647 (65.0%)	348 (35.0%)

*大学時代 $\chi^2(7)=99.493$, $p<.001$, Cramer's $V=.316$　　就職活動 $\chi^2(7)=27.724$, $p<.001$, Cramer's $V=.170$
最初の配属先 $\chi^2(7)=12.486$, $n.s.$, Cramer's $V=.112$

　大学時代においては,「豊かな人間関係」,「資格取得第一」,「クラブ第一」,を重視していた学生ほど,大学時代を肯定的に捉えていた(それぞれ94.1%, 91.4%, 87.7%). 大学時代を肯定的に捉えている理由については,「豊かな人間関係」では「友人関係に恵まれた」(87.5%),「アルバイトが充実していた」(60.9%),「資格取得第一」では「資格や語学の勉強を頑張った」(71.9%),「勉強を頑張った」(65.6%),「クラブ第一」では「クラブやサークル活動を頑張った」(93.9%),「友人関係に恵まれた」(71.1%)などを主なものとして挙げている.

　一方,「何となく」「アルバイト・貯金」「何事もほどほどに」というタイプは,他の項目を重点においていた学生と比べて,大学時代を否定的に捉えていた回答者が多かった(それぞれ67.6%, 29.7%, 26.3%). その理由について,「何となく」では「だらだら過ごしていた」(87.0%),「やりたいことや目的意識がなかった」(65.2%),「アルバイト・貯金」では「だらだら過ごしていた」(47.7%),「勉強しなかった」(45.5%),「何事もほどほどに」では「だらだら過ごしていた」(69.1%),「やりたいことや目的意識がなかった」(61.8%)ことを挙げている.

　就職活動においては,「資格取得第一」「豊かな人間関係」を重視していた学生ほど,就職活動を肯定的に捉えていた(それぞれ75.8%, 73.2%). 就職

活動を肯定的に捉えている理由については,「資格取得第一」では「就職活動を頑張った」(52.0%),「簡単に内定がとれた」(36.0%),「豊かな人間関係」では「いろいろな人と話をすることができた」(48.3%),「いろいろな会社を見ることができた」(44.1%) ことを挙げている.

一方,「何となく」「趣味第一」というタイプは,他の項目を重点においていた学生と比べて,就職活動を否定的に捉えていた回答者が多かった(それぞれ63.3%, 47.2%).その理由について,「何となく」では「就職活動をしっかりやらなかった」(63.2%),「自分が何をしたいのかよくわからなかった」(57.9%),「趣味第一」でも「就職活動をしっかりやらなかった」(50.0%),「自分が何をしたいのかよくわからなかった」(50.0%) ことを挙げている.

最初の配属先においては,「豊かな人間関係」を重視していた学生ほど,最初の配属先での適応について肯定的に捉えていた (73.0%).最初の配属先を肯定的に捉えている理由については,「豊かな人間関係」では「上司や同僚など職場の人間関係に恵まれた」(60.4%),「はやく一人前になるべく一生懸命頑張った」(45.0%) ことを挙げている.

一方,「何となく」「アルバイト・貯金」というタイプは,他の項目を重点においていた学生と比べて,最初の配属先を否定的に捉えていた回答者が多かった(それぞれ44.1%, 42.6%).その理由について,「何となく」では「労働条件(労働時間,賃金等)がひどかった」(53.3%),「将来に希望を持てなかった」(53.3%),「アルバイト・貯金」では「上司や同僚など職場の人間関係に恵まれなかった」(36.5%),「会社や仕事が自分に合っていなかった」(28.6%),「労働条件(労働時間,賃金等)がひどかった」(28.6%) ことを挙げている.

このように,「豊かな人間関係」を重視した過ごし方をしていた者は,大学生活や就職活動,最初の配属先での過ごし方や結果を肯定的に捉えていた.それに対して,「何となく」大学生活を過ごしていた者は,大学生活や就職活動,最初の配属先での過ごし方や結果を否定的に捉えている者が多く,繰り返しとなるが,やはり目的意識を持って大学生活を送ることが,充実した大学生活を送り,初期キャリアにおいて成功を果たすためには重要であると

言える．

5.3 大学生活の重点と過ごし方の特徴

前項では，大学生活の重点と大学生活・就職活動・最初の配属先の成否との関連について検討した．そこでは，大学生活の重点と大学生活や初期キャリアでの成否には関連があることが明らかとなった．では，大学生活の重点にある「豊かな人間関係」「アルバイト・貯金」重視といったものは，どのような過ごし方なのであろうか．大学生活の重点の各タイプについて，その過ごし方の特徴を明らかにしたい．

図7は，大学生活の重点と大学生活の過ごし方（自主学習，1人の娯楽活動，課外活動・対人関係）との関連を図示したものである．例えば，「勉学第一」という過ごし方は，大学の授業や勉強に勤しむ反面，課外活動や対人関係に欠けている過ごし方であると考えられる．一方，「クラブ第一」という過ごし方は，課外活動や対人関係には積極的であるのに対し，大学の授業や勉強は疎かにしていると言える．そのなかで，「豊かな人間関係」重視という過ごし方は，課外活動・対人関係を重視しつつも，大学の授業や勉強も怠らず，正課内・正課外活動のバランスが取れた過ごし方であると言える．約9割の大学生がアルバイトを経験し，35.5%の者が最も成長に影響を与えた正課外活動として「アルバイト」を挙げるなかで，「豊かな人間関係」を重視していると回答した者は，アルバイトに没頭するのではなく，人間関係の構築に価値を感じていた者である．「豊かな人間関係」を重視する者は，他の過ごし方をした人と比べて，社会参加活動や海外留学を正課外において成長に影響を与えた活動として挙げている者が多いことも特徴的である．

近年では最も多い「勉学第一」という過ごし方は，初期キャリアとの関連においては必ずしも望ましいものではなかった．確かに，「勉学第一」という過ごし方は，「大学での成績」との関連において望ましい結果を示している（表3）．しかし，図7の「課外活動・対人関係」の得点が示すように，「勉学第一」は，正課内に閉じこもった過ごし方になりがちであるため，大学生活の充実や就職活動での成功に結び付きにくいのではないだろうか．

次に，「アルバイト・貯金」重視という過ごし方について見てみる．本調

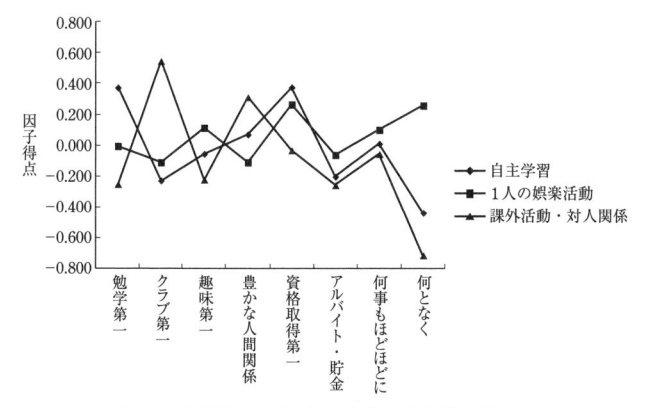

図7 大学生活の重点と大学生活の過ごし方

表3 大学生活の重点と大学での成績

大学生活の重点	大学での成績（優の割合）					合計
	10%以下	20～30%	50%	70～80%	90%以上	
勉学第一	1 (0.7%)	4 (2.9%)	18 (12.9%)	53 (37.9%)	64 (45.7%)	140 (100.0%)
クラブ第一	6 (4.8%)	26 (20.6%)	33 (26.2%)	43 (34.1%)	18 (14.3%)	126 (100.0%)
趣味第一	2 (2.2%)	11 (12.2%)	26 (28.9%)	39 (43.3%)	12 (13.3%)	90 (100.0%)
豊かな人間関係	3 (1.5%)	14 (7.0%)	56 (28.1%)	81 (40.7%)	45 (22.6%)	199 (100.0%)
資格取得第一	0 (0.0%)	1 (2.9%)	5 (14.3%)	19 (54.3%)	10 (28.6%)	35 (100.0%)
アルバイト・貯金	5 (3.5%)	12 (8.3%)	45 (31.3%)	58 (40.3%)	24 (16.7%)	144 (100.0%)
何事もほどほどに	4 (2.0%)	21 (10.4%)	54 (26.7%)	92 (45.5%)	31 (15.3%)	202 (100.0%)
何となく	2 (6.5%)	5 (16.1%)	15 (48.4%)	4 (12.9%)	5 (16.1%)	31 (100.0%)
合計	23 (2.4%)	94 (9.7%)	252 (26.1%)	389 (40.2%)	209 (21.6%)	967 (100.0%)

*$\chi^2(28)=116.791$, $p<.001$, Cramer's $V=.174$

査の結果では，「アルバイト・貯金」第一という過ごし方をした学生は，大学生活を否定的に評価している者が多く見られた．「アルバイト・貯金」重視という過ごし方は，大学生活の過ごし方の各得点が低く，「大学生活充実度」も低い（表4）．このことから「アルバイト・貯金」は，他にやりたいことがないからとりあえずアルバイトを頑張ったという過ごし方である可能性が考えられる．

表4 大学生活の重点と大学生活充実度

大学生活の重点	大学生活充実度					合計
	充実していなかった	あまり充実していなかった	どちらとも言えない	まあまあ充実していた	充実していた	
勉学第一	5 (3.5%)	9 (6.3%)	14 (9.9%)	61 (43.0%)	53 (37.3%)	142 (100.0%)
クラブ第一	0 (0.0%)	6 (4.6%)	8 (6.2%)	67 (51.5%)	49 (37.7%)	130 (100.0%)
趣味第一	5 (5.4%)	8 (8.6%)	14 (15.1%)	45 (48.4%)	21 (22.6%)	93 (100.0%)
豊かな人間関係	0 (0.0%)	2 (1.0%)	11 (5.4%)	86 (42.2%)	105 (51.5%)	204 (100.0%)
資格取得第一	0 (0.0%)	2 (5.7%)	3 (8.6%)	14 (40.0%)	16 (45.7%)	35 (100.0%)
アルバイト・貯金	9 (6.1%)	19 (12.8%)	23 (15.5%)	59 (39.9%)	38 (25.7%)	148 (100.0%)
何事もほどほどに	1 (0.5%)	26 (12.4%)	39 (18.7%)	108 (51.7%)	35 (16.7%)	209 (100.0%)
何となく	11 (32.4%)	5 (14.7%)	11 (32.4%)	5 (14.7%)	2 (5.9%)	34 (100.0%)
合計	31 (3.1%)	77 (7.7%)	123 (12.4%)	445 (44.7%)	319 (32.1%)	995 (100.0%)

*$\chi^2(28) = 242.922$, $p < .001$, Cramer's $V = .247$

最後に,近年増加を続ける「何事もほどほどに」という過ごし方の特徴を見てみる.「何事もほどほどに」というあえて何事にもコミットしないという過ごし方は,一見すると,世の中でうまく立ち振る舞うための適応的な生き方に見える.確かに,就職活動や最初の配属先での適応については,大きな問題を抱えている過ごし方ではない.しかし,そのような過ごし方をした人は,正課内・正課外のいずれにおいても成長を実感できず,大学生活を肯定的に捉えていない者が多く見られている.大学生活を否定的に捉えている理由のうち,最も多数であったのが「だらだら過ごしていた」(全体で54.1%)であるが,「何事もほどほどに」(69.1%)タイプの人は,「何となく」(87.0%)に次いでこの理由を挙げる者が多かった.すなわち,他の過ごし方に比べて,「何事もほどほどに」という過ごし方は,学習への動機づけが弱く,大学で学ぶことへの活力に欠ける過ごし方であると考えられる.

5.4 正課内・正課外活動と初期キャリア

最後に,成長に影響を与えた正課内・正課外活動と初期キャリアの関連について検討する.

まず,成長に影響を与えた正課内活動の種類と,大学時代・就職活動・最

表5 正課内活動と大学時代・就職活動・最初の配属先の成否

	大学時代の成否		就職活動の成否		最初の配属先の成否	
	肯定的	否定的	肯定的	否定的	肯定的	否定的
教養での講義型授業	169 (79.7%)	43 (20.3%)	137 (66.2%)	70 (33.8%)	133 (62.7%)	79 (37.3%)
教養での演習型授業	40 (81.6%)	9 (18.4%)	29 (70.7%)	12 (29.3%)	26 (53.1%)	23 (46.9%)
教養での実験・実習・プロジェクト型授業	54 (80.6%)	13 (19.4%)	40 (63.5%)	23 (36.5%)	45 (67.2%)	22 (32.8%)
教養での実技	7 (87.5%)	1 (12.5%)	5 (62.5%)	3 (37.5%)	2 (25.0%)▼	6 (75.0%)△
専門での講義型授業	73 (83.0%)	15 (17.0%)	50 (59.5%)	34 (40.5%)	50 (56.8%)	38 (43.2%)
専門での演習型授業	79 (85.9%)	13 (14.1%)	53 (59.6%)	36 (40.4%)	60 (65.2%)	32 (34.8%)
専門での実験・実習・プロジェクト型授業	113 (85.0%)	20 (15.0%)	86 (66.7%)	43 (33.3%)	91 (68.4%)	42 (31.6%)
専門での実技	17 (73.9%)	6 (26.1%)	15 (71.4%)	6 (28.6%)	17 (73.9%)	6 (26.1%)
卒業研究	166 (85.1%)	29 (14.9%)	119 (62.3%)	72 (37.7%)	144 (73.8%)△	51 (26.2%)▼
海外留学(単位認定)	23 (85.2%)	4 (14.8%)	19 (73.1%)	7 (26.9%)	21 (77.8%)	6 (22.2%)
成長に影響を与えた活動なし	59 (57.8%)▼	43 (42.2%)△	43 (43.9%)▼	55 (56.1%)△	56 (54.9%)▼	46 (45.1%)△
合計	800 (80.3%)	196 (19.7%)	596 (62.3%)	361 (37.7%)	645 (64.8%)	351 (35.2%)

*大学時代 $\chi^2(11)=40.815$, $p<.001$, Cramer's $V=.202$　就職活動 $\chi^2(11)=20.405$, $p<.05$, Cramer's $V=.146$
最初の配属先 $\chi^2(11)=26.499$, $p<.05$, Cramer's $V=.163$

初の配属先の成否との関連を検討した(表5).その結果,成長に影響を与えた活動はなかったと回答した人は,大学時代・就職活動・最初の配属先の成否について,いずれも否定的に捉えている人が多かった(それぞれ42.2%, 56.1%, 45.1%).また,最初の配属先での成否については,卒業研究と回答した人では肯定的に捉えている人が多く(73.8%),数は少ないが教養での実技と回答した人は否定的に捉えている人が多かった(75.0%).

また,成長に影響を与えた正課外活動の種類と,大学時代・就職活動・最初の配属先の成否との関連を検討した(表6).その結果,成長に影響を与えた正課外活動の種類は,大学時代の成否とは関連が見られたものの,就職活動の成否や最初の配属先での成否とは関連が見られなかった.大学時代の成否では,「社会参加活動」「部活動・サークル活動(文化系・運動系)」を成長に影響を与えた活動として挙げていた者が大学時代を肯定的に捉えており(それぞれ90.5%, 89.2%, 87.6%),「成長に影響を与えた活動はない」と答えた者は大学時代を否定的に捉えていた(46.9%).

表6　正課外活動と大学時代・就職活動・最初の配属先の成否

	大学時代の成否		就職活動の成否		最初の配属先の成否	
	肯定的	否定的	肯定的	否定的	肯定的	否定的
部活・サークル（運動系）	155 (87.6%)△	22 (12.4%)▼	107 (62.6%)	64 (37.4%)	116 (65.5%)	61 (34.5%)
部活・サークル（文化系）	116 (89.2%)△	14 (10.8%)▼	82 (65.1%)	44 (34.9%)	85 (65.4%)	45 (34.6%)
部活・サークル（社会参加系）	28 (90.3%)	3 (9.7%)	18 (60.0%)	12 (40.0%)	19 (61.3%)	12 (38.7%)
アルバイト	275 (77.7%)	79 (22.3%)	217 (63.1%)	127 (36.9%)	231 (65.3%)	123 (34.7%)
インターンシップ	15 (71.4%)	6 (28.6%)	17 (81.0%)	4 (19.0%)	17 (81.0%)	4 (19.0%)
社会参加活動	19 (90.5%)	2 (9.5%)	16 (76.2%)	5 (23.8%)	13 (61.9%)	8 (38.1%)
自主的なゼミや勉強会	72 (84.7%)	13 (15.3%)	47 (60.3%)	31 (39.7%)	56 (65.9%)	29 (34.1%)
旅行	35 (77.8%)	10 (22.2%)	24 (57.1%)	18 (42.9%)	26 (57.8%)	19 (42.2%)
海外留学	30 (85.7%)	5 (14.3%)	24 (70.6%)	10 (29.4%)	24 (68.6%)	11 (31.4%)
団体生活	9 (81.8%)	2 (18.2%)	7 (63.6%)	4 (36.4%)	7 (63.6%)	4 (36.4%)
成長に影響を与えた活動なし	43 (53.1%)▼	38 (46.9%)△	35 (47.3%)▼	39 (52.7%)△	51 (63.0%)	30 (37.0%)
合計	797 (80.8%)	194 (19.6%)	594 (62.4%)	358 (37.6%)	645 (65.1%)	346 (34.9%)

*大学時代 $\chi^2(11) = 58.467$, $p<.001$, Cramer's $V=.243$　　就職活動 $\chi^2(11)=14.132$, $n.s.$, Cramer's $V=.122$
最初の配属先 $\chi^2(11)=4.673$, $n.s.$, Cramer's $V=0.64$

6　まとめ

　本章では，大学から職業への移行について，特に大学生活の重点に焦点を当て，大学生活の過ごし方と初期キャリアでの成否との関連を探究してきた．
　大学生活の重点の観点から本研究の結果を要約すると，大学生活や就職活動，最初の配属先で成功を収めていた人は，大学生活を振り返った際に，「豊かな人間関係」を重視した過ごし方をしていた者が多い傾向にあったと言える．「豊かな人間関係」重視は，課外活動・対人関係を重視しつつも，大学の授業や勉強も怠らず，正課内・正課外活動のバランスが取れた過ごし方であった．多様な人々との出会いを求め，正課内・正課外での様々な活動に取り組み，そのことに喜びを見出す学生像が読み取れる．自己形成における他者の役割の重要性は，古典的研究のなかで指摘されており（Cooley 1970, Mead 1973），溝上（2008a）は，他者との関わりの機会が学生の学びと成長にとって重要であることは大規模調査（Pascarella & Terenzini 2005 など）

の結果からも明らかであると述べている．大学生は，他者との人間関係のなかで，自分のキャリアについて省察し，社会のなかでの自己の役割について認識し，自己を形成している．しかし，大学は，教育改革によって授業内容や指導方法を改善することはできても，学生の正課外での活動や人間関係にまで踏み込むことは困難である．学生が，社会とのつながりを認識し，自分のキャリアを自ら形成することができるように支援することがキャリア教育の目的であるならば，学生の正課内・正課外活動の両方を視野に入れた支援のあり方を模索することが求められるだろう．例えば，大学外の社会と関わる活動を正課内に取り入れたPBLやサービスラーニングといった教育方法が大学教育に導入されており，このような方法を取り入れることで多様な他者との関わりを生み出すキャリア教育をおこなっていくことは可能である．

近年では最も多い「勉学第一」という過ごし方は，初期キャリアとの関連においては必ずしも望ましいものではなかった．大学生にとって他者と関わりを持つことが重要であるのに対し，「勉学第一」という過ごし方は，他者との関係から離れ，閉じこもった過ごし方になりがちであると考えられ，大学生活充実度や就職活動での成功に結び付きにくいのではないだろうか．わが国においては，勉学は正課内での与えられた学習が中心であり，授業外学習が大きな課題となっている（溝上 2012）．近年，自主的な社外勉強会などが注目を集めているが（舘野 2012），大学生の学びと成長を考える上でも多様な学びの機会を正課外に求めることが重要であり（河井 2012），そうすることによって自ら学ぶ力を身に付けることが重要になると考えられる．同じ「勉学第一」であった者のなかでも，正課外で「自主的なゼミや勉強会」が成長に影響を与えたと回答している者は，そうでない者に比べて読書量なども多い．学生は，正課内学習の枠組みにとらわれず，正課外での学習にも目を向けることが重要であり，大学側はそのような姿勢を促すよう，授業方法や授業内容を改善することが望まれる．

次に，「アルバイト・貯金」重視という過ごし方について考察する．アルバイトは，先行研究において，学生のキャリア意識を醸成し，社会人基礎力を身に付けさせる正課外活動であると考えられている（見舘 2007，関口 2010 など）．しかし，本章の結果では，「アルバイトが最も成長に影響を与えた正

課外活動であった」「アルバイト・貯金」重視という過ごし方をした学生は,大学生活自体を否定的に評価している者が多く見られた.本調査の結果では,「アルバイト・貯金」重視という過ごし方は,大学生活の過ごし方の各得点が低く,大学生活充実度も低い.したがって,「アルバイト・貯金」は,他にやりたいことがないからとりあえずアルバイトを頑張るという過ごし方であると考えられる.関口(2010)が,スキル多様性の高いアルバイト業務に主体的に取り組むことがキャリア形成にとって重要であると指摘しているように,たとえアルバイトを重視した過ごし方をするにしても,明確な目的意識を持って自らのアルバイト経験をデザインし,経験の質を高めていかなければ,大学生活や就職後初期キャリアでの成功につなげていくことはできないのではないだろうか.

　最後に,近年増加を続ける「何事もほどほどに」タイプについて考察する.「何事もほどほどに」というあえて何事にもコミットしないという過ごし方は,一見すると,世の中でうまく立ち振る舞うための適応的な生き方に見える.しかし,そのような過ごし方をした人は,正課内・正課外のいずれにおいても成長を実感できず,大学生活を肯定的に捉えてはいないことが確認できた.先行研究で溝上は大学生の学びと成長を捉えるうえで「2つのライフ」と「大学生活における1週間の過ごし方」が重要な変数であることを指摘している.そしてこれらは,対活動,対他者,対課題,対人生といった対象に対する学生の主体的な態度を表していると説明している.大学生活の重点と初期キャリアの成否との関連においても,このような主体的な態度がその鍵となっていると考えられる.すなわち,大学で学ぶことに対する内発的な動機づけの弱さが,初期キャリアでの失敗の一因であると推測できる.
動機づけには,内発的動機づけ,外発的動機づけ,そして動機づけがない無動機づけがある(Ryan & Deci 2000).外発的動機づけにはいくつかの段階があり,最も自己調整の低い強制的な外的調整に始まり,外的な目的をそのまま受け入れる取り入れ的調整,目的を自己のものとみなす同一化的調整,そして目的を完全に消化し統合する統合的調整といった段階に分けられる(Deci & Ryan 2002).「大学生活の重点」を学習行動の理由(櫻井 2009)に当てはめて考えると,「何となく」「何事もほどほどに」といった過ごし方は

「やりたいとは思わない」という無動機づけに近い調整段階であり，「アルバイト・貯金」「勉学第一」といった過ごし方も「やらなければならないから」「将来のために必要だから」という外発的動機づけに近い調整段階であると考えられる．それに対し「豊かな人間関係」は，大学での学びを「面白いから」「興味があるから」と捉える内発的調整に近い段階なのではないだろうか．「何事もほどほどに」は増加の一途をたどっているが，大学生活を無為に過ごさせないためには，自ら興味を持って取り組める「やりたいこと」を見つけ，外発的な動機づけによるものからより内発的な動機に基づくものへと移行させ，主体的に活動に取り組むことが重要である．そのため，キャリア教育においても，学生が内発的動機づけに基づいた学習ができるよう，調整方略を支援することが重要となるだろう．

　わが国においては，他律的ではなく自律的な学習態度を身に付けることが課題とされるなかで，「自己教育力」「自ら学び自ら考える力」の育成が重視されている（伊藤ら 2003）．すなわち，教師が与えるのではなく，学生自身が自分で課題を見つける力を養うことが求められているが，大学に入学した時点で「やりたいこと」が明確な大学生は決して多くない．『全国大学生調査』（2007 年）によると，5 割以上の学生が「大学でやりたいことが見つからない」と感じている（東京大学大学院教育学研究科大学経営・政策研究センター 2008）．金子（2012）は，大学生活において「やりたいことが見つからない」のは，卒業後やりたいことが決まっていない，あるいは大学での授業がやりたいことと関係していないことが大きな要因であり，同時に正課外での学習がやりたいことを見つけるうえで大きな役割を果たしていることを明らかにしている．また，児美川（2013）は，「やりたいこと」を過度に重視するわが国の現在のキャリア教育を批判し，職業や仕事を知らずして「やりたいこと」を見つけるのは困難であると述べている．そうであるならば，「やりたいこと」を見つけるためには，大学生活を通じて多種多様な事物や出来事にふれ，自己認識と社会認識を相互に高めていくことが不可欠であろう．これらの認識を深めるには正課内だけでは限界があり，このような力はむしろ正課外においてこそ身に付くものであろう．「授業外で対人関係能力を磨いている学生は，日常で豊かな対人関係を営みながらも，他方で知識や経験をよ

り豊かにしようとする自己成長的・自己学習的な学習活動をおこなっていた」（溝上 2008b）という指摘は，正課内の活動だけでなく，正課外の様々な活動に取り組むなかで，主体的に学ぶ態度を身に付けることができるよう支援することがキャリア教育として効果的であることを示している．学生の学びと成長を効果的なものにするには，正課内活動と正課外活動の接続にこそ，その鍵がある．大衆化した大学にあっては，明確な目的意識を持たずに大学に入る者も多いが，ただ何となく大学生活を過ごすのでは良好なキャリア形成は見込めない．変化の激しい時代にあって，社会で通用する自立した学習者を育成するためには，正課内活動と正課外活動の両者を有機的に接続させたキャリア教育が実施されることを期待したい．

参考文献

Cooley, C. H. 大橋幸・菊池美代志（訳）（1970）社会組織論：拡大する意識の研究．青木書店．

Deci, E. L. & Ryan, R. M.（2002）*Handbook of self-determination research*. University of Rochester Press.

船戸孝重（2012）小粒化する若手社員をどう伸ばしていくか：伸び悩む若手社員を取り巻く課題と，戦力化への方策を考える．労政時報．No. 3823 pp. 80-94．

本田由紀（2009）教育の職業的意義：若者，学校，社会をつなぐ．筑摩書房．

インテリジェンス（2006）高校生・大学生アルバイト実態調査 2006（Retrieved October 1, 2013, from http://www.inte.co.jp/library/survey/data/GEHRreport_200612.pdf）．

伊藤崇達・神藤貴昭・高嶋重行・竹内温子・菅井勝雄・前迫孝憲（2003）自己効力感，不安，自己調整学習方略，学習の持続性に関する因果モデルの検証：認知的側面と動機づけ的側面に着目して．日本教育工学会論文誌．Vol. 27 No. 4 pp. 377-385．

金子元久（1995）大学教育と職業の関連性．日本労働研究機構（編）大卒者の初期キャリア形成：「大卒就職研究会」報告．日本労働研究機構．pp. 220-225．

金子元久（2012）大学教育と学生の成長．名古屋高等教育研究．Vol. 12 pp. 211-236．

河井亨（2012）学生の学習と成長に対する授業外実践コミュニティへの参加とラーニング・ブリッジングの役割．日本教育工学会論文誌．Vol. 35 No. 4 pp. 297-308．

川嶋太津夫（2011）キャリア教育の背景とその在り方．大学教育学会誌．Vol. 33 No. 1 pp. 23-27．

児美川孝一郎（2011）若者はなぜ「就職」できなくなったのか？：生き抜くために知っておくべきこと．日本図書センター．
児美川孝一郎（2013）キャリア教育のウソ．ちくまプリマー新書．
小杉礼子（2007）需給両面の変化に対する大学キャリア形成支援の課題．キャリア教育研究．No. 25 pp. 1-14.
厚生労働省（2012）新規学卒者の離職状況に関する資料一覧（Retrieved October 1, 2013, from http://www.mhlw.go.jp/topics/2010/01/tp0127-2/24.html）．
Mead, G. H. 稲葉三千男・滝沢正樹・中野収（訳）（1973）精神・自我・社会．青木書店．
見舘好隆（2007）顧客接点アルバイト経験が基礎力向上に与える影響について：日本マクドナルドに注目して．*Works Review*. No. 2 pp. 8-21.
三保紀裕・清水和秋（2012）現代青年の進路選択．榎本博明（編）青年心理学．おうふう．pp. 137-149.
溝上慎一（2008a）自己形成の心理学：他者の森をかけ抜けて自己になる．世界思想社．
溝上慎一（2008b）授業・授業外学習による学習タイプと汎用的技能との習得の関連．秦由美子代表 平成 16-18 年度科学研究費補助金研究基盤（B）（一般）『大学における学生の質に関する国際比較研究：教育の質保証・向上の観点から』（課題番号 17330165）．最終報告書．pp. 2-11.
溝上慎一（2009）「大学生活の過ごし方」から見た学生の学びと成長の検討：正課・正課外のバランスのとれた活動が高い成長を示す．京都大学高等教育研究．No. 15, pp. 107-118.
溝上慎一（2012）大学生活の重点・授業出席・朝食摂取の観点から．全国大学生活協同組合連合会広報調査部（編）バブル崩壊後の学生の変容と現代学生像「学生生活実態調査をはじめとした調査分析」報告書．pp. 18-31.
那須一貴（2012）プロジェクト・マネジメントの学部教育的意義：社会人基礎力育成に向けたプロジェクト・マネジメント教育の活用．プロジェクト・マネジメント学会誌．Vol. 14 No. 2 pp. 21-26.
小方直幸（2008）大学から職業への移行をめぐる日本的文脈．山内乾史（編）教育から職業へのトランジション：若者の就労と進路職業選択の教育社会学．東信堂．pp. 32-44.
Pascarella, E. T. & Terenzini, P. T.（2005）*How college affects students, Volume 2, A third decade of research*. Jossley-Bass.
Ryan, R. M. & Deci, E. L.（2000）Self-determination theory and the facilitation of intrinsic motivation, social development, and well-being. *American Psychologist*. No.

55 pp. 68-78.

櫻井茂男（2009）自ら学ぶ意欲の心理学．有斐閣．

関口倫紀（2010）大学生のアルバイト経験とキャリア形成．日本労働研究雑誌．No. 52 Vol. 9 pp. 67-85.

武内清（2003）授業と学生．武内清（編）キャンパスライフの今．玉川大学出版部．pp. 16-29.

武内清（2005）大学とキャンパスライフ．ぎょうせい．

舘野泰一（2012）職場を越境するビジネスパーソンに関する研究：社外の勉強会に参加しているビジネスパーソンはどのような人なのか．中原淳（編）職場学習の探究：企業人の成長を考える実証研究．生産性出版．pp. 281-312.

東京大学大学院教育学研究科大学経営・政策研究センター（2008）全国大学生調査第1次報告書（Retrieved October 1, 2013, from http://ump.p.u-tokyo.ac.jp/crump/resource/ccs%20report1.pdf）．

山田剛史・森朋子（2010）学生の視点から捉えた汎用的技能獲得における正課・正課外の役割．日本教育工学会論文誌．Vol. 34 No. 1 pp. 13-21.

第6章 入社・初期キャリア形成期の探究：「大学時代の人間関係」と「企業への組織適応」を中心に

舘野泰一

1 はじめに

　本章では，大学時代に個人が保持している社会的ネットワークが，入社後の組織適応に対してどのような影響を与えるのかについて検証をおこなった．具体的には，異質な他者を含みうる社会的ネットワークを保持することと，組織適応の関係を考察したことになる．

　近年，職場はますます多様化している．立場や年齢が異なる人と仕事をするだけではなく，国籍の異なるメンバーとともに仕事をおこなう必要性も増している．一方，大学では，職場に比べると比較的同質なメンバーと過ごす機会が多いと考えられる．筆者は大学において初年次生を対象にした授業をおこなっているが，受講生の多くは18歳から20歳の日本人の学生であった．実際にデータを見ても，大学入学者のうち25歳以上の割合は，OECD各国の平均が約20%であるのに対して，日本の社会人学生比率は約2%と低い水準であることが示されている（文部科学省 2012）．職種，業種によって，職場の人口構成は異なるので，一概にはいえないが，一般には「多様化する職場」と，同質性の高い現在の大学の状況には大きなギャップがあると考えられる．

　本章は，こうした多様性と同質性のギャップを超えて，組織に適応できるのはどのような人なのかについて，大学時代の人間関係をもとに検証したものである．特に大学時代に「異質な他者」と交流していた人は，職場に入ってからも多様な他者とともに仕事をしていくことができるのではないかという仮説を検証することとした．大学における「異質な他者」を考えるうえで，「組織の内外（大学の中か，外か）」，「自分との関係性（同期かそれ以外か）」を

具体的指標として設定した[1]．

　企業にとって，新人の組織適応は大きな課題である．本章の知見は，企業における「採用」の議論に関連する重要な知見になると考えられる．また，大学教育にとって，「大学時代の人間関係」と「企業への組織適応」の問題を考えることは，大学で「何を学ばせるか」「どのような教育方法をおこなうのか」という議論に加え，「だれと学ばせるか」という視点を取り入れるきっかけになるものと考えられる．

　近年の大学教育は，「学士力」や「社会人基礎力」という言葉に代表されるように大学生が「何を学ぶべきか」ということについて議論がなされてきた（中央教育審議会 2008，経済産業省 2006）．また，これらの力を身に付けるために「どのような教育方法をおこなうのか」が検討されてきた．具体的には「アクティブラーニング」といった，学習者の能動的な学びを促す教育方法に関する研究（溝上 2007 など）がおこなわれてきた．

　しかし，これまでの議論では教育手法や学習手法の改善などが中心であり，大学生が「だれと学ぶか」に関する事柄はあまり焦点が当てられていなかったと考えられる．近年の大学教育では，大学の中で同じ学部の学生と学ぶだけでなく，地域や企業に所属している人たちと連携して学習する方法も増えてきている．これらの学習方法が提供する価値は，学習者が問題解決をおこなうということだけでなく，「異質な他者とともに学ぶ」といった「だれと学ぶか」という議論に関連するものであると考えられる．本章は，これらの学習方法の持つ意義についても再検討するものである．

---

[1]　筆者はこれまで「越境学習」をキーワードに，おもにビジネスパーソンを対象に自分が所属している組織を越境して「異質な他者」と交流することの意義について探究してきた（舘野 2012）．「越境」という言葉は，常に「境界」を前提とする議論である．ビジネスパーソンに対する調査では，「異質な境界」として，「社内か，社外か」を想定した．本研究の対象は大学生である．大学生にとっての越境は「組織の内外」なのか，「関係性」なのか，という点も個人的に興味を持って調査をおこなった．

2 大学時代の人間関係と組織社会化

2.1 組織社会化が求められる背景

本章では，大学時代の人間関係の意義を，組織社会化の理論をもとに述べる．組織社会化に関する研究の概要は，第2章において中原淳が解説しているため，本章では，本調査に関連する部分のみを取り上げる．

組織社会化とは「組織への参入者が組織の一員になるために，組織の規範・価値・行動様式を受け入れ，職務遂行に必要な技能を習得し，組織に適応していく過程」のことを指す（高橋1993）．企業においては，新規参入者が組織に適応することは，離転職の抑制や早期における戦力化などそのメリットが大きい．

中原が第2章で述べた通り，近年，企業は厳しいグローバルな競争環境にさらされているという現状もあり，新規参入者に対する組織社会化をより精度高く，高速化しようとする「Swift socialization（迅速な組織社会化）」という概念が注目されている（Ashforth 2012）．

2.2 トランジション研究の視点から組織社会化を捉える

本章における組織社会化の議論は，「組織に入ってから」ではなく，「組織に入る前」の「大学時代の経験」に着目している．もちろん，第2章で概観したように組織社会化のプロセスは，組織に入ってからだけではなく，組織に入る前の「予期的社会化」のフェーズも重要であることが，先行研究で指摘されていたが（Van Maanen 1976），その多くは企業が組織的に実施する採用・選抜活動に着目したものがほとんどであった．それらは予期的社会化とよばれ，おもに「採用段階」に着目した研究であり，本研究で対象とする「大学時代の経験」にまで踏み込んだ研究はおこなわれていない．

本章では「大学時代の経験」として，おもに「大学時代の人間関係の持つ意義」について焦点を当てた．次に，大学教育の視点から「大学生の持つ人間関係の意義」について述べる．

3 大学時代の人間関係の持つ意義

3.1 大学教育研究における大学生の人間関係の持つ意義

　大学教育研究において「大学生の人間関係の持つ意義」について着目した研究は少ない．学習者の能動的な学びを引き起こすアクティブラーニング等に関する議論（溝上 2007）に比べ，「大学生の人間関係」は，大学での学びからやや遠い印象を受けるからかもしれない．

　しかし，近年の大学生を対象にした調査では，大学生の人間関係と，大学への適応や授業態度の影響に関する調査報告がなされるようになってきた．例えば，山田（2012）は，大学在学中の進路希望の選択について，教員や友人関係に関する変数が関連していることを明らかにしている．また，谷田川（2012）は，「大学生の友人関係と，大学への適応や授業への関心の関係」について分析をおこなっている．その結果，大学内に友達がいない学生は「いる」学生に比べて大学へのコミットメントが弱いこと，友達がいない学生は「いる」学生に比べて，大学の授業に関心が持てず大学から離脱したいという意識を持っていることを指摘している．以上のように先行研究において，大学時代の人間関係は，大学に対するコミットメントや授業態度に対して少なからず影響を与えていることを示唆している．

　以上に示した通り，これまでの大学教育研究のなかでは「大学生の人間関係」という視点は中心的な課題として扱われてこなかった．しかし，近年の研究から，少しずつ大学に対するコミットメントや授業態度といったアウトプットとの関連が着目されるようになってきた．このように，「大学生の人間関係」とその効果を考えることは重要な課題となりつつある．

　そこで本章では「大学生の人間関係」の持つ効果に着目した．次に，現在の「大学生の人間関係の傾向」について検討する．

3.2 大学生の人間関係の変化

　近年の「大学生の人間関係」の傾向について，1）大学生は大学生活にお

いて人間関係を重視しているのかどうか，2）大学生の持つ人間関係の質はどのようなものなのか，の2点について検討してみたい．

最初に，大学生活において人間関係を重視しているのかに関してであるが，全国大学生活協同組合連合会は，「学生の消費生活に関する実態調査」のなかで，大学生が「大学生活のなかで現在もっとも重点をおいていること」について毎年調査をおこなっている．調査項目は以下の9つである．「1. 勉学第一，2. クラブ第一，3. 趣味第一，4. 豊かな人間関係，5. 資格取得第一，6. アルバイト・貯金，7. 何事もほどほどに，8. 何となく，9. その他」．大学生はこのなかから1つを選択する．

この調査によると「豊かな人間関係」を重視する人は1990年代前半までもっとも多かったが，年々減少の傾向が続き，近年では「勉学第一」「何事もほどほどに」を選ぶ学生の割合が増えている（溝上 2012）．第5章で木村充が述べたように「豊かな人間関係」重視という過ごし方は，正課内・正課外という枠にとらわれず，多様な人々との出会いの場を求め，充実した日々を過ごしていることと同義であると考えられる．このような過ごし方が，近年，失われつつある可能性がある．

次に，大学生の人間関係の質についてはどうだろうか．「豊かな人間関係」を選ぶ学生が減少していることは，大学生の人間関係の希薄化につながっているのだろうか．この点で，説得的な議論をおこなっているのは浅野（2011）である．浅野智彦は，現代の大学生の人間関係の特徴は，人間関係の希薄化・孤立化ではなく，むしろ親密化・緊密化の傾向が進んでいることにあるという．自分とは前提を共有しない他者とのコミュニケーションは減る一方で，前提を共有する仲間とのコミュニケーションは一層濃密化していることを指摘している．

以上の先行研究を踏まえると，「大学生の人間関係」の特徴として以下の2点が挙げられる．1点目は，大学生活において「豊かな人間関係」は以前に比べて重視されなくなったという点である．これは換言するならば，正課内・正課外という枠にとらわれない社会的接点の減少を示唆する．2点目は，人間関係の親密化・緊密化が進んでいるという点である．親密な仲間とのコミュニケーションは重視するが，そうではない人とのコミュニケーションの

機会が減少しているといえる．以上の2点を総合して見えてくる現代の大学生像の1つは，大学の提供する教育サービスにとじこもり，異質な他者との接点を持つことを失いつつある大学生像である．

これに対して，大学卒業後，学生たちが直面するであろう職場は，まったく逆の様相を呈する．大学卒業後に所属する「職場」では，ますます多様化が進んでおり，前提を共有しない他者と協力関係を結ぶことが一層求められている状況にある．本研究では，このような多様性あふれる職場をサバイブし，自らのキャリアを切り開く鍵として「大学時代の異質な他者とのつながり」があると考え，以降の研究を進める．

3.3 キャリアと人間関係に関する研究

実際の仮説提示をおこなう前に，キャリアと人間関係に関する先行研究には，どのようなものがあるかを検討してみよう．概観すると，1）高校生を対象にしたもの，2）無業の若者を対象にしたもの，3）大学生を対象にしたもの，4）ビジネスパーソンを対象にしたもの，の4つがあると思われる．それぞれについて以下に具体的な研究例を紹介する．

高校生を対象にした研究例としては梅崎ほか（2013）がある．梅崎修らは，高校生の人間関係とキャリア意識に関する調査をおこなった．この調査の結果わかったことは以下の3点である．1）高校生の社会的ネットワークは成人に比べて狭い人間関係のなかにある．しかし，人間関係の広さは個人差が大きい．2）高校生は他集団との人間関係が生まれにくい．よって，他集団との交流をもたらす他者の持つ役割が高まる．3）「同質な他者」よりも「異質な他者」との深い交流が就業意識を高める．以上の3点である．これらの結果を踏まえると，高校生のキャリアに対して，「異質な他者」との人間関係がポジティブな効果を与えていることがわかる．

次に存在するのが，無業の若者を対象におこなわれた社会調査である．堀（2004）は，無業の若者を対象に，社会的ネットワークの実態を調査した．この研究では，無業の若者の社会的ネットワークを「孤立型：家族以外の人間関係がほとんどない」，「限定型：地元の同年齢で構成された人間関係に所属する」，「拡大型：人間関係を広げていく志向が強い」の3つに分類し，

無業の若者の多くは「孤立型」「限定型」であったという結果が示されている．この結果を踏まえると，梅崎ほか（2013）の研究と同様に，1）人間関係を重視すること，2）異質な他者とのつながりを求めること，の重要性がわかる．

大学生を対象にした調査としては，下村・堀（2004）の研究がある．この研究では，大学生の就職活動における情報探索行動について調査をおこなった．その結果，就職活動における情報源として，OB・OG や友人からの情報が，就職活動に影響を与えていることがわかった．この研究では，異質な他者との関連は述べられていないが，大学生のキャリアについて人間関係が影響を与えていることがわかる．

最後に，ビジネスパーソンを対象にした研究について述べる．異質な他者とつながることの重要性については，メンタリング研究において蓄積がある．メンタリングとは，ある個人の理解者・相談者・教育者・支援者であるメンターが，支援を受ける側であるメンティに提供する支援行動のことを指す．近年のメンタリングの研究では，メンターとメンティを 1 対 1 の関係で捉えるのではなく，自らの成長を促す多くのメンターからなる「発達的ネットワーク」として，捉えることが重要である（Higgins & Kram 2001）．発達的ネットワークは，関係の深さと広さから以下の 4 つのタイプに分かれ，ネットワークが深く，広い方が個人の学びにつながることが示唆されている．

1　受動的ネットワーク（狭く浅い）
2　伝統的ネットワーク（狭く深い）
3　機会主義的ネットワーク（広く浅い）
4　起業家的ネットワーク（広く深い）

この研究成果をもとに，大学生に対して，「広く浅い人間関係」ではなく，「世代を超えたつながり」を持った重層的なネットワークをつくることが重要であることを示す研究もある（小樽商科大学キャリア教育開発チーム・キャリアバンク 2008）．

以上，キャリアと人間関係に関する調査研究について概観してきた．先行

研究から見えてきた点は，1）人間関係を重視することがキャリアに対してポジティブな影響を持つ，2）人間関係の質において「異質な他者」と深くつながることが重要である，という点である．この2つの視点は，本研究における入社後の初期キャリアにおける組織適応に対してもポジティブな影響を与える可能性がある．

一方，先行研究の問題点もある．先行研究では，高校生から大学生まで幅広く扱われているが，おもに就職活動（採用）や，離転職の問題に限られており，入社後の組織適応・初期キャリアの形成との関連は示されていない．そこで，本章では「大学時代の人間関係」と「組織社会化」の関連について検討した．次項で本章の仮説について述べる．

3.4 本章の仮説

本章の仮説を示すために，ここまでの議論を整理する．

本章では，これまでの議論を踏まえ，大学時代の人間関係について，具体的に2つの論理を展開してきた．1つ目は，近年の大学生の傾向として「豊かな人間関係」を選ぶ学生は減少しており，そのことは多様性あふれるソーシャル・ネットワークの保持を難しくしているのではないかということである．2つ目は，キャリアと人間関係に関する先行研究では，異質な人間関係を重視すること，多様なネットワークを保持することは，キャリアにポジティブな影響を与えていたということである．

以上を踏まえ，本章では，以下の仮説をたてた．

仮説1：大学時代に「豊かな人間関係」を重視した人は，組織社会化において正の効果がある

仮説2：大学時代に多様なネットワークを持っていた人ほど，組織社会化に正の影響を与える

第5章においても「大学生活の重点」と「初期キャリア」の関係について分析しているが，初期キャリアについては「○（肯定的に捉えている）か，×（否定的に捉えている）か」という大きな傾向について検討するものであっ

た．仮説1では，組織社会化の尺度を使用することで，組織適応についてより詳細に検討するものである．仮説2では，大学生の持つネットワークについてより具体的な把握をおこない，異質なネットワークを持っていることが組織適応にどのような影響を与えるのかについて検証した．次に，本研究で使用した尺度について説明する．

4　尺度構成

本章で使用した尺度の概要を示す．本章では，独立変数として，「大学生活の重点尺度」「大学時代に自分の成長に影響を与えてくれた人物に関する項目」の2つを設定した．従属変数には「組織社会化の尺度」を使用した（表1）．続いて，本章でのみ使用している「大学時代に自分の成長に影響を与えてくれた人物に関する項目」について説明する．具体的な項目は以下に示した．

- 大学時代にあなたの成長に影響を与えてくれた人は誰ですか．思いつく人を2名思い浮かべて，以降の説明をご回答ください
- 1人目（もっとも成長に影響を与えてくれた人）についてお尋ねします．その人はどこに所属している人でしたか
  - ➢ 自分と同じ大学
  - ➢ 自分と違う大学
  - ➢ 企業・NPO 等
  - ➢ その他
- その人は，あなたにとってどのような関係の人でしたか．
  - ➢ 先生・講師
  - ➢ 上位者・先輩
  - ➢ 同期・同僚
  - ➢ 後輩
  - ➢ その他

表1 使用した尺度

独立変数
・大学生活重点尺度（第4章参照） 　※本章では「その他」を選んだ人は，分析から除外した ・大学時代にあなたの成長に影響を与えてくれた人は誰ですか．思いつく人を2名思い浮かべてご回答ください
従属変数
・組織社会化の尺度（第4章参照）

この項目を，2人目（2番目に成長に影響を与えてくれた人）についても同様に回答してもらった．今回の項目は，中原（2010）のビジネスパーソンを対象にした職場の他者支援調査の項目を参考に作成している．中原（2010）の調査では，仕事のなかで関わりのある他者2名を選んでもらい，その組み合わせと仕事における業務能力の向上の関係を分析している．この調査では，関わりのある他者について，所属はどこか（「同じ職場の人」か「社外の人」か），どのような立場か（上司，上位者・先輩，同僚・同期，部下など），の2点をもとに分析している．

この項目を参考に，本調査においても，大学時代に自らの成長に影響を与えた人物について，その「所属」と「関係性」の2点を尋ねている．自分の成長に影響を与えた他者は，「深い関係」であると考えられる．関係の深さについて言及している Higgins & Kram（2001）の項目を用いることで，どのような他者と深い関係であったかがわかると考えられる．

今回の分析では，「所属」については，「その他」を除き，「自分と同じ大学」か「それ以外の項目か」という2つに分けた．「関係」については「同期・同僚」か「それ以外の項目か」としてタイプを分類した．詳細や人数の内訳などは次節で示す．

5 結果

分析結果について説明する．5.1項では「大学生活の重点に関する尺度」と「組織社会化に関する尺度」の関係について，5.2項では「自分の成長に影響を与えた人のタイプ」と「組織社会化に関する尺度」の関係について述べる．

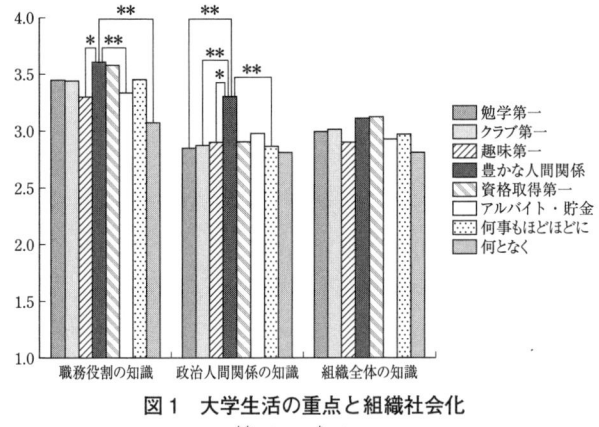

図1 大学生活の重点と組織社会化
$^{**}p<.01$ $^{*}p<.05$

5.1 大学生活重点尺度と組織社会化について

最初に「大学生活の重点の置き方」と組織社会化について分散分析をおこなった（図1）．その結果，「職務役割の知識」と「政治人間関係の知識」について，1％水準で有意な群間差が見られた（$F(7,987)=3.969, p<.01, F(7,987)=3.768, p<.01$）．

続いて多重比較（TukeyのHSD法）をおこなった．その結果，「豊かな人間関係」に重点を置いた過ごし方をした人が「趣味第一」「アルバイト・貯金」「何となく」という過ごし方をした人よりも「職務役割の知識」を獲得していた．さらに，「豊かな人間関係」に重点を置いた過ごし方をした人たちは，「勉学第一」「クラブ第一」「趣味第一」「何事もほどほどに」という過ごし方をした人よりも「政治人間関係の知識」を獲得していた．

5.2 大学時代に自分の成長に影響を与えた人物と組織社会化

次に，「自分の成長に影響を与えた人のタイプ」に関する結果を報告する．最初に，自分の成長に影響を与えてくれた人物に関する「所属」と「関係」に関する度数分布を示す．

表2は「所属」に関する表である．この表を見ると，1人目・2人目ともに「自分と同じ大学」の人を挙げている点が特徴といえる．約6割が「自分

表2 所属について

	1人目	2人目
自分と同じ大学	660	614
自分と違う大学	124	135
企業・NPO等	59	67
その他	157	184
合計	1000	1000

表3 関係について

	1人目	2人目
先生・講師	272	158
上位者・先輩	200	236
同期・同僚	374	443
後輩	13	16
その他	141	147
合計	1000	1000

表4 影響を与えてくれた人物の組み合わせタイプ（9タイプ）

	1人目	2人目	人数
1	大学内同期	大学内同期	162
2	大学内同期	大学内同期外	196
3	大学内同期外	大学内同期外	131
4	大学内同期	大学外同期	40
5	大学内同期	大学外同期外	11
6	大学内同期外	大学外同期外	135
7	大学外同期	大学外同期	16
8	大学外同期	大学外同期外	1
9	大学外同期外	大学外同期外	62
	合計		754

と同じ大学」であり，以下「その他」，「自分と違う大学」，「企業・NPO等」と続いていた．

　表3は「関係」に関する表である．こちらの表を見ると，1人目・2人目ともに「同期・同僚」がもっとも多いという結果になった．しかし，2番目に多く挙げられていたのは，1人目では「先生・講師」，2人目では「上位者・先輩」であった．その他についてはほぼ同じ数であった．

　次に「自分の成長に影響を与えた人のタイプ」と「組織社会化に関する尺度」に関する分析結果を示すために，「所属」と「関係」をもとにタイプを作成した．「大学内・大学外」の組み合わせ，「同期・同期外」の組み合わせによってタイプを9つ作成した．

　具体的な組み合わせと人数の内訳は表4に示した．続いてタイプごとの平均値の差を分析するため，人数の少ないグループを除き，最終的に6つのタイプを使用し分析をおこなった．分析に使用したタイプは表4で示した，下線を引いた6タイプである．

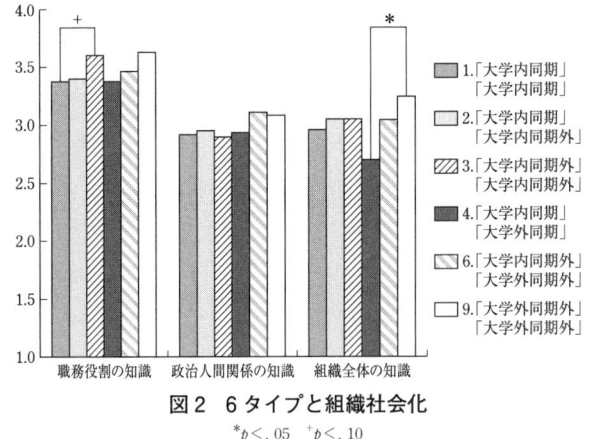

図2　6タイプと組織社会化
$^*p<.05$　$^+p<.10$

　自分の成長に影響を与えてくれた人物6タイプと組織社会化の尺度について分散分析をおこなった（図2）．その結果，組織社会化における「職務役割の知識」と「組織全体の知識」において5％水準で有意な群間差が見られた（$F(5, 720) = 2.512, p < .05, F(5, 720) = 2.482, p < .05$）．

　続いて多重比較（TukeyのHSD法）をおこなった．その結果，「組織全体の知識」において，「大学外・同期外，大学外・同期外」＞「大学内・同期，大学外・同期」という結果が得られた．また，「職務役割の知識」において，「大学内・同期外，大学内・同期外」＞「大学内・同期，大学内・同期」という結果が得られた．

6　結果と考察

6.1　結果と考察

　分析結果についてまとめる．最初に「大学生活の重点に関する尺度」と「組織社会化に関する尺度」の結果について述べる．分析の結果，「豊かな人間関係」を重視して過ごした人が「趣味第一」「アルバイト・貯金」「何となく」という過ごし方をした人よりも「職務役割の知識」を獲得していた．さらに，「豊かな人間関係」に重点を置いて過ごした人たちは「勉学第一」「ク

ラブ第一」「趣味第一」「何事もほどほどに」という過ごし方をした人よりも「政治人間関係の知識」を獲得していた.

この結果は「豊かな人間関係」を重視することが,組織適応にポジティブな効果を与えていることを示唆していると考えられる.よって,仮説1は支持されたと考えられる.

近年の大学生の傾向として「豊かな人間関係」は減少の一途をたどっていることはすでに述べた.しかし,今回の調査結果では,「豊かな人間関係」を重視する人がもっとも組織社会化していたことがわかった.特に「政治人間関係の知識」については「勉学第一」と比べても,「豊かな人間関係」を重視する人の方が,平均値が有意に高かった.「政治人間関係の知識」は,まさに人間関係に関する内容である.人間関係を重視する人は,組織における人間関係を理解し,すばやく組織に適応できる可能性が示唆された.さらに「職務役割の知識」についても,他者と積極的に関わることで,自分がどのような役割を期待されているかを理解することができる可能性が示唆された.

次に「自分の成長に影響を与えた人のタイプ」と「組織社会化に関する尺度」の関係について述べる.分析の結果,組織社会化における「組織全体の知識」において5%水準で有意な群間差が見られた.「組織全体の知識」において,「大学外・同期外,大学外・同期外」>「大学内・同期,大学外・同期」という結果が得られた.

この結果は,自分の成長に影響を与えた人が「異質な他者」であるタイプの方が,「同質な他者」であるタイプに比べて,「組織全体の知識」を獲得していたと考えられる.しかし,他の項目においては「職務役割の知識」に有意な差があったものの,タイプごとの差は有意傾向にとどまるという結果だった.そのため,仮説2は部分的に支持されたと考えられる.「異質な他者」とつながることは,自分の身の回りのことだけに限らず,さらに広い視野で自分の組織について捉えることができる可能性が示唆された.

6.2 理論的示唆

本章の理論的示唆について述べる.最初に,組織社会化研究に関する示唆について述べる.本章は「大学時代の経験」を「予期的社会化」として捉え,

特に「人間関係」における「異質な他者」の役割に着目して研究をおこなった.

今回おこなった研究により,「予期的社会化」の研究を,採用や広報の段階にとどめるのではなく「大学時代の経験」にまで射程を広げることの意義が示されたと考えられる.本章では特に「人間関係」に焦点を当てて分析をおこなった.予期的社会化における「大学時代の経験」の幅は多様である.本研究では,その経験のなかで「大学時代の人間関係」という視点が重要であることを示すことができたと考えられる.

本研究では「大学時代の人間関係」について,特に「人間関係を重視していたか」,「異質な他者とのネットワークを持っていたか」という2点について着目してきた.今後は,こうした人間関係に対する「状態・状況」に関する議論と,「新たな人間関係を構築しようとする行動」に関する議論を接続していきたいと考えている.

近年,組織社会化研究では,組織社会化における個人の主体的な役割(プロアクティブ行動)に注目が集まっている.「プロアクティブ行動」とは,個人が組織に染まるだけでなく,職場の人間関係を構築したり,必要な情報を収集したり,制度に体現された組織からのメッセージを解釈したりする,組織環境への適応に向けた主体的役割のことを指す(小川 2012).Ashford & Black (1996) はプロアクティブ行動の内容を,「意味形成」「関係の構築」「仕事変更の交渉」「肯定的認知枠組みの創造」の4つにまとめている.組織社会化の過程では,個人は必要な情報を得られずに不確実性を感じる.この不確実性を解消しようとするために,情報探索行動をおこない,組織社会化が促されるとしている (Miller & Jablin 1991).

本章で得られた知見から考えるに,大学時代に「異質な他者」とつながる行為は,一種のプロアクティブ行動とよぶことができると考えられる.現在の日本の大学は,同質性が比較的高いコミュニティだと考えられる.そのなかで,自分の成長に影響を与えてくれる「異質な他者」と出会うためには,受け身的に大学生活を過ごすのではなく,積極的に人間関係を構築する行動をする必要があると考えられる.大学時代に,異質な他者とつながる行動が取れるものは,入社後もプロアクティブ行動をおこなうことで,不確実性を

減少させることができ，スムーズな組織社会化を達成すると推測できるのではないだろうか．

今回の調査では，大学時代に積極的に人間関係の構築をおこなうような活動をしていたかについては直接尋ねてはいない．しかし，今後は大学時代の人間関係についてプロアクティブ行動という視点から分析をおこなうことで，予期的社会化に関する研究に新たな知見を提供できると考えられる．

次に，大学教育研究に関する示唆について述べる．これまで大学教育研究では，「人間関係」に関する効果はあまり着目されてこなかった．本章では，「大学時代の人間関係」が組織適応に影響を与えていることを示唆しており，今後「人間関係」の効果に着目した研究はより重要になってくると考えられる．ただし，本研究では「大学時代の人間関係」と「大学の授業態度」等に関する分析をおこなっていない．この点については，第5章の知見をもとにしながら，さらなる検証が必要になると考えられる．

本章の結果では「勉学第一」よりも「豊かな人間関係」を重視する学生の方が組織社会化されていたが，この結果が「大学教育において勉強することは意味がない」という結論を導くものではない．第5章で木村が述べた通り，「豊かな人間関係」を重視する学生は，正課内・正課外において豊かな学びをおこなっていた．さらに，実際に，谷田川（2012）の調査においても，人間関係の豊かさが大学での学びにつながっていることが示唆されている．これらの知見をもとに検討すると，本章の結果は「勉強か，人間関係か」という二者択一を迫るものではない．

近年の大学教育では，大学での学びを十全におこなうためにも「豊かな人間関係」は前提条件となりつつある．近年はアクティブラーニングの導入により，大学の授業においても，「ひとりでコツコツ学ぶ」のではなく，「他者と協同しながら問題解決をおこなう」というスタイルが取られている．つまり，人間関係を構築することは，学びを深めるための前提条件となってきている．

溝上（2014）は，齋藤（2000）の親密圏・公共圏の概念を援用して，コミュニケーションを「親密圏の他者とコミュニケーションをおこなうもの（親密圏コミュニケーション）」，「公共圏の他者とコミュニケーションをおこなう

もの（公共圏コミュニケーション）」の2つに分類している．そのうえで，大学におけるアクティブラーニングは，「公共圏コミュニケーション」の育成を目指す場であることを示している．こうした点からも，「勉強か，人間関係か」という議論に陥るべきではないと考えられる．ここでの溝上（2014）の指摘は，次に示す論点とも関連が深い．

本調査の結果のもう1つの発見は「人間関係の質」に関するものである．この結果は，大学教育において「だれと学ぶのか」という視座を提供するものであると考えられる．近年の大学教育では，「何を学ぶのか」に関連して，「学士力」や「社会人基礎力」などに関する議論がおこなわれた．さらに，これらの力を身に付けるために「どのように学ぶのか」という視点から，アクティブラーニングに関する議論がおこなわれた．

しかし，大学の初年次教育でアクティブラーニングを実施しても，参加者の多様性は限定される．近年，大学教育ではサービスラーニングやPBL（プロジェクト型学習）の導入などがおこなわれており，これらの学習機会は，自分の大学を超え，立場を超えた他者と出会う契機になりうる．学習者が主体になって学ぶという点で共通する教育方法においても，「だれと学ぶのか」という視座を含めることで，それぞれの教育方法の持つ効果と限界が明らかになると考える．その点において，本章の意義があると考えられる．

6.3　実践的示唆

最初に，本章の企業に対する実践的示唆を述べる．本章の成果を踏まえると，企業の組織適応において「大学時代の経験」に着目することは重要である．本章では特に「大学時代の人間関係」に焦点を当てた．

本章の成果は，企業の採用担当者にとって意義のある知見であると考えられる．なぜなら，「人間関係の構築」や「コミュニケーション」に関わることは，採用時に重視される項目だからである．経団連の調査結果を見ると，企業が選考時に重視したものとして「コミュニケーション能力」がもっとも高く，82.6％であった（日本経済団体連合会 2012）．この傾向は近年継続している．本章では，「豊かな人間関係」を重視する人は組織適応をしており，その点においては，採用において「コミュニケーション能力」を重視するこ

とは方向性として間違っていないと考えられる．

　ただし，そこで指すコミュニケーション能力の中身について考える必要がある．組織適応という視点から考え，本章の知見をもとに検討すると「文脈を共有しない異質な他者とコミュニケーションができること」が重要であると考えられる．自分とは所属や立場が異なる人と，積極的に人間関係を構築できることは，入社してからもプロアクティブ行動をおこなうことで，組織適応における不確実性を減少させることができる可能性がある．

　一方で「文脈を共有しない異質な他者とコミュニケーションできること」が重要という知見は，「大学外」の活動だけを重視し，「大学内」における学習経験やつながりを軽視することにはならない．

　舘野（2012）では，社外の勉強会に参加するビジネスパーソンを対象に調査をおこなった．その結果，社外の勉強会に参加している人は，そうでない人に比べて，成長実感だけではなく，組織コミットメントも高かった．つまり，企業におけるハイパフォーマーは，組織の内か外かではなく，組織内に足場を築きながら，外に対する視点を持つことができる人であった．この結果は，ビジネスパーソンを対象にしたものであるため，大学生にそのまま適用できるとは限らない．しかし，今回の結果によって，「大学の外の経験やつながりだけ」を重視するのではなく，「大学の内と外」という両方の視点から検討することが重要であると考えられる．実際に，大学教育研究においても，授業内での学びと授業外での学びを結びつけている学生は，他の学生に比べて成長しているという結果が示されている（河井・溝上 2011）．

　以上の点を踏まえ，実践的な示唆を組織適応の視点から考えると「文脈を共有しない異質な他者とコミュニケーションができること」が重要であり，こうした能力につながる経験をしているかを検討することが大切である．また，「文脈を共有しない異質な他者とコミュニケーションができること」は必ずしも，大学外の活動だけを重視している学生とは限らず，大学内の活動とも連携している人の方が成長している可能性があると考えられる．

　次に，本章が大学教育の実践にどのような示唆ができるのかについて検討する．本章で示した視点は，1) 大学において「豊かな人間関係」を重視することの重要性，2)「異質な他者」とつながることの重要性，という2点

であった.

　大学教育において人間関係を構築する機会とはいかなる場面なのであろうか．谷田川（2012）は，大学生が友達をつくる機会は，初年次がもっとも多いということを示している．そのうえで，大学の授業内で協調学習場面などを取り入れることが，学習に関する深い理解を得るだけではなく，他者とのつながりをつくる機会になりうることを述べている．このようにグループワークを取り入れた授業は，深い理解を得るための機会でありながらも，人間関係を構築する機会としても捉えることができると考えられる．これは単に授業内で「お友達づくり」の機会を設けることが大事だということではない．授業で，新たな人間関係を構築することによって，学びが深まり，大学生活を通して，ともに学び続けていくための他者を得ることができる可能性があるといえる．「勉強が第一か」「人間関係をつくることが第一か」という議論に陥ることなく，「豊かな人間関係を構築し，それにより深い学びを継続的におこなえる」ための学びのデザインをしていく必要があると考えられる.

　本章の結果のもう1つの発見は，異質な他者と出会うことの重要性である．初年次教育等でおこなわれるアクティブラーニングでは，同じ学部の同じ学年の学生とともに授業を受けることが多いと考えられ，異質な他者と出会う機会は少ない．しかし，近年はサービスラーニングなど，自分とは所属も立場も異なる他者と出会い，学ぶ機会が増えてきている（木村・河井 2012，河井・木村 2013 など）．これらの授業は「異質な他者」との接点をつくることができる．もちろん「異質な他者」との接点をつくるだけでは学びにつながらない可能性がある．異質な他者との出会いを，学びにつなげていくためにはどのようなデザインが必要であるかについても今後さらに検討していく必要があるだろう.

6.4　今後の課題

　今後の課題は多くある．1点目は，「人間関係のネットワーク」をどのように捉えるかという点である．今回は「自分の成長に影響を与えた人物」を2名選ぶという方法を用いた．しかし，こうした方法に限らずに，ネットワーク分析などを視野に入れた調査計画をおこなうことで，さらに具体的にど

のような他者とのつながりが重要であるかについて知見を深めることができると考えられる．今後は新たな研究方法論や，社会関係資本に関する議論などとの接続をおこないながら，より精緻な分析や理論化を図っていきたい．

2点目は，「人間関係を構築する能力や行動」に関する点である．本章では，「人間関係を重視すること」や「異質な他者とのつながりを持っていること」による効果について検証した．しかし，「人間関係を構築する能力や行動」について検証できていない．異質な他者とつながっているということは，人間関係を構築する能力や行動を備えている可能性が高いということを示唆している．今後は，こうした行動との関わりや，行動できるのはどのような人なのかという点からさらなる分析をおこなっていく予定である．

3点目は「大学時代の人間関係」と「大学での学び」の関係に関する点である．今回は，「大学時代の人間関係」と「組織適応」に関する関係は分析しているが，「大学での学び」との関連については検討してない．「大学時代の人間関係」と「大学での学び」の関係について分析をおこなうことで「勉強か，人間関係か」という議論を回避することができると考えられる．

本研究は，萌芽的な研究であり，課題は多くある．しかし，今後の企業の採用活動や，大学教育をおこなううえで，重要な視点が浮かび上がったと考えられる．今後はこうした課題を認識ながら，さらなる調査・分析をおこなっていく予定である．

参考文献

浅野智彦（2011）若者の気分：趣味縁からはじまる社会参加．岩波書店．

Ashford, S. J. & Black, J. S.（1996）Proactivity during organizational entry: The role of desire for control. *Journal of Applied Psychology*. Vol. 81 No. 2 pp. 199–214.

Ashforth, B. E.（2012）The role of time in socialization dynamics. Wanberg, C. R.（ed.）*The Oxford handbook of organizational socialization*. Oxford University Press. pp. 161–186.

中央教育審議会（2008）学士課程教育の構築に向けて（答申）（http://www.mext.go.jp/b_menu/shingi/chukyo/chukyo0/toushin/1217067.htm（2013/10/10））．

Higgins, M. C. & Kram, K. E.（2001）Reconceptualizing mentoring at work: A development network perspective. *Academy of Management*. Vol. 26 No. 2 pp. 264–

288.

堀有喜衣（2004）無業の若者のソーシャル・ネットワークの実態と支援の課題．日本労働研究雑誌．No. 533 pp. 38-48.

河井亨・木村充（2013）サービス・ラーニングにおけるリフレクションとラーニング・ブリッジングの役割：立命館大学「地域活性化ボランティア」調査を通じて．日本教育工学会論文誌．Vol. 36 No. 4 pp. 419-428.

河井亨・溝上慎一（2011）実践コミュニティに足場を置いたラーニング・ブリッジング：実践コミュニティと授業を架橋する学生の学習研究．大学教育学会誌．No. 33 Vol. 2 pp. 124-131.

経済産業省（2006）社会人基礎力（http://www.meti.go.jp/policy/kisoryoku/about.htm（2013/10/10））.

木村充・河井亨（2012）サービス・ラーニングにおける学生の経験と学習成果に関する研究：立命館大学「地域活性化ボランティア」を事例として．Vol. 36 No. 3 pp. 227-238.

Miller, V. N. & Jablin, F. M.（1991）Information seeking during organizational entry: Influences, tactics, and a model of the process. *Academy of Management Review*. Vol. 16 No. 1 pp. 92-120.

溝上慎一（2007）アクティブ・ラーニング導入の実践的課題．名古屋高等教育研究．No. 7 pp. 269-287.

溝上慎一（2012）大学生活の重点・授業出席・朝食摂取の観点から．全国大学生活協同組合連合会広報調査部（編）バブル崩壊後の学生の変容と現代学生像．「学生生活実態調査をはじめとした調査分析」報告書．pp. 18-31.

溝上慎一（2014）自己−他者の構造から見た越境の説明：社会的な他者性を統合して発展する．田島充士・富田英司（編）大学教育：越境の説明をはぐくむ心理学．ナカニシヤ出版．（近刊）

文部科学省（2012）資料7 高校教育及び大学教育との接続の現状（http://www.mext.go.jp/b_menu/shingi/chukyo/chukyo12/shiryo/attach/1326457.htm）.

中原淳（2010）職場学習論：仕事の学びを科学する．東京大学出版会．

日本経済団体連合会（2012）新卒採用（2012年4月入社対象）に関するアンケート調査結果（http://www.keidanren.or.jp/policy/2012/058_kekka.pdf（2013/10/11））.

小川憲彦（2012）組織社会化戦術とプロアクティブ行動の相対的影響力：入社1年目従業員の縦断的データからドミナンス分析を用いて．法政大学イノベーション・マネジメント研究センター．Working paper series. No. 121.

小樽商科大学キャリア教育開発チーム・キャリアバンク（編）（2008）大学ノムコウ（自分と仕事を考えるヒント）．日本経済評論社．

齋藤純一（2000）公共性（思考のフロンティア）．岩波書店．

下村英雄・堀洋元（2004）大学生の就職活動における情報探索行動：情報源の影響に関する検討．社会心理学研究．Vol. 20 No. 2 pp. 93-105.

高橋弘司（1993）組織社会化研究をめぐる諸問題：研究レビュー．経営行動科学．Vol. 8 No. 1 pp. 1-22.

舘野泰一（2012）職場を越境するビジネスパーソンに関する研究：社外の勉強会に参加しているビジネスパーソンはどのような人なのか．中原淳（編）職場学習の探究：企業人の成長を考える実証研究．生産性出版．pp. 281-312.

梅崎修・田澤実・八幡成美・下村英雄（2013）人間関係の構築と進路意識：高校に対するキャリア意識調査．梅崎修・田澤実（編）大学生の学びとキャリア：入学前から卒業後までの継続調査．法政大学出版局．pp. 101-115.

Van Maanen, J.（1976）Breaking in: A consideration of organizational socialization. Dubin, R.（ed.）*Handbook of work, organization and society*. Rand-MacNally.

山田剛史（2012）現代学生の「移動」問題：在学中に進路希望を希望する学生の実態と背景．第2回大学生の学習・生活実態調査報告書．ベネッセ教育総合研究所．pp. 20-21.

谷田川ルミ（2012）現代の大学生の人間関係：「先生」「友だち」の存在が大学への着地を促す．第2回大学生の学習・生活実態調査報告書．ベネッセ教育総合研究所．pp. 22-23.

第7章 初期キャリア以降の探究：「大学時代のキャリア見通し」と「企業におけるキャリアとパフォーマンス」を中心に

保田江美・溝上慎一

1 はじめに

　本章の目的は，大学1，2年生時の「将来の見通し」が，大学時代の過ごし方や学習，その後の企業での躍進にどのように影響しているかを検討することである．

　昨今の経営環境の激しい変化やグローバル化により企業の競争相手が拡大していることで，これまで以上に企業経営は厳しい状況に見舞われている．雇用に関しても改善の兆しが見えず，新卒採用者の厳選採用も続いている．2013年卒の大卒求人倍率調査（大学生・大学院生を対象）の結果によると，大卒求人倍率は1.27倍と前年の1.23倍から上昇を示した（株式会社リクルートワークス研究所 2012）．2008年卒以来5年ぶりの上昇となったが，上昇はわずかであり，依然として厳しい状況が続いていることには変わりがない．そして，厳しい経営状況は，厳選採用した人材への育成コストも減少させ，企業は即戦力となりうる優秀な人材を求めるようになっている．

　一方，1990年代以降，大学の定員拡大や少子化の影響により，大学進学率が増加し，大学全入時代が到来した．これに伴い，企業からは大学生の質の低下が指摘されるようになった．2013年卒マイナビ企業新卒内定状況調査（株式会社マイナビ 2012）によると，調査対象となった1969社のうち，採用活動が前年よりもしくは前年並みに厳しかったと回答した企業が8割を超え，その理由として学生の質の低下と回答する企業が48.9％と最も多かった．つまり，即戦力となりうる人材への需要と実際の学生の質との間に乖離が起きているのである．企業にとっては優秀な人材をいかに発掘し，その後の研修やOJTを通して企業経営に資する能力を発揮できる人材へと育成

していくかということが大きな課題となっている．では，現在，躍進している企業人は，どのように現在に至ったのであろうか．大学時代にどのように学び，成長してきたのであろうか．

後述するが，大学生の研究においては，将来への見通しを持っているかどうかが学習や成長に大きな影響を及ぼしていることがすでに明らかになっている．本章では，大学1，2年生時の将来の見通しの有無が大学時代の過ごし方や学習態度，大学生活の充実に影響を与え，さらには組織参入後の初期キャリアでの組織社会化，現在の仕事のパフォーマンスや個人の革新的な行動に影響を与えている，というモデルを想定し，検証，考察していく．「大学1，2年生時の見通しとその理解実行」「大学生活の過ごし方タイプ」「主体的な学修態度」「大学生活充実度」「組織社会化」「能力向上」「革新行動」を分析指標とし，大学時代の将来の見通しと大学生活，企業でのキャリアやパフォーマンスの関連を考察することで，大学教育を受け，企業で躍進しうる人材について探究していきたい．

2 大学生の学びと成長

1991年の大学設置基準の大網化以後，18歳人口の減少も相まって大学教育の現場は急激に変化を遂げてきた．溝上（2012）は近年の大学教育改革の特徴として，大学や教員が何を教えるかではなくて，学生が何を学びどのように成長するかという「学生の学びと成長（Student learning and development）」の観点から教育改善やFD（ファカルティ・ディベロップメント）をおこなおうとしていることを挙げている．学生時代をどのように過ごし，何を学び成長したかということは，就職活動のみならず，その後のキャリアにとっても重要であると考えられている．

溝上（2009a，2009b）は学生の学習・大学生活・キャリア意識に焦点を当てた研究のなかで，授業での学習だけではなく授業外学習をもおこなっていること，「よく学び，よく遊ぶ」かたちで大学生活を過ごしていること，キャリア意識が高いことが学生の成長実感につながることを明らかにしている．全国の4年制大学，医療系6年制大学に通う1年生・3年生を対象に実施さ

れた調査結果（京都大学高等教育研究開発推進センター・財団法人電通育英会 2011）などから考えると，学生の成長を促す観点は3つあるのではないかと考えられている．すなわち，1）大学生活における1週間の過ごし方（以後，1週間の過ごし方とする），2）学習，3）2つのライフ（キャリア意識）である．本節では，上述の「大学生のキャリア意識調査 2010」のデータをもとに，この3点について述べていくことで，大学生の成長の特徴について捉えていく．

2.1　1週間の過ごし方

　図1は，1週間の過ごし方から大学生活タイプを算出したものである．大学生活タイプは，学習や生活など1週間の過ごし方に関する調査の17項目を因子分析によって3因子（「自主学習」「1人の娯楽活動」「課外活動・対人関係」）に整理し，その因子得点からクラスタ分析によって見出したものである（クラスタを「大学生活タイプ」と置き換えて呼ぶこととする）．調査17項目のなかには，「大学で授業や実験に参加する」や「授業に関する勉強（予習や復習・宿題・課題など）をする」といった授業に関連する学習項目，「家庭教師や塾の講師のアルバイトをする」「家庭教師や塾の講師以外のアルバイトをする」といったアルバイト項目もあったが，ここで使用した3因子には高く負荷せず分析からは除外している．

　図1からは，最も多い大学生活タイプがタイプ2で，「自主学習」「1人の娯楽活動」「課外活動・対人関係」の変数では特徴を見出せない学生群であることが分かる．この学生群が全体の46.5％を占め，最も高い割合を示す．このタイプの学生はアルバイトばかりしているのではないかと思われがちである．しかし，昨今アルバイトは，多くの学生がおこなっており，アルバイトをよくしているのはタイプ4，次いでタイプ3であり，タイプ2のアルバイト平均時間数は4タイプのなかで最も短い（京都大学高等教育研究開発推進センター・財団法人電通育英会 2011）．また，授業学習の時間も他のタイプと同程度であり，結局授業やアルバイト以外何をやっているかうまくつかめない学生と理解される．次に多いのはタイプ1で，全体の26.9％を占める．「1人の娯楽活動」「自主学習」をよくおこなっているが，「課外活動・対人

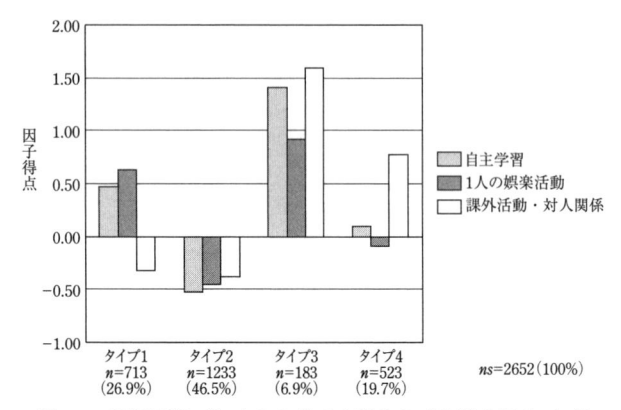

図1　1週間の過ごし方から見る大学生の「大学生活タイプ」

*データは，京都大学高等教育研究開発推進センター・財団法人電通育英会共催『大学生のキャリア意識調査2010』のデータを用いて分析したものである．同様の分析は，溝上（2009b），http://www.dentsu-ikueikai.or.jp/research/report/ での結果レポートでも示しているが，ここでの結果は下記の注***に基づく再分析のものである．詳しい調査項目は同ウェブサイトをご覧いただきたい．

**調査は2010年11月にインターネットリサーチ（マクロミル）により実施．回答者は全国の大学1・3年生2652名（1年生1328名，3年生1324名，男性1090名，女性1562名）．

***質問項目は，1週間の過ごし方を表す17活動項目について，1週間の平均的な活動時間を8段階評定（1：全然ない　2：1時間未満　3：1-2時間　4：3-5時間　5：6-10時間　6：11-15時間　7：16-20時間　8：21時間以上）で求めた．分析は，17項目の因子分析（最尤法，Promax回転）の結果，他の調査データも考慮して比較的安定して高く負荷する3因子とその項目のみを用いて因子得点を算出しておこなっている．それぞれの因子に高く負荷する項目は以下のとおりである．図は，これらの3つの変数の得点をもとに階層クラスタ分析（Ward法）をおこない，デンドログラムの結果より4クラスタ（大学生活タイプ）を抽出したものである．

- 自主学習（"勉強のための本（新書や専門書など）を読む""授業とは関係のない勉強を自主的にする""新聞を読む"）
- 1人の娯楽活動（"インターネットサーフィンをする""ゲーム（ゲーム機・コンピュータゲーム・オンラインゲーム）をする""テレビをみている""マンガや雑誌を読む"）
- 課外活動・対人関係（"クラブ・サークル活動をする""コンパや懇親会などに参加する""同性の友達と交際する"）

関係」はあまりおこなっていない学生群である．タイプ4（全体の19.7%）は，「課外活動・対人関係」に多くの時間を費やしている点に特徴があり，「時間的に」という条件つきではあるが，活動や関係性が豊かな学生群だと理解できる．最後に，タイプ3は「自主学習」「1人の娯楽活動」「課外活動・対人関係」すべてにおいて得点が高く，多活動の学生群だといえる．全体に占める割合は6.9%と最も少ない．

第 7 章 初期キャリア以降の探究 143

a.授業で身につけた知識・能力

大学生活タイプ
- ◆ タイプ1
- ■ タイプ2
- ▲ タイプ3
- ✳ タイプ4

b.授業外で身につけた知識・能力

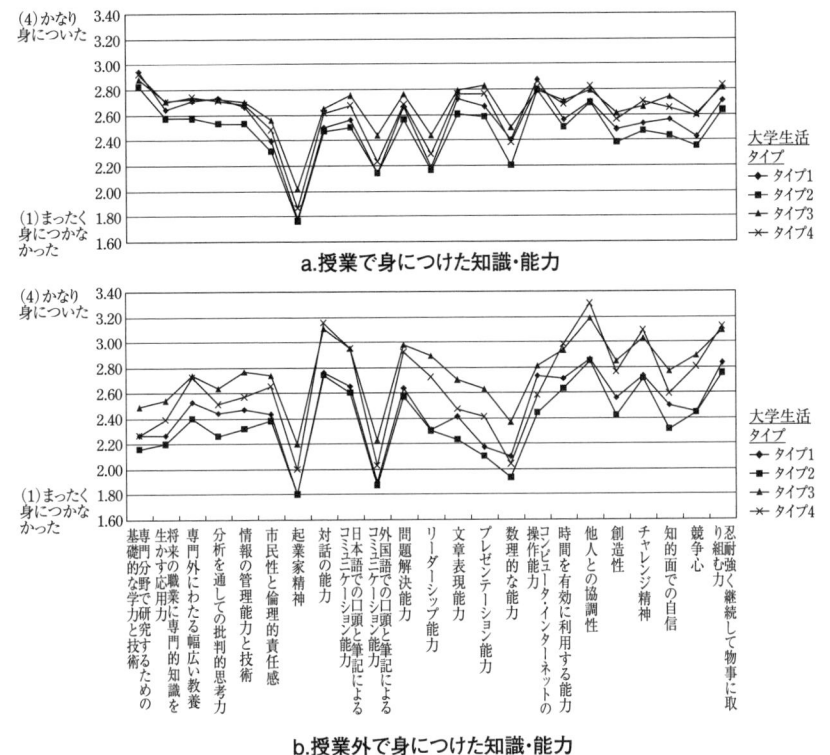

大学生活タイプ
- ◆ タイプ1
- ■ タイプ2
- ▲ タイプ3
- ✳ タイプ4

横軸項目：専門分野で研究するための基礎的な学力と技術／将来の職業に生かす応用力／専門外にわたる幅広い教養／分析を通しての批判的思考力／情報の管理能力と技術／市民性と倫理の責任感／起業家精神／対話の能力／日本語での口頭と筆記によるコミュニケーション能力／外国語での口頭と筆記によるコミュニケーション能力／問題解決能力／リーダーシップ能力／文章表現能力／プレゼンテーション能力／数理的な能力／コンピュータ・インターネットの操作能力／時間を有効に利用する能力／他人との協調性／創造性／知的面での自信／チャレンジ精神／競争心／忍耐強く継続して物事に取り組む力

図2 大学生活タイプ別に見た知識・能力の獲得

＊データは図1に同じ.

ここで，学生の成長指標の1つである知識・能力の獲得（たとえば「1）専門分野で研究するための基礎的な学力と技術」や「3）専門外にわたる幅広い教養」「9）日本語での口頭と筆記によるコミュニケーション能力」「14）プレゼンテーション能力」などの項目に対して，「かなり身についた（4点）」〜「まったく身につかなかった（1点）」の程度を尋ねる質問）との関連を見てみる（図2を参照）．この質問は自己評定によるものであるため，客観的に見てどの程度専門や教養の知識，あるいはコミュニケーション力などが身についたかを問うことはできない．しかし，これらで高い得点（より「身についた」と答えること）を示すことは，少なくとも知識や能力の獲得を個人が実感していることを表しているとは言える．

このような観点をふまえて，大学生活タイプと知識・能力の獲得との関連を見ると，大学生活4タイプのなかで比較的高得点を示すのはタイプ3とタイプ4である．どちらかといえば，タイプ3の方が得点の高い項目は多い．タイプ2はほぼすべての項目において低得点である．タイプ1は，どちらかといえば，タイプ3・4とタイプ2の間に位置する項目が多い．以上の結果から，得点の違いに大きな影響を及ぼしていると考えられるのは，「課外活動・対人関係」に費やす時間が長いか否かであると考えられる．タイプ1のように，たとえ「自主学習」に費やす時間が長くとも，「課外活動・対人関係」に費やす時間が短いと，知識・能力の獲得は低くなる．タイプ4のように，たとえ「自主学習」に費やす時間が短くても，「課外活動・対人関係」に費やす時間が長いと，知識・能力の獲得は高くなる．なお，タイプ1はタイプ4より「自主学習」に費やす時間が長い学生群であるにもかかわらず，図2の結果で，授業で身につけた「1) 専門分野で研究するための基礎的な学力と技術」や「3) 専門外にわたる幅広い教養」の得点（図2の上段）で高い得点を示しているのはタイプ4の方である．この結果は，図1の1週間の過ごし方の因子が，すでに述べたように，もともと17項目のなかには含まれていた「大学で授業や実験に参加する」「授業に関する勉強（予習や復習・宿題・課題など）をする」の項目を因子抽出の過程で除外しているためと考えられる．タイプ4はここで扱った「自主学習」に費やす時間が短いが，少なくとも「大学で授業や実験に参加する」に費やす時間はタイプ1，あるいはタイプ3と同程度に長いことも分かっている．

2.2 学習

図3に，上述の1週間の過ごし方の項目のなかから学習に関する3項目――「大学で授業や実験に参加する（授業学習）」，「授業に関する勉強（予習や復習，宿題・課題など）をする（授業外学習）」，「授業とは関係のない勉強を自主的にする（自主学習）」――を抽出して，学習タイプをクラスタ分析によって算出したものを示す．この3項目のうち授業学習と授業外学習の2項目は，上述の1週間の過ごし方における因子分析では除外されている．ここでは，学習だけに特化したタイプをつくり，学習タイプで見たときの知

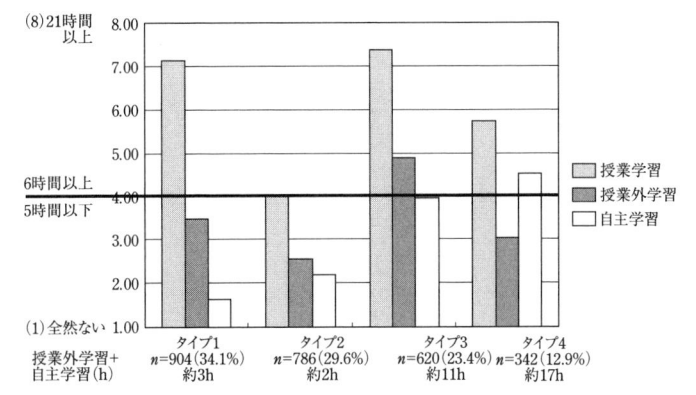

図3 1週間の学習時間（授業・授業外・自主学習）から見る大学生の「学習タイプ」

*データは図1に同じ.
**分析には，図1の質問のなかの3項目「大学で授業や実験に参加する」（授業学習），「授業に関する勉強（予習や復習，宿題・課題など）をする」（授業外学習），「授業とは関係のない勉強を自主的にする」（自主学習）を使用している．図は，これらの3つの変数の得点をもとに階層クラスタ分析（Ward法）をおこない，デンドログラムの結果より4クラスタ（学習タイプ）を抽出したものである．

識・技能の獲得の具合を分析していく．

図3では，最も割合の高い学習タイプはタイプ1（主として授業学習のみ）の34.1%であり，次いでタイプ2（いずれの学習も弱い）の29.6%である．図3では週に5時間以下・6時間以上の基準で横線を引いているが（この5時間という基準は1日に1時間×週5日の学習をした時間である），両タイプの授業外学習，自主学習時間数はこの線を越えていない．タイプ1・タイプ2を合算すると63.7%になり，日本の大学生が授業外学習，自主学習をいかにおこなっていないかという現状が分かる．なお，この基準を越えているのはタイプ3（授業外学習・自主学習の総時間は約11時間）とタイプ4（授業外学習・自主学習の総時間は約17時間）であり，その該当率はそれぞれ23.4%，12.9%である．

次に，学習タイプと知識・能力の獲得との関連を見ると（図4を参照），授業で身につけたもの（図4上段）では，ほぼすべての項目においてタイプ3（主として授業学習と授業外学習をおこなっている）が高得点を示し，次いでタイプ4（主として授業学習と自主学習をおこなっている）が比較的高い得点を示し

a. 授業で身につけた知識・能力

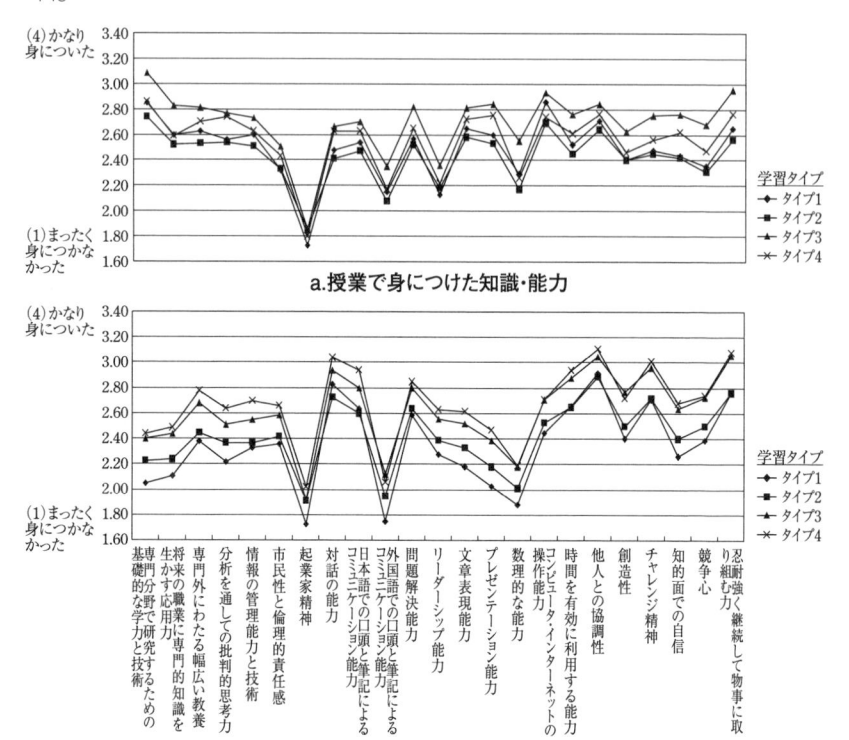

b. 授業外で身につけた知識・能力

図4　学習タイプ別に見た知識・能力の獲得

＊データは図1に，知識・能力の獲得項目は図2に同じ．

ている．授業外で身につけたもの（図4下段）では，ほぼすべての項目においてタイプ4が高得点を示し，次いでタイプ3が高得点を示している．いずれの学習も弱いタイプ2はもちろんのこと，主として授業学習しかおこなわないタイプ1は，授業・授業外で身につける知識・能力の得点が低い．総じて，授業学習だけでなく，授業外学習・自主学習をもバランスよく学習することが，知識・能力の獲得において重要であることが理解される．

2.3　2つのライフ（キャリア意識）

キャリア意識が高いこととは，単に将来の見通しを持つことだけを指すのではなく，日常の生活世界のなかで行動に移し，何かしら将来の実現に向け

て努力している状態までをあわせて指す（溝上 2012）．さらに，溝上（2009b）は，この将来の見通しとその理解・実行を Future life と Present life の実現という意味で「2つのライフ（Two lives）」と呼んでいる．大学生のキャリア意識調査（京都大学高等教育研究開発推進センター・財団法人 電通育英会 2011）では，「あなたは，自分の将来についての見通し（将来こういう風でありたい）を持っていますか」という問いに，1）持っている，2）持っていない，のいずれかを選択させ，次いで，「1）持っている」と回答した学生には，「あなたはその見通しの実現に向かって，今自分が何をすべきなのか分かっていますか．またそれを実行していますか」という問いを重ねて尋ねる．回答は，1）何をすべきか分かっているし，実行もしている（理解実行），2）何をすべきかは分かっているが，実行はできていない（理解不実行），3）何をすべきかはまだ分からない（不理解），の3件法で求めている．前者が将来の生活（設計）（Future life）について問うものであり，後者はそれに対する現在の生活（Present life）について問うものである．「2つのライフ（Two lives）」とは，この2種類の生活を合わせたものとして概念設定されている．学生は，図5の注に示すように，この2つの回答の組み合わせから，「見通しあり・理解実行」「見通しあり・理解不実行」「見通しあり・不理解」「見通しなし」のいずれかのステイタスに分類される．

　図5の結果を通して見えてくる興味深い結果は，将来の見通しを持つだけならば7割近くの学生が「持っている」と回答するが（全体：理解実行＋理解不実行＋不理解＝72.7%），それを日々の生活につなげて何かしら努力できているかまでを問うと，該当率は26.2%（見通しあり・理解実行）まで落ちることである．頭のなかで将来を思い描くだけの者とその実現に向けて行動につなげる者と，これだけ分かれるということである．キャリア意識は一般的には，将来の見通し（将来設計）といった認知的なものだけに焦点を当てて理解されることが多いが，ここではその将来に対する真剣さを加えて見るべく，現在の生活も重ねて問うという形式をとっている．

　次に，2つのライフのステイタスと知識・能力の獲得との関連を見ると（図6参照），授業・授業外で身につけたもののかなり多くの項目について，見通しあり・理解実行が高得点を示し，見通しなしが低得点を示している．

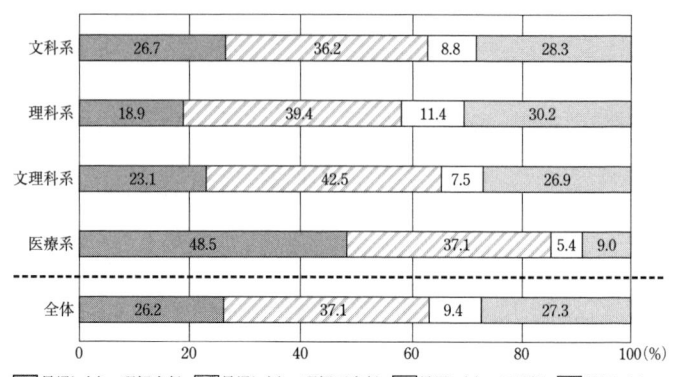

図5 将来の見通しと理解実行から見る2つのライフ

	見通しあり・理解実行	見通しあり・理解不実行	見通しあり・不理解	見通しなし
文科系	26.7	36.2	8.8	28.3
理科系	18.9	39.4	11.4	30.2
文理科系	23.1	42.5	7.5	26.9
医療系	48.5	37.1	5.4	9.0
全体	26.2	37.1	9.4	27.3

*データは図1に同じ．
**質問項目は，(Q1)「あなたは，自分の将来についての見通し（将来こういう風でありたい）を持っていますか」に対して1）持っている（見通しあり），2）持っていない（見通しなし）のどちらかに評定を求める．次いで，Q1に「1」と回答した者のみ，(Q2)「あなたは，その見通しの実現に向かって，今自分が何をすべきなのか分かっていますか．またそれを実行していますか．最もあてはまるものを1つお知らせください」に対して，1）何をすべきか分かっているし，実行もしている（理解実行），2）何をすべきかは分かっているが，実行はできていない（理解不実行），3）何をすべきかはまだ分からない（不理解）のいずれかに評定を求める．図はQ1，Q2の回答を組み合わせて作成した2つのライフのステイタスの割合を，専門分野別，全体で示したものである．

　見通しありの理解不実行，不理解は，両者の中間に位置している．どちらかといえば，理解不実行の者の得点が若干高い傾向にあるが，両者の得点差はあまりないといえる．見通しがあって理解不実行の者と不理解の者との差は，知識・能力の獲得においてほとんどないという結果は興味深い．以上より，将来の見通しを持ちその実現に向けて行動することが，知識・能力の獲得において重要であることが理解される．

　図7は，2つのライフと学習意欲との関連を示したものである．「見通しあり・理解実行」の者が学習意欲が高く，積極的に学習していることがうかがえる．また，図8は，2つのライフと1週間の過ごし方（自主学習，1人の娯楽活動，課外活動・対人関係）との関連を示したものである．「見通しあり・理解実行」の者は自主学習の得点が高いという結果が得られた．これらの結果からも，将来の見通しとその理解実行という2つのライフが学習と高い関連を示すことが明らかである．

a. 授業で身につけた知識・能力

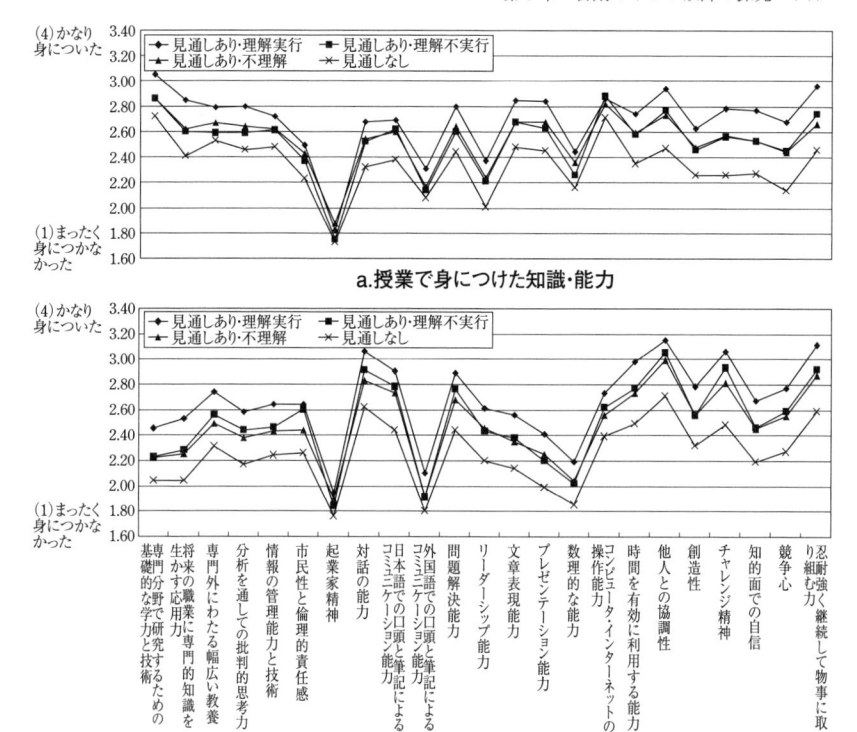

b. 授業外で身につけた知識・能力

図6　2つのライフのステイタス別に見た知識・能力の獲得

＊データは図1に同じ．知識・能力の獲得の項目は図2に同じ．

　また，この2つのライフは大学の4年間で変わりにくいという結果も示されている．2つのライフの4年間のパターンと1年生のときとの関係を見たものが図9である．1年生のときに「見通しあり・理解実行」だった者の66.7％が，4年生になっての振り返りでも「4年間より理解実行」となっている．逆に，1年生のときに「見通しなし」だった者の47.4％は，4年生になっての振り返りにおいて「4年間より見通しなし」となっている．ここから，2つのライフは，1年生から4年生にかけて変化しにくいものであるということが考えられる．図10に示されるように，「見通しあり・理解実行」「見通しあり・理解不実行」の者の多くは，「見通しなし」の者と比較して，中学生以前から，あるいは高校1・2年生頃から将来のことを考え始

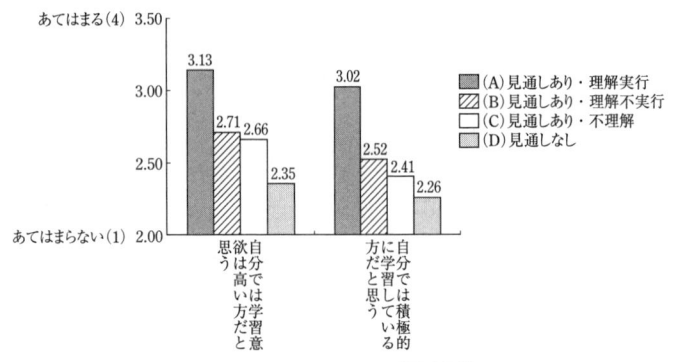

図7 2つのライフ×学習意欲

*京都大学高等教育研究開発推進センター・財団法人電通育英会共催『大学生のキャリア意識調査2007』のデータを用いて分析したものである．調査は2007年11月にインターネットリサーチ（電通リサーチ）により実施．回答者は全国の大学1・3年生2013名（1年生988名，3年生1025名，男性1075名，女性938名）．結果レポートは http://www.dentsu-ikueikai.or.jp/research/report/ を参照．

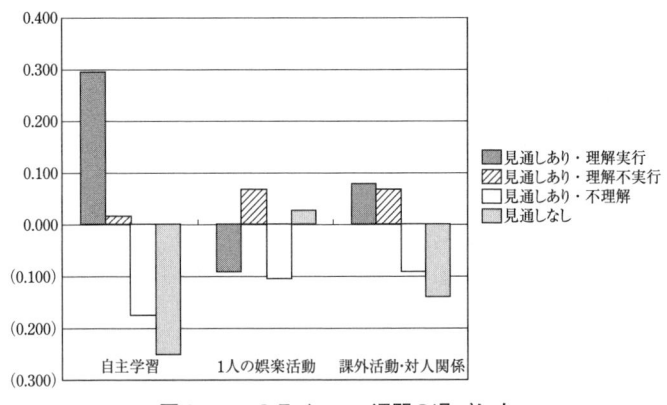

図8 2つのライフ×1週間の過ごし方

*データは図7に同じ．
**1週間の過ごし方の3つの変数（自主学習，1人の娯楽活動，課外活動・対人関係）については，図1の注を参照．

たと回答する結果も得られている．

2.4 「1週間の過ごし方」「学習」「2つのライフ」を用いた重回帰分析

最後に，これら3つの変数を同時に見たときに，知識・能力の獲得にどの変数がどの程度影響を及ぼすのかを見ておく．ここでは，できるだけ単純

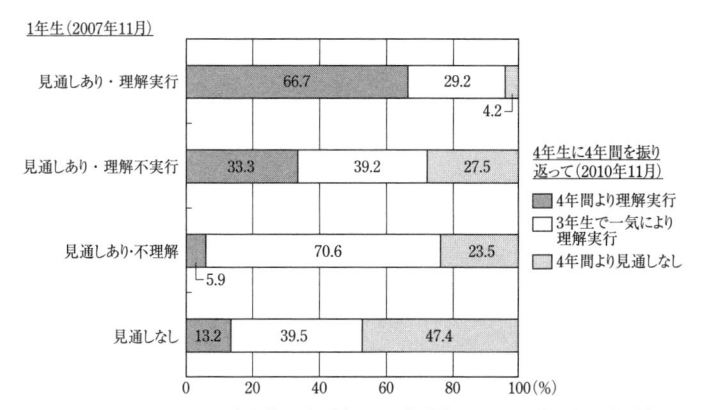

図9 2つのライフ（大学1年生）×4年間振り返り（大学4年生）

1年生（2007年11月）

- 見通しあり・理解実行: 66.7 / 29.2 / 4.2
- 見通しあり・理解不実行: 33.3 / 39.2 / 27.5
- 見通しあり・不理解: 5.9 / 70.6 / 23.5
- 見通しなし: 13.2 / 39.5 / 47.4

4年生に4年間を振り返って（2010年11月）
- ■ 4年間より理解実行
- □ 3年生で一気により理解実行
- ▨ 4年間より見通しなし

*データは図7の2007年に大学1年生だった者を、4年生（2010年）まで追跡して得たものである．
**詳しくはhttp://www.dentsu-ikueikai.or.jp/research/report/の『大学生のキャリア意識調査2010』の結果報告書-3の図29（p.78）を参照．

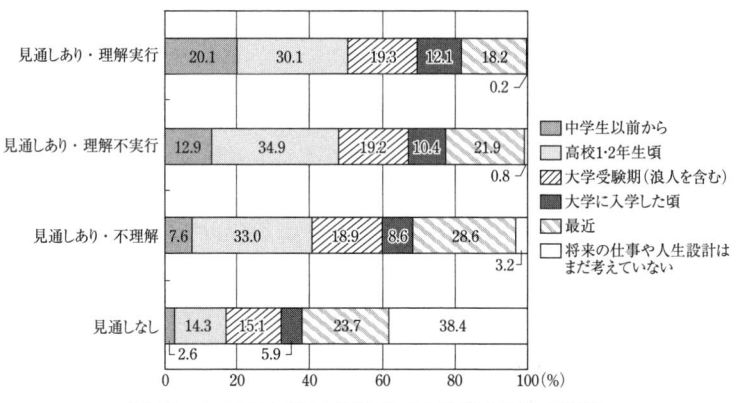

図10 2つのライフ×将来のことを考え始めた時期

- 見通しあり・理解実行: 20.1 / 30.1 / 19.3 / 12.1 / 18.2 / 0.2
- 見通しあり・理解不実行: 12.9 / 34.9 / 19.2 / 10.4 / 21.9 / 0.8
- 見通しあり・不理解: 7.6 / 33.0 / 18.9 / 8.6 / 28.6 / 3.2
- 見通しなし: 14.3 / 15.1 / 2.6 / 5.9 / 23.7 / 38.4

凡例：
- 中学生以前から
- 高校1・2年生頃
- 大学受験期（浪人を含む）
- 大学に入学した頃
- 最近
- 将来の仕事や人生設計はまだ考えていない

*データは図7に同じ．
**質問は「あなたは，現在考える将来の仕事や人生設計を，いつ頃から考え始めましたか．あてはまるものを1つお知らせください」である．

に3つの変数の効果を見るため，授業・授業外で身につける知識・能力の獲得の項目はそれぞれ「知識能力（授業）」（$\alpha=.900$），「知識能力（授業外）」（$\alpha=.930$）と合成得点としてまとめたものを使用する．そのうえで，大学生活タイプに用いた3つの因子「自主学習」「1人の娯楽活動」「課外活動・対人関係」，学習時間項目「授業学習時間」「授業外学習時間」「自主学習時間」，

表1　知識・能力の獲得を目的変数とした重回帰分析の結果

説明変数	従属変数	
	知識能力（授業）	知識能力（授業外）
大学生活1：自主学習	.153 ***	.189 ***
大学生活2：1人の娯楽活動	－.071 ***	－.125 ***
大学生活3：課外活動・対人関係	.096 ***	.236 ***
授業学習時間	.044 *	－.008
授業外学習時間	.194 ***	.018
自主学習時間	－.071 **	.066 *
2つのライフ*	.215 ***	.206 ***
調整済み R^2	.154	.208

*表中の「大学生活1：自主学習」から「2つのライフ」までの数字は標準偏回帰係数（β）である．**2つのライフはカテゴリーデータであるが，図6のような見通しあり・理解実行が最も得点が高く，見通しなしが最も得点が低い，見通しあり・理解不実行，見通しあり・不理解は両者の間の得点を示す，といった結果が，さまざまなデータから一貫して得られているので，ここでは（3）見通しあり・理解実行，（2）見通しあり・理解不実行，（2）見通しあり・不理解，（1）見通しなし，と再コード化をおこなった．

2つのライフ（コード変換をおこなったもの，表1の注を参照）を説明変数，「知識能力（授業）」「知識能力（授業外）」を従属変数とした重回帰分析をおこなった．結果を表1に示す．なお，「自主学習時間」と「大学生活1：自主学習」は項目が重複し，多重共線性の問題が生じると懸念されたが，分析の結果，多重共線性はそれほど問題にはなっていなかったので，そのまま分析を続けた．

結果を見ると，「知識能力（授業）」に最も影響を及ぼしていたのは「2つのライフ」（β=.215）であり，次いで，「授業外学習時間」（β=.194），「大学生活1：自主学習」（β=.153）であった．他方で，「知識能力（授業外）」に最も影響を及ぼしていたのは「大学生活3：課外活動・対人関係」（β=.236）であり，次いで，「2つのライフ」（β=.206），「大学生活1：自主学習」（β=.189）であった．これらの結果は，授業・授業外にかかわらず，知識・能力の獲得に「2つのライフ」（キャリア意識），「自主学習」がかなり影響していること，この他に，授業で身につける知識・能力には「授業外学習」が，授業外で身につける知識・能力には「課外活動・対人関係」が固有に影響していることを示唆している．授業・授業外ともに知識・能力の獲得に，「自主学習時間」ではなく「大学生活1：自主学習」が影響していたことから，

単なる自主学習ではなく，それに本や新聞を読むといったことも含めた「大学生活1：自主学習」の方が知識・能力の獲得にはより重要であるだろうと考えられる．

　本節で明らかになった大学生の成長の特徴は，課外活動や他者との交流に費やす時間が長い学生の方が，知識や能力を獲得しやすいということ，授業学習だけでなく，授業外学習・自主学習をもあわせてバランスよく学習することが，知識・能力の獲得において重要であるということである．また，将来の見通しを持ち，その実現に向けて行動することが，知識・能力の獲得において重要であり，将来の見通しとその理解実行という2つのライフが学習と高い関連を示すということである．さらにこの2つのライフは，大学1年生から4年生にかけて変化しにくく，将来への見通しを持ち，かつ理解実行している者，将来の見通しを持っており，理解はしているが実行には至っていない者の多くが，見通しを持たない者に比べて中学生以前から，あるいは高校1・2年生頃から将来のことを考え始めているということである．

3　大学生活と組織での活躍

　ここまで，大学生の学習や成長の特徴を見てきた．ここからは大学生活とその先の企業におけるキャリアやパフォーマンスとの関連を先行研究から概観していきたい．

3.1　大学生活と就職，その後のキャリア

　松高（2008）は，ある大学の学生を対象とし，入学時と4年次にパネル調査を実施し得た1345名のデータから，「大学での勉強」への取り組みが内定状況を規定しているということを明らかにしている．そのうえで，大学生活に対して前向きな取り組みをしてきたのであれば，就職に対しても前向きに取り組んだことが予想され，充実した大学生活を送った学生群が内定に正の影響を持っていると考えられるということを示唆している（松高 2008）．つまり，大学での勉強への取り組みが大学生活を充実させ，それが就職にも影響しているということがうかがえるのである．

また，大学生活とその後のキャリアに関する矢野（2005）の研究では，工学部卒業生を対象におこなったアンケート調査結果から，「大学時代の学習熱心度」から「現在の地位」に対して，直接的な影響は見られないものの，間接的には「現在の地位」を向上させる効果があるということが明らかになっている．しかし，大学時代の学習への取り組み方や過ごし方がその後のキャリアにどのように影響するかということに関する研究は非常に少ないといえる．

3.2　組織社会化プロセスから見た大学生と企業の継続

第2章で詳述したように，組織社会化研究では，すでに，新卒採用者の組織適応を促す要因を特定する多くの研究蓄積がある．Ashforth et al. (2007)はそれまでの組織社会化研究を包括的にレビューし，組織の提供する「社会化戦術」が，「新人の能動性（新人が組織参入当初発揮する能動的な情報探索行動）」と交互に作用しながら，「社会化内容の獲得（新人の学習）」につながるという，組織社会化の統合モデルを提示している．

ここでいう「社会化戦術」とは，組織から個人への働きかけで，組織が個人の組織社会化の促進，達成を目指しておこなう施策のことをいい，研修などがそれにあたる．「新人の能動性」とは，新人が自分の職場環境において不確実性を減らそうとする自己のイニシアチブによる積極的なステップのことをいい（Ashford & Black 1996），社会化戦術からも影響を受ける．「社会化内容」は新人の学習のことで，社会化戦術や新人の能動性を通じて，新人が学ぶ内容のことをいい，この学習を経て新人は組織に適応していく．

この段階モデルには，4つのステージがあるといわれている（Ashforth, Sluss & Harrison 2007, Ashforth, Myers & Sluss 2012）．1つ目は，予期的社会化の段階である．これは，入社前の時期にあたり，個人が仕事についての期待を形成したり職業について決定する段階である．2つ目は，接触の段階である．新人が実際に組織のメンバーになり，彼らが期待していたことと現実との差に直面する，いわゆるリアリティショックを体験する段階である．3つ目は，適応の段階で，新人は組織内の人間関係に溶け込み，自己イメージも変わり始め，組織の一員となる．最後が安定の段階である．これは，新人が

組織の真のメンバーとなる段階である.

　第2章で概観したとおり,大学生が就職活動をし,内定をもらう組織参入前の時期は,段階モデルにおける予期的社会化にあたるといえる.予期的社会化の段階は,個人のキャリア形成において重要な時期であると指摘されている (Van Maanen 1976, Chao 1988).Chao (1988) は,この時期における社会化経験が新人の組織生活への適応,不適応に影響を与える大きな要因であるとしている.この段階において,企業は社会化戦術として採用活動やインターンシップなどを実施する.また,個人においてはただその社会化戦術を受け入れるだけの存在ではない.自らもまた,人間関係の構築に励んだり,必要な情報を収集したり,環境を解釈したりすることで,組織環境への適応に向けて主体的な役割を発揮する (小川 2012).竹内・竹内 (2009) は,入社前の自己理解に基づくキャリア探索行動が入社後の組織適応を促進することを明らかにしている.職業経験のない新規学卒者は自己に対する情報が不足しているため,自分の特徴や職業への興味について情報探索することがキャリア選択上重要な意味を持つとし,情報探索行動が不十分な場合には組織適応に影響することを示唆した (竹内・竹内 2009).つまり,自己を理解し,見通しを持ったうえで主体的に行動することが組織社会化を促進すると考えられる.

3.3　企業での躍進

　では,組織社会化し,初期キャリアを終えたビジネスパーソンにとって企業で躍進するとはどのようなことであろうか.独立行政法人労働政策研究・研修機構が2011年に実施した「入職初期のキャリア形成と世代間コミュニケーションに関する調査」(2012) では,新規学卒者の採用においてこれまで重視してきたこととして,「仕事に対する熱意があること」(77.0％) を挙げる企業が最も多く,次いで「業務に役立つ専門知識や技能,経験があること」(68.1％) となっている.これに対し,新規学卒者の採用において今後重視することとしては,「コミュニケーション能力が高いこと」(69.0％),「仕事に熱意があること」(66.9％) に次いで,「チャレンジ精神があること」(60.4％) を挙げる企業の割合が多くなっている.さらに,同調査において,

入職初期のキャリア形成における問題として,「指示されたことはできるが, 自ら考え行動することができない」(65.5%)ということが一番に挙げられている. また, 独立行政法人労働政策研究・研修機構が2013年に全国の従業員30人以上の企業2万社を対象に実施した「構造変化の中での企業経営と人材のあり方に関する調査」(有効回収数2783社 (13.9%))(2013) では, 正社員に求める能力として,「事業や戦略の企画・立案力」「新たな付加価値の創造力」などのポイントが上昇している. 時代の変化が激しい状況のなかで, 企業にはその変化を敏感に捉え, 変革を図っていくことが求められ, そこに所属する個人においても積極的で革新的な行動を求める傾向が見られるといえる.

よって, 本章では, 企業での躍進を組織のなかで革新的な行動をとれることとし, ここからは個人の革新行動がなぜ注目されるのか, 就職後にどのようなプロセスで個人は革新的な行動をとるに至るかということについて示していきたい.

どの時代においても, 企業には常に社会の変化に合わせた「革新(イノベーション)」が求められてきた. 企業が厳しい社会情勢のなかで競争に勝ち残るためには, 業種や企業規模にかかわらず市場の動向や技術開発の動向に常に目を向け, 適切なタイミングで経営革新を図ることが必要である. 上述の「構造変化の中での企業経営と人材のあり方に関する調査」(2013) では, 17.1%の企業が今後, 主力事業を転換すると回答しており, 主たる業務にとどまらない展開の模索が見られている. 同調査では, 正社員に求める能力として, 今後は「事業や戦略の企画・立案力」や「新たな付加価値の創造力」などを重視するという結果がでている. ビジネスパーソンには変化への柔軟な対応力とともに, 企業の経営革新に資する行動が求められているといえる.

イノベーションに関する研究においてはすでに多くの知見が蓄積されているが, イノベーションの主体の捉え方に変化を認め, 近年個人の革新行動への注目が集まっている. Van de Ven (1986) は, 経営革新には, 組織に所属する個人のアイディアが基本にあると指摘している. 経営革新は, 従来はなかった新規事業を展開するということであるため, 従業員に対しては今まで

と異なる業務を依頼することが多くなる．その際には従業員の協力が必要不可欠である．経営者がいくら経営革新を叫んでいても，従業員に受け入れられなければ実行は難しい．実際，『中小企業白書』(2005)によると，従業員の経営に対する協力度合いを測る尺度として，従業員側からの経営改善の提案の有無と，経営革新の有無および目的達成率を比較すると，「企業の将来的な方向性にまで踏み込んだ提案をされることがある」，「日常業務の改善に関する提案をされることがある」企業ほど，経営革新に取り組みやすく，経営革新の目的を達成する割合も高いという結果がでている．これは，中小企業を対象とした結果であるが，企業規模が大きくなるほど展開する事業の規模も大きくなることが予想され，中小企業同様，大企業においても現場の従業員の経営革新への理解，協力が重要になってくると考えられる．このように，経営革新が今まで以上に求められる社会的背景に，経営革新における従業員個人の行動の重要性が認識され始めたことが重なり，組織のなかの個人の革新行動が注目されてきたことがあるといえる．

Katz & Kahn (1978) は，機能する組織に重要な行動を1) 成員として在職し続け組織活動に参加する基本的行動，2) 最低限のパフォーマンスの質と量を維持する行動，3) 自分の職務の範疇以外であっても自発的 (Spontaneous) かつ革新的 (Innovative) に発揮される行動，という3つに分類し，組織の生き残りと効率性にとって特に重要となるのは，3) の自発的で革新的な行動であることを指摘した．3) の行動は，その後 Organ (1988) の組織市民行動などといった役割外行動の理論に発展していく．

しかし，高石 (2007) は役割外行動とその関連研究をレビューしたうえで，Organ (1988) などの組織市民行動の諸概念について，「自発性」に比較して「革新性」を含有する要素が希薄であると指摘し，経営革新促進のための新たな概念構築の必要性を論じた．その後，高石・古川 (2008) は，「経営革新促進行動」という概念を構築し，その体系化を試みている（図11）．ここで注目したいことは，決められたことを決められたとおりに処理する行動が経営革新促進行動の基盤にあることである．つまり，組織のなかで個人が革新的な行動をとるには，前段階として与えられた仕事をその期待どおり，もしくはそれ以上にこなすことができる業務能力を獲得していることが必要で

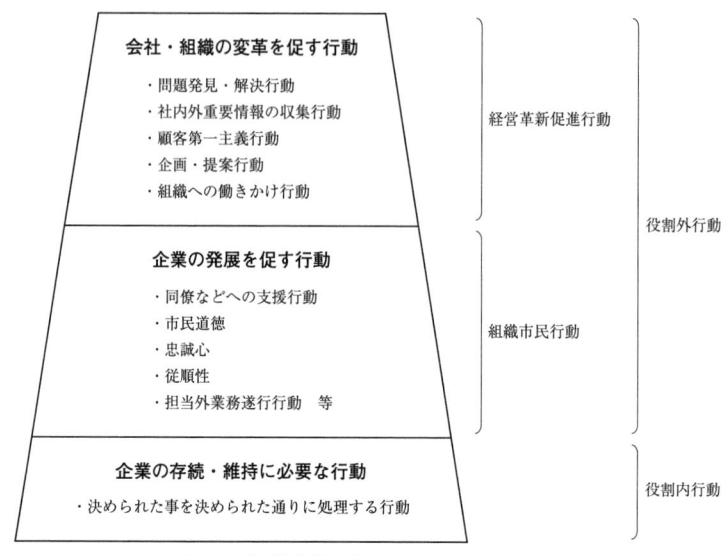

```
                ┌─────────────────────────────┐
                │  会社・組織の変革を促す行動      │
                │   ・問題発見・解決行動           │ ⎫
                │   ・社内外重要情報の収集行動      │ ⎬ 経営革新促進行動
                │   ・顧客第一主義行動             │ ⎪
                │   ・企画・提案行動               │ ⎭
                │   ・組織への働きかけ行動          │                    ⎫
                ├─────────────────────────────┤                    ⎪
                │   企業の発展を促す行動            │                    ⎬ 役割外行動
                │   ・同僚などへの支援行動          │ ⎫                  ⎪
                │   ・市民道徳                    │ ⎬ 組織市民行動         ⎭
                │   ・忠誠心                      │ ⎪
                │   ・従順性                      │ ⎭
                │   ・担当外業務遂行行動  等        │
                ├─────────────────────────────┤
                │  企業の存続・維持に必要な行動     │  ⎫ 役割内行動
                │   ・決められた事を決められた通りに処理する行動 │ ⎭
                └─────────────────────────────┘
```

図 11　経営革新を促す従業員行動の体系
*高石・古川（2008）.

あるといえる．

　また，鴻巣（2012）は，個人が革新行動をとるためには，十分な信頼の蓄積がともなうことが必要であるということを先行研究から導き出し，信頼の蓄積がない新卒採用者と信頼の蓄積が得やすい中途採用者の組織社会化と革新行動の関連を調査している．その結果，中途採用者は，組織社会化の程度が高いほど，革新行動が高まり，新卒採用者については，異動経験と組織社会化の1次元である組織次元[1]の交互作用が革新行動を高めることを明らかにしている．ここでは，企業人が組織のなかで革新行動をとるには，組織社会化による信頼獲得が必要であることが示唆される．

　ここまで，企業での躍進を捉えるため，先行研究を概観してきた．時代の激しい変化のなかで企業に迫られる経営革新には，個人の革新行動が求められていることが明らかになった．また，個人が革新行動をとるためには，その基盤をつくる必要性があることが示唆された．個人が革新行動をとる基盤

---

[1]　会社の歴史や構造，ルールなど歴史・政治的な質問項目で構成される次元．

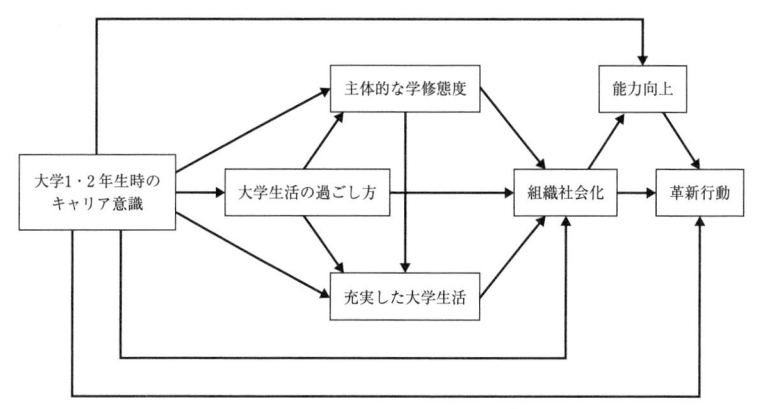

図12 本研究における分析モデル

には，組織社会化による信頼の蓄積があり，その上に業務経験を通した業務能力の向上があり，さらなる自信を持つことで，革新行動に向かう準備が整うのである．現在，そして今後求められる活躍するビジネスパーソン像は，革新的な行動をとり，経営に資する人材であると考えられる．また，その基盤には組織社会化や業務能力の向上があるということがうかがえた．

4　仮説の提案

　ここまで，本章に関連する調査データおよび先行研究を概観してきた．組織における個人の革新行動や組織社会化，大学生活に関する研究の蓄積はなされてきている．しかし，学校から仕事へのトランジションの観点からこれらそれぞれの研究を統合するような試みはなされてこなかった．

　そこで，本章では大学1・2年生時のキャリア意識が，大学時代の学習や成長および企業でのキャリア・パフォーマンスに影響を及ぼすというモデルを仮定し，その仮説モデルを共分散構造分析によって検証することを目的とする．本研究における分析モデルを図12に示し，仮説を設定した．

　個人の革新行動は，初期キャリアでの組織社会化，その後の能力向上が基盤になっていると考えられることから，本書で対象としている若年労働者は，革新行動の前段階にある可能性が高い．よってモデルを仮定するにあたり，

本章のみ年齢を考慮したうえで同調査における全労働者（25～39歳）3000名から得られたデータを用い分析を進めることとする．

仮説1：「大学1・2年生時におけるキャリア意識」は，「大学生活の過ごし方」「大学生活充実度」「主体的な学修態度」を媒介し，初期キャリアにおける「組織社会化」に影響を及ぼす．

仮説2：「大学1・2年生時におけるキャリア意識」は，企業でのキャリアやパフォーマンス（「組織社会化」「能力向上」「革新行動」）に直接的な影響を及ぼす．

5　ビジネスパーソンが振り返った大学時代における2つのライフ

仮説の検証に入る前に，本章において大学1・2年生時のキャリア意識を表す「2つのライフ」の変数作成までの手続きとその概要について述べる．

5.1　将来の見通しタイプの作成と度数

前述のとおり，2つのライフが高い者は，中学生や高校生の頃より将来のことを考え始めたという先行研究から，本研究における分析では，まず高校1・2年生，高校3年生，大学1・2年生時の2つのライフの回答からいくつかのタイプを作成することを試みた．しかし，2つのライフを構成する1つ目の質問における「将来の見通しを持っている」への回答率が3時点すべてにおいて予想より低く（高校1・2年生時31.1%，高校3年生時38.0%，大学1・2年生時36.7%），2つ目の質問である「将来の見通しの理解実行」を組み合わせて2つのライフを作成することが難しいと判断された．今回の調査が振り返り調査であり，当時は見通しを持っていると思っていたとしても，現在の自分から見るとそうとはいえないなどのバイアスがかかっている可能性があるかもしれない．実際，大学生についてのこれまでの調査では，「将来の見通しを持っている」と回答した学生が7割近く見られた．現役大学生の調査結果と振り返り調査との差異の原因については，主観的見解の範囲

表2 将来の見通しタイプの作成

(1) 高校1・2年生「有」＋高校3年生「有」＋大学1・2年生「有」
(2) 高校1・2年生「有」＋高校3年生「有」＋大学1・2年生「無」
(3) 高校1・2年生「有」＋高校3年生「無」＋大学1・2年生「有」
(4) 高校1・2年生「有」＋高校3年生「無」＋大学1・2年生「無」
(5) 高校1・2年生「無」＋高校3年生「有」＋大学1・2年生「有」
(6) 高校1・2年生「無」＋高校3年生「有」＋大学1・2年生「無」
(7) 高校1・2年生「無」＋高校3年生「無」＋大学1・2年生「有」
(8) 高校1・2年生「無」＋高校3年生「無」＋大学1・2年生「無」

表3 将来の見通しタイプ（会社規模別）

会社規模	将来の見通しタイプ								計
	タイプ1	タイプ2	タイプ3	タイプ4	タイプ5	タイプ6	タイプ7	タイプ8	
30〜499名	309 (20.7)	94 (6.3)	16 (1.1)	31 (2.1)	81 (5.4)	81 (5.4)	125 (8.4)	753 (50.5)	1490 (100)
500名以上	348 (23.3)	89 (6.0)	12 (0.8)	35 (2.3)	71 (4.8)	68 (4.6)	131 (8.8)	739 (49.5)	1493 (100)
計	657 (22.0)	183 (6.1)	28 (0.9)	66 (2.2)	152 (5.1)	149 (5.0)	256 (8.6)	1492 (50.0)	2983 (100)

*χ^2検定の結果有意差は見られなかった（$\chi^2(7)=5.327, n.s.$）．効果量（Cramer's V）は.042であった．

を超えないが，これについては今後の課題とし，ここでは，3時点における「将来の見通しの有無」でタイプを作成する（以下「将来の見通しタイプ」とする）こととし，分析を進めていく．

表2に将来の見通しタイプの作成手続きを，表3に度数（会社規模別）を示す．タイプ8が圧倒的に多く（50.0％），次いでタイプ1（22.0％）が多く見られた．それ以外のタイプは，10％より低い割合であった．将来の見通しは，タイプ1とタイプ8だけで全体の7割近くを説明することが明らかになった．また，この結果からも，将来の見通しは基本的に高校から大学まで変化がないということが示唆される．会社規模別でおこなったχ^2検定の結果は有意差を認めなかった．よって，会社規模による差は見られないと理解できる．

5.2 将来の見通しタイプと就職後のキャリアやパフォーマンスとの関係

次に，将来の見通しタイプと就職後のキャリアやパフォーマンスとの関係を見るために，将来の見通しタイプを独立変数，組織での活躍に関する各変数を従属変数とした一要因分散分析をおこなった．その際，タイプ3については度数が少ないため，分析の対象から除外した．結果を表4に示す．就職後のキャリアやパフォーマンスに関するすべての変数において0.1％

表4　将来の見通しタイプと就職後のキャリア・パフォーマンスとの関係

	タイプ1(T1)	タイプ2(T2)	タイプ4(T4)	タイプ5(T5)	タイプ6(T6)	タイプ7(T7)	タイプ8(T8)
組織社会化	3.48 (0.70)	3.16 (0.71)	3.19 (0.67)	3.32 (0.58)	3.26 (0.62)	3.36 (0.62)	3.09 (0.68)
能力向上	3.62 (0.61)	3.51 (0.54)	3.43 (0.60)	3.56 (0.58)	3.50 (0.54)	3.55 (0.57)	3.37 (0.64)
革新行動	3.54 (0.77)	3.35 (0.71)	3.45 (0.52)	3.40 (0.79)	3.32 (0.68)	3.46 (0.67)	3.17 (0.76)

	一要因分散分析	多重比較（Tukey法）	効果量（η^2）
組織社会化	$F(6, 2948) = 26.920, p < .001$	T1>T2, T4, T6, T8　T7>T2, T5, T7>T8	.052
能力向上	$F(6, 2948) = 14.669, p < .001$	T1, T2, T5, T7>T8	.029
革新行動	$F(6, 2948) = 21.397, p < .001$	T1>T2, T6, T8　T2, T4, T5, T7>T8	.042

*全体，一要因分散分析．

水準の有意差が見られた．効果量（η^2）を見ると，全体的に小〜中程度の大きさであり，問題なく解釈できると判断した．

　将来の見通しタイプ別に見ると，就職後のキャリアやパフォーマンスに関するすべての変数において，タイプ1の得点が最も高くタイプ8の得点が最も低かった．TukeyのHSD法（5%水準）による多重比較をおこなったところ，就職後のキャリアやパフォーマンスに関するすべての変数でタイプ1とタイプ8，タイプ5とタイプ8，タイプ7とタイプ8との間に有意な得点差が見られた．組織社会化と革新行動に関しては，加えてタイプ1とタイプ2，タイプ1とタイプ6との間に有意な得点差を認めた．さらに組織社会化のみに関して，タイプ1とタイプ4，タイプ7とタイプ2の間にも有意な得点差を認めた．これらの結果に共通する特徴は，大学1・2年生における将来の見通しが「有」となっている点である．このことから大学1・2年生時に将来の見通しを持っているかどうかが就職後の企業での躍進に関連があるということが示唆される．もちろん，この結果は高校時代の見通しの有無が重要でないということを示しているわけではない．実際，能力向上においては，タイプ2とタイプ8の間に，革新行動においても，タイプ2とタイプ8，タイプ4とタイプ8の間に有意な得点差を認めている．大学1・2年生時に将来の見通しを持っていなくとも，高校時代に持っているタイプは，まったく見通しを持っていないタイプに比べると企業での躍進が期待できるということになる．しかし，高校時代に将来の見通しを持っていたが，大学1・2年生時には持っていなかったタイプ2，タイプ4，タイプ6の全体に占

める割合は低く，将来の見通しが変化しにくいということも同時に示唆される．とはいえ，高校時代に将来の見通しを持つことの重要性は十分に示唆される．一方で，割合は少ないとはいえ，タイプ7のように高校時代に将来の見通しを持っていなくても，大学1・2年生時に持つことができれば仕事で活躍できるということもいえる．

5.3　2つのライフの作成

　大学1・2年生時の将来の見通しの有無がその後のキャリアやパフォーマンスに影響を及ぼしているという以上の結果から，この後の分析は大学1・2年生時の将来の見通しの有無とその理解実行から2つのライフを作成し，
　1)「将来の見通し（大学1・2年生時）あり・理解実行」
　2)「将来の見通し（大学1・2年生時）あり・理解不実行」および「将来の見通し（大学1・2年生時）あり・不理解」
　3)「将来の見通し（大学1・2年生時）なし」
の3群に分けて分析を進めることとした．

6　組織で活躍しうる大学生像

　ここからは，分析モデルに従い，「大学1, 2年生時の見通しとその理解実行」「大学生活の過ごし方タイプ」「主体的な学修態度」「大学生活充実度」「組織社会化」「能力向上」「革新行動」を分析対象とし，組織で活躍しうる大学生像について探究していく．

6.1　尺度構成

　本章の分析にあたって使用する尺度構成については，第3章にてすでに示してあるため，ここでは省略する．

6.2　各変数間の相関

　仮説の検討に入る前に，変数の平均（SD）とα係数および変数間の関連について示す（表5）．

表5 変数の平均 (SD), α係数および変数間の相関係数 (n=3000)

	平均 (SD)	α係数	1	2	3	4	5	6	7	8	9	10	11	12	13	14
1 年齢	32.05 (4.22)	—	—													
2 性別	1.38 (0.49)	—	-.336**	—												
3 出身大学偏差値	2.85 (0.96)	—	.096**	.056**	—											
4 出身大学文理	1.40 (0.49)	—	.034	-.224**	-.143**	—										
5 大学での成績	3.49 (1.06)	—	-.150**	.233**	-.014	-.060**	—									
6 大学生活の過ごし方：自主学習	0.01 (0.85)	—	-.066**	.137**	.148**	-.069**	.293**	—								
7 大学生活の過ごし方：対人・課外活動	0.01 (0.81)	—	.055**	.097**	.115**	-.095**	.030	.265**	—							
8 大学生活の過ごし方：1人の娯楽活動	0.00 (0.76)	—	-.170**	-.062**	-.103**	.086**	-.001	.163**	-.009	—						
9 2つのライフ	1.52 (0.74)	—	-.070**	.027	.035	.016	.159**	.238**	.055**	-.022	—					
10 主体的な大学修態度	2.92 (0.80)	.906	-.131**	.168**	.065**	-.027	.465**	.542**	.088**	-.036	.282**	—				
11 大学生活充実度	3.84 (1.02)	—	-.090**	.100**	.044	-.005	.178**	.243**	.366**	-.052**	.209**	.271**	—			
12 組織社会化	3.24 (0.69)	.909	-.024	.044*	.011	-.076**	.133**	.163**	.167**	-.001	.224**	.204**	.212**	—		
13 能力向上	3.47 (0.62)	.908	.091**	.025	.074**	-.081**	.122**	.162**	.191**	-.039*	.175**	.214**	.212**	.456**	—	
14 革新行動	3.32 (0.76)	.887	.074**	-.070**	.054**	-.031	.123**	.216**	.179**	-.052**	.195**	.222**	.210**	.361**	.602**	—

*$p<.05$ **$p<.01$

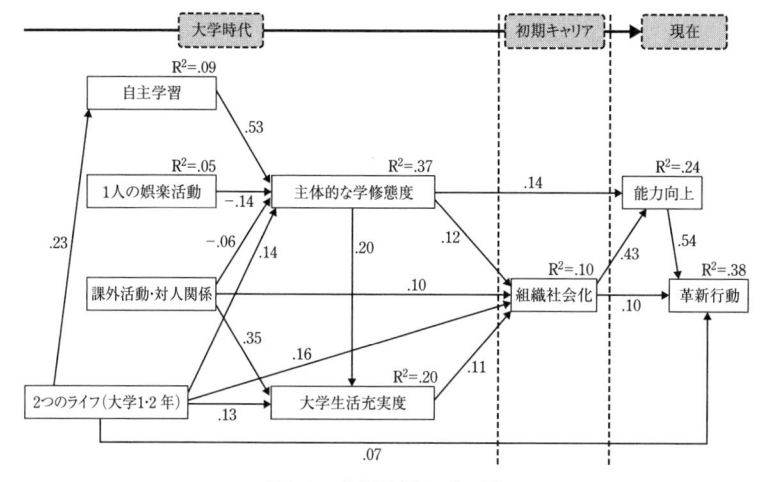

第 7 章 初期キャリア以降の探究　165

図 13　分析結果のパス図

＊GFI=.947, AGFI=.898, RMSEA=.087, $\chi^2(55)$ =1192.568, $p<.001$
＊パス係数はすべて $p<.001$ であったため，それを示す記号の記載は省略している．

6.3　モデルの設定と分析

　仮説に基づき，「2 つのライフ（大学 1・2 年生時）」が「大学生活の過ごし方」の各変数，「主体的な学修態度」および「大学生活充実度」に影響を与え，初期キャリアにおける「組織社会化」，職場における現在の「能力向上」「革新行動」へと影響を及ぼすという時間軸を考慮した複数の仮説モデルを作成し，共分散構造分析を用いてその適合度を比較し，検討をおこなった．なお，「年齢」「性別」「出身大学偏差値」「出身大学文理」「大学での成績」を統制変数として投入した．今回の分析で使用する変数はすべて観測変数であった．また，「2 つのライフ（大学 1・2 年生時）」は連続変数として扱った．

　図 13 が最終的なパス図である．簡便化のため，誤差と統制変数，共分散，誤差相関の記載は省略している．RMSEA がやや高い値を示しているが，全体的にはモデルの適合度はおおむね問題ないと判断した．このモデルにおけるパス係数はすべて 0.1％ 水準で有意であった．

6.4 分析結果の検討と考察

6.4.1 仮説1の検討と考察

「大学1・2年生時の2つのライフ」から直接効果を認めた大学変数は，大学生活の過ごし方3タイプのうちの「自主学習」(.23)，「主体的な学修態度」(.14)，「大学生活充実度」(.13) であった．特に「自主学習」への影響が大きかった．また，「大学1・2年生時の2つのライフ」の「自主学習」を媒介した「主体的な学修態度」への間接効果を sobel テストにて検証したところ，「大学1・2年生時の2つのライフ」から「主体的な学修態度」への直接効果とほぼ同等の影響であった (.13)．これにより，大学1・2年生時に将来の見通しを持っている学生は，普段より自らよく学ぶ姿勢を持ち，学習にも主体的に取り組んでいるといえる．2.2項で述べたように，授業外学習・自主学習をバランスよくこなすことが，知識・能力の獲得において重要である．溝上ら (2012) は，すでに2つのライフが大学生の学びと成長にかなり関連することを明らかにしている．本章の分析でもそれが裏付けられたといえる．

また，「主体的な学修態度」は初期キャリアにおける「組織社会化」に直接効果 (.12) を示すとともに，「大学生活充実度」を媒介した間接効果 (.02) も示していた．ただし，間接効果は非常に小さく，影響があるとはいえないと考える．大学時代，学習に主体的に取り組むということは，ある程度，企業に参入してからの組織社会化に影響しているということが分かった．

さらに，「大学1・2年生時の2つのライフ」の影響を認めなかった大学生活の過ごし方タイプのうち「課外活動・対人関係」は初期キャリアにおける「組織社会化」にさほど大きなものではないが，直接効果を示した (.10)．本書の第5章では，大学生活において「豊かな人間関係」を重視した過ごし方をしている者が，就職活動や初期キャリアにおいて成功していること，「豊かな人間関係」重視という過ごし方は，正課内・正課外両方の生活を豊かにする過ごし方であることが示された．第6章でも，「豊かな人間関係」を重視することが，組織適応にポジティブな効果を与えていることが示唆されている．さらに，自分の成長に影響を与えた人が「異質な他者」であるほ

うが組織適応が促されているという結果を示している．課外活動や対人関係に多くの時間を費やした学生は，異質な他者との出会いも多く，組織参入後も先輩や上司，同僚などといった他者との関係性を築くことができたり，様々な活動に積極的に参加したりすることでより多くの情報やネットワークを持つことができる，といった可能性を示唆していると考える．以上により，大学1・2年生時に将来の見通しを持っていることは，自ら学ぶ姿勢や学習に主体的に取り組む態度につながり，影響は小さいながらも組織への適応を促進していた．よって，仮説1は一部のみ支持された．

6.4.2 仮説2の検討と考察

「大学1・2年生時の2つのライフ」から企業でのキャリア・パフォーマンスに関する変数への直接効果を見てみる．現在の「能力向上」への直接効果は認められなかったが，初期キャリアにおける「組織社会化」に対して直接効果が認められた（.16）．2.3項で示したとおり，キャリア意識の有無は継時的に大きな変化を認めないということから考えると，大学1・2年生時にキャリア意識の高い者は，その後も常に見通しを持ち続けている可能性が高い．

第2章で概括したように，組織参入時は，少なからず誰でもがリアリティショックを受ける．しかし，キャリア意識の高い者は，どのような状況にあってもはっきりとした目標を持ち，それに向かって行動する力を持っていることが予想され，リアリティショックを乗り越え，円滑に組織に順応していくことが示唆される．

また，「大学1・2年生時の2つのライフ」から「革新行動」へも直接効果を示した（.07）．しかし，標準化パス係数は小さく，直接的な影響はあまりないといえる．「革新行動」へは，「能力向上」からの直接効果が大きく（.54），また「組織社会化」からも直接効果（.10）を認めた．「組織社会化」から「能力向上」を媒介した間接効果をsobelテストにて検証したところ，直接効果よりも大きな正の影響を認めた（.26）．つまり，「革新行動」については，「組織社会化」を基盤とし，「能力向上」に至るといった企業に参入してからのプロセスが大きな影響を与えているといえる．3.3項にあるとお

り，個人の革新行動は組織に適応し信頼を蓄積したうえで，業務能力を向上させ自信を持つという基盤をもとに成り立つものであり，先行研究を裏付ける結果となった．

以上より，企業での躍進は，おもに組織要因に規定されるという結果になったが，大学1・2年生時にキャリア意識を持つことは初期キャリアにおける組織社会化に直接的な影響を及ぼしていた．よって仮説2は一部のみ支持された．

6.4.3 統制変数の影響

最後に，本章の分析における統制変数の影響について述べる．第4章において，出身大学の偏差値，文系か理系か，性別によって現在の収入が異なっていることが明らかになった．第4章の分析は，若手労働者を対象にしたものであるが，本章で分析対象とした全労働者3000人のデータにおいても同様の結果がでている．よって，本章の分析においても出身大学の偏差値，文系か理系か，性別および年齢，大学時代の成績を統制変数として投入し，分析した．その結果，年齢，性別，文系か理系か，大学での成績が職場変数へ影響を及ぼしていた．しかし，その影響は小さいものであった（標準化パス係数.10前後）．

6.5 結論

本章で，筆者は現在，企業で活躍しうる大学生像を明らかにするため，これまでの研究蓄積により大学生の学習や成長に大きな影響を持つ大学1・2年生時のキャリア意識に着目した．その結果，キャリア意識を大学1・2年の頃より高く持つこと自体が組織社会化に影響を及ぼすし，また自主学習や主体的な学修態度を媒介して，やはり組織社会化に影響を及ぼすことが明らかとなった．

これまで，先行研究においては，大学時代のキャリア意識が卒業後の就労に影響を及ぼすかどうかはほとんど検討されてこなかった．本研究の結果は，大学時代のキャリア意識が大学時代の自主学習や主体的な学修態度に影響を及ぼすという大学生を対象とした先行研究の成果を同様に認めつつ（本章

2.3項参照），かつそれが初期キャリアとしての組織社会化に影響を及ぼすという新しい知見を示唆する内容となった．このことは，大学生の学びと成長の観点から進める大学教育改革（第3章）が，単に大学教育内だけの成果にとどまらず，さらに学校から仕事へのトランジションとしての成果にもなることを示唆しているともいえる．

　一方で，大学時代のキャリア意識や過ごし方，学習への取り組み方は確かにその後のキャリアに影響を及ぼしているものの，その説明力はさほど大きなものではなかった（決定係数 .10～.15程度）．このことから，大学時代の個人の意識や行動がその後の企業での躍進においてまったく意味をなさないと結論づけてしまってよいのだろうか．

　否，と筆者らは考える．確かに，上記のモデルの決定係数からも示唆されるように，現在の企業での躍進は，組織参入後の要因によるところが大きい．第2章で見たように，企業のなかでの組織社会化は，研修，業務経験，そしてOJTや職場のネットワークによって達成されることはすでに先行研究によって多数指摘されてきたとおりであり（松尾 2011，中原 2010, 2012），かくして達成された社会化の果てに，さらに高次のキャリア展望が広がる．組織の提供するこれらの社会化の諸力，あるいは，これに呼応して引き出される個人が組織に参入後におこなうプロアクティブ行動が，直接的かつ強力に，個人の企業内における躍進を規定していることは，ある意味で，驚くべきことではない．

　しかし，本研究のモデルで得られたように，それらの躍進を下支えしているのは，大学時代の意識や行動であるとも考えられる．組織に入る以前，教育機関に所属していたときの個人の意識や行動が，企業における組織行動の潜在的基盤として機能しているということを本研究は示した．

　なお，本章の分析では，大学時代の主体的な学修態度が，現在の能力向上に直接的に影響していた．この結論を補完する先行研究は，いくつか存在する．たとえば，濱中（2011）は，教育効果は，ミドル層になってから感じられるようになると述べている．この知見からは，初期キャリアを終えた企業人にとって，一見，大学時代は遠いように感じるが，大学時代の学びや成長が後になって効果を及ぼす可能性を読み解くこともできる．また，加藤

(2007) は，810名の大学生を対象にした調査で，キャリア意識が「論理的」な思考力や「問題発見力」，持続的な「熱意・意欲」などの資質や能力と関わっている可能性を示唆している．これらの能力は，3.3項で示した企業が求める人材像にも共通する部分がある．さらに，矢野（2005）は調査をもとに，大学時代の積極的な学習経験が，本人の様々な能力向上と成長体験をもたらし，その蓄積と体験が，現在必要な知識や能力を向上させ，その結果が所得などの現在の地位に反映されている，という仮説を述べている．

いうまでもなく，キャリアは，一時的な出来事ではなく，人材の連続性のなかで形成されていくものである．企業での躍進が能力向上や組織社会化を基盤とするように，能力向上や組織社会化もまた，その基盤の一部を大学時代の学びや成長に求められると考えられる．

次に企業への示唆を述べる．本章の実践的意義の1つとしては，企業の採用活動を見直す最初のきっかけを提供することにあったと考えられる．一般に，企業の採用活動においては，面接などの機会で「自分の強みと弱みは何か」「なぜわが社なのか」「わが社に入って何がしたいのか」などが問われる．大学時代をどのように過ごしてきたかということについても，確かに面接で多く聞かれることであるが，本研究の知見は，さらにこの部分をよく問うことの重要性が示唆される．たとえば，個人がいつからどのような将来への見通しを持ってきたのか．そのために，大学時代は，どのような活動をしてきたのか．大学の外では何をしてきたのか．どのような対人関係を築いてきたのか．将来の見通しのために，何をどのようにこれまで実行してきたのかということについて，実態を正確に把握する工夫をさらにおこなっていくことが求められる．願わくば，かくして面接で収集したデータを保存し，個人がその後，どのような職場に配属され，どのような仕事をし，いかなるキャリアパスを描くのかを検証していくことも，中長期的な課題として求められることかもしれない．

最後に大学への示唆を述べる．本章で筆者らは，企業での躍進の基盤となる大学時代の意識や行動として，大学1・2年生時に将来の見通しを持ち，それを理解，実行することが，自主学習を促し，主体的な学修態度につながることを示した．将来の見通しを現在の生活や行動にまでつなげることは容

易なことではない．しかし，それを初年次から意識させ，かつ実行をともなわせることは，学習にとっても，その後の学生のキャリア進展にとっても，大切なことである．大学教育の目的の1つとして，より具体的な将来像を見出せるよう，学生に計画的かつ実効をともなうキャリア支援を提供することが重要になってくると思われる．

　本章に残された課題も多い．本研究の課題としては，大学変数と企業変数を媒介する変数の存在が考えられる点が挙げられる．確かに，本章の結果でも企業での躍進は，企業参入後の組織適応や能力の向上によるものが大きく，大学時代の過ごし方などの大学変数の影響は少なかった．それは企業におけるキャリアの躍進が，企業参入後の要因に影響していることを示唆するほか，それと同時に，企業での躍進につながる他の大学変数が存在する可能性を示唆しているともいえる．特に，本章では，大学と企業をつなぐ採用活動，就職活動については触れてこなかった．竹内ら（2009）の研究では，初期採用施策のなかでも募集活動で使用する種々の媒体（求人広告や採用に関するウェブサイト，会社パンフレットなど）を魅力的にすることによって，製品や企業の情報を求職者に効果的に伝え，結果として企業イメージの向上を図る求職宣伝施策を企業が積極的に展開することで，入社直後の新規学卒者の組織コミットメントが高まることが明らかにされている．また，大学生の就職活動が入職後のキャリア発達，とりわけ組織適応をも規定する重要な個人活動として位置づけられつつある（竹内・竹内 2009）．就職活動は，就職難の現代に生きる大学生の人生には非常に重要な活動である．就職活動も学び，成長するきっかけになっている可能性は十分に考えられる．よって，今後，企業側の採用施策および大学生の就職活動での学びや成長も含めた研究の必要性があると考えている．

　グローバル化，少子化といった時代のなかで，キャリアはより不確実なものになっており，将来の見通しを持つことは容易なことではない．しかし，このような時代だからこそ早期から，意識的に見通しを持ち，目標を自身で管理し，主体的に行動できるということが重要であり，それが将来の自己のキャリアや仕事のパフォーマンスの基盤となり，さらには資産となるのである．

参考文献

Ashford, S. J. & Black, J. S.（1996）Proactivity during organizational entry: The role of desire for control. *Journal of Applied Psychology*. No. 81 No. 2 pp. 199-214.

Ashforth, B. E., Myers, K. K. & Sluss, D. M.（2011）Socializing perspective and positive organizational scholarship. Cameron, K. S. & Spreitzer, G. M.（eds.）*The Oxford handbook of positive organizational scholarship*.

Ashforth, B. E., Sluss, D. M. & Harrison, S. H.（2007）Socialization in organizational contexts. Hodkinson, G. P. & Ford, J. K.（eds.）*International Review of Industrial and Organizational Psychology*. Vol. 22 pp. 1-70.

Chao, T. G.（1988）The socialization process: Building newcomer commitment. London, M. & Mone, M.（eds.）*Career growth and human resource strategies: The role of the human resource professional in employee development*. Quorum Books. pp. 31-47.

濱中淳子（2011）「大学教育の効用」再考：文系領域における学び習慣仮説の検証. 大学論集. No. 43 pp. 189-205.

株式会社マイナビ（2012）2013年卒マイナビ企業新卒内定状況調査.

株式会社リクルートワークス研究所（2012）第29回ワークス大卒求人倍率調査報告書.

加藤かおり（2007）大学生のキャリア意識と自己認識. 国立教育政策研究所（編）キャリア教育への招待. 東洋館出版社. pp. 121-129.

Katz, D. & Kahn, L.（1978）*The social psychology of organizations*. Wiley.

鴻巣忠司（2012）新卒採用者と中途採用者の組織社会化の比較に関する一考察：個人の革新行動に与える影響を中心として. 神戸大学大学院ワーキングペーパー.

京都大学高等教育研究開発推進センター・公益財団法人電通育英会（2011）第3章「学生の学びと成長」の観点から見た分析. 参照日：2013年10月8日, 参照先：「大学生のキャリア意識調査2010」結果報告書（http://www.dentsu-ikueikai.or.jp/research/report/）.

溝上慎一（2009a）授業・授業外学習による学習タイプと能力や知識の変化・大学教育満足度との関連性：単位制度の実質化を見据えて. 山田礼子（編）大学教育を科学する：学生の教育評価の国際比較. 東信堂. pp. 119-133.

溝上慎一（2009b）「大学生活の過ごし方」から見た学生の学びと成長の検討：正課・正課外のバランスのとれた活動が高い成長を示す. 京都大学高等教育研究. No. 15 pp. 107-118.

溝上慎一（2012）学生の学びと成長. 京都大学高等教育研究開発推進センター（編）生成する大学教育学. ナカニシヤ出版. pp. 119-145.

溝上慎一・中原淳・舘野泰一・木村充（2012）仕事のパフォーマンスと能力業績におよぼす学習・生活の影響：学校から仕事へのトランジション研究に向けて．大学教育学会誌．Vol. 34 No. 2 pp. 139-148.

中原淳（2010）職場学習論：仕事の学びを科学する．東京大学出版会.

中原淳（2012）学習環境としての「職場」：経営研究と学習研究の交差する場所．日本労働研究雑誌．No. 618 pp. 35-45.

松尾睦（2011）「経験学習」入門．ダイヤモンド社.

松高政（2008）大学の教育力としてのキャリア教育：京都産業大学におけるパネル調査分析から．京都産業大学論集，社会科学系列．No. 25 pp. 145-168.

小川憲彦（2012）組織社会化戦術とプロアクティブ行動の相対的影響力：入社1年目従業員の縦断的データからドミナンス分析を用いて．WORKING PAPER SERIES. No. 121.

Organ, W. D.（1988）*Organizational citizenship behavior: The good soldier syndrome*. Lexington Books.

労働政策研究・研修機構（2012）入職初期のキャリア形成と世代間コミュニケーションに関する調査．参照日：2013年10月9日，参照先（http://www.jil.go.jp/institute/research/2012/097.htm）．

労働政策研究・研修機構（2013）「構造変化の中での企業経営と人材のあり方に関する調査」結果．参照日：2013年10月9日，参照先：プレスリリース（http://www.jil.go.jp/institute/research/2013/111.htm）．

高石光一（2007）組織市民行動と経営革新．産業・組織心理学研究．Vol. 21 No. 1 pp. 67-71.

高石光一・古川久（2008）企業の経営革新を促進する従業員の自発的行動について：組織市民行動を越えて．九州大学心理学研究．No. 9 pp. 83-92.

竹内倫和・竹内規彦（2009）新規参入者の組織社会化メカニズムに関する実証的検討：入社前・入社後の組織適応要因．日本経営学会誌．Vol. 23 pp. 37-49.

中小企業庁（2005）中小企業白書．参照日：2013年10月9日，参照先：経営革新を行うための土台作り（http://www.chusho.meti.go.jp/pamflet/hakusyo/h17/hakusho/index.html）．

Van de Ven, A.（1986）Central problem in the management of innovation. *Management Science*. No. 32 pp. 590-607.

Van Maanen, J.（1976）Breaking in: Socialization to work. Dubin, R.（ed.）*Handbook of work, organization and society*. Rand McNally. pp. 67-130.

矢野眞和（2005）大学改革の海図．玉川大学出版部.

第8章 総括と研究課題

中原 淳・溝上慎一

1 はじめに

　さてここまで，第4章から第7章においては，本研究の調査データを紹介し，大学から企業への移行プロセスを時系列的に3分割し，それぞれに仮説を掲げて分析をした．「就職時」（第5章），「入社・初期キャリア形成期」（第6章），「初期キャリア以降の成長課題」（第7章）で掲げられた，それぞれの仮説は，その時期に，個人が直面する現実やキャリア課題を網羅しているわけではないものの，それらに対する実証的アプローチによっていくつかの発見事実があった．そして，見出された規定要因に関して，実証的な探究をおこなってきた．

　本章はいわば総括の章である．

　本章では，2節にて，再度第4章からの発見事実を交差させつつ振り返る（中原執筆）．3節で経営学習研究の観点からの示唆と今後の研究課題を掲げ（中原執筆），4節で大学の学びと成長研究の観点からの示唆と今後の研究課題を論じる（溝上執筆）．

2 本書の概括

　本書第4章から第7章までの発見事実を相互に結びつけながら，本書の議論を概括する．

　まず第4章（河井亨）では，本研究で利用したデータの記述統計を示すことを目的としつつ，章末において，本研究で利用したデータの大学時代の地位・属性変数，企業における地位・属性変数を用いたクロス集計をおこなっ

た.

　その結果,出身大学の偏差値が高い回答者(偏差値別の分析),男性の回答者(男女別の分析),国立大学出身の回答者(大学種別の分析),理系卒業の回答者(文理別の分析)で,規模の大きい企業で働く者が多いことがわかった.年収に関しては,出身大学の偏差値が高いこと,理系であること,男性であることが影響を与えていた.これらはおおよそ既存の調査の結果を支持する内容であることがわかる.

　既存調査および本調査が明らかにしたように,出身大学,専攻等の個人の地位・属性は,依然として,企業の規模や将来の年収に影響を与えている.そして,その一方,大学の成績は,これらにあまり影響を与えていない.

　それでは,このことは,ただちに,大学での学びが無意味であることを意味するのだろうか.「大学の成績が企業規模や年収に対して意味がない」のなら,「大学で学ぶことの意味もない」,という短絡的判断がなされることも,容易に想像できる.こうした第4章から生じる疑問に対して,「一定の解」を与えてくれるのが,第7章(保田江美・溝上慎一)であった.

　第7章では,「大学1,2年生時の将来の見通し(キャリアの展望)」が規定要因となりつつ,「大学時代の過ごし方」や「大学における学習」を媒介し,企業に就職したあとの「組織社会化」や「組織革新」にどの程度影響を与えているのかを,共分散構造分析を用いて検討した.

　分析の結果,キャリアの展望をもち,大学での授業に対して主体的な態度で学ぶことは,決定係数が制限つきながらも,企業就職後の円滑な組織適応につながっていることがわかった.また円滑な組織適応は,その後の組織内における個人の革新行動の発現にもつながっていることが示唆された.このモデルは,「年齢」「性別」「出身大学偏差値」「出身大学文理」「大学での成績」などの第4章で扱われた地位・属性変数を統制変数として含み込んだうえで得られたものであり,大学で学ぶことの意味を,企業における組織適応や組織革新行動の発現と結びつけつつ,考察することができた.

　今や,大学に進学する学生は,マス段階－ユニバーサル段階に達していることは周知の事実であり,必然的に,そこで学ぶ学生は多様化している.すべての学生が偏差値の高い総合研究大学に進学するわけではないし,また,

そこを卒業する学生のすべてが万単位の従業員を抱える大企業に就職するわけではない．今や，大学には様々な学力の学生がおり，その意欲も多様，そして就職先も多種多様である．

しかし，第7章のモデルは，そうした多様性を考慮しつつも，所属する大学のレベルや専攻等にかかわらず，自らの所属する大学において，キャリアと向き合い，主体的に学修に取り組むことが，結果として，その後の組織における適応や行動をポジティブなものにしてくれる可能性を示唆している．

第2章において既述したように，大学で学ぶことの意味は，もちろん，本章で扱った「組織適応」や「革新行動」だけに限られるものではないことは，今さら述べる必要もないことである．しかし，多くの企業が関心をもつ，これらの行動と大学での学びを関連づけて考察できたことが，第4章と第7章の知見を重層的に重ね合わせた際に得られる発見事実であると考える．

次に，第5章（木村充）と第6章（舘野泰一）について考察する．第5章と第6章は，いずれも「個人が組織に参入する境界」を扱った章である．

就職活動や就職後の初期キャリアにおいて成功を収めた者が，大学生活においてどのような過ごし方をし，どのようなことを学んだかを探究した第5章の発見事実は，端的に述べるならば，正課を重視する一方，正課外で社会参加活動や海外留学など成長に影響を与えた活動をおこないつつ，そこで豊かな人間関係を築いた学生が，就職で成功を収めるということである．

続く第6章では，そこをさらに深掘りし，どのような人間関係を有する個人が，組織適応に成功するかを探究している．

大学とは，一般に，同年代の，同じくらいの学力層の人々が集う同質性の高い教育機関であり，近年では，そこで築かれる社会的ネットワークの同質性・狭隘さが批判されている．要するに，近年の大学生は，自分と同じような社会的背景・学力・考え方を有する，極めて同質性の高い，同年代の他者としか付き合おうとしない傾向があるということである．ソーシャルメディア等が広く普及した現代社会では，ますます，その縁が閉鎖的になりつつある，という指摘も存在する．

こうした同質性の批判の後景をなしているのは，「大学の同質性」に反して，現在の企業・組織における職場が「多様化」している現実である．

非正規労働や派遣社員など雇用形態の多様化，グローバル化の進展にともなう生産拠点の外部化，また他国における事業展開の影響を受けて，現代の企業の職場は，雇用形態，年齢，国籍などが異なる多種多様な人々から構成される社会集団に変容している傾向がある．

　「同質性の高い集団」と「多様性が増している集団」．その2つのあいだにギャップが存在し，そのギャップのために，前者から後者に対して，円滑な移行が達成できない事態が進行するとき，問題にされがちなのは，やはり前者の同質性であろう．大学で学ぶ意味が，職業との関連性において語られることが次第に趨勢になりつつある今，「多様化した集団」にも適応できる個人の育成が，前者に対して，否が応でも，求められるようになるであろうことは容易に想像がつく．

　こうした背景を受け，第6章では，大学内・大学外，同期・同期外という2軸を用いて，大学生のもつ社会的ネットワークを指標化し，それと企業就職後の組織社会化の関係を探究した．分析の結果，多様で異質な社会的ネットワークを発達させている個人の方が，組織社会化をより円滑に達成していることが示された．

　第5章と第6章を重ね合わせて推測するに，今後の大学には，正課内・正課外の活動を組み合わせ，それらを通じて，いかに異種混交の社会的ネットワークを発達させるかが課題になってくると思われる．

3　経営学習研究の観点からの示唆と今後の研究課題

　次に経営学習研究の観点からの示唆と今後の研究課題を述べる．まず本研究の知見の解釈である．

　第4章と第7章の発見事実，そして，第5章と第6章からの発見事実から端的にいいうることは，大学生の「大学での学習」や「大学生のキャリアの展望」，また「大学時代に発達した社会的ネットワーク」といった要素は，組織参入前後の人材マネジメントにとってひとつの情報リソースとして機能しているということである．のちの社会化と連動させて，より効率的な人材マネジメントを実現できる可能性がある．既述してきたとおり，特に，昨今

は，大学での学びの実態は，徐々に変貌しつつある．大学によっては，その授業内容に，能動的かつ双方向に学ぶことのできる環境が取り入れられ，地域の課題解決を志向するプロジェクト学習やサービスラーニング，実際の商品開発をおこなうような職業統合学習，将来にわたり仕事をする意味を問うキャリア教育が導入されるなど，その教育内容が学生に主体的関与を求める実践性の高い内容に変化し，多様化をとげている．こうした動きは，かつての大学の規範や理念と時に激しい葛藤を生み出しているものの，その潮流が減速する様子は見えない．このような変貌をとげつつある大学において，学生たちがいかに学び，いかなる人々と出会い，どんな経験を積み重ねたかについて，注視しつつ，その一部を人材マネジメントに活かすことも可能である．

　一方，競争が激化し，かつてより「迅速な社会化」を要求される現代になっては，企業は，大学に対しては職業に関連する実践的な教育内容を要請しつつも，自らは採用や選抜をさらに洗練し，社会化（人材育成）に連動させていく視点を発達せざるをえない．

　ともすれば，これまで企業の採用・選抜活動とは，経験的基準に左右されがちであったし，その経験的基準においてですら，採用・選抜活動に人事部の人材，事業部の人材，経営陣が重層的に関与するため，ステークホルダー（利害関係者）ごとに多種多様な基準が用いられていたことは否めない．

　もし企業が激烈な競争環境を勝ち抜くため，「迅速な社会化」という時代の趨勢に対応していくのであれば，めざすべきは「採用者の大学時代の意識・行動」データを用いた「戦略的な採用・選抜の実施」，そして，採用時データと入社後のキャリア発達データを重ね合わせた「採用・選抜と連動した人材育成」の2点であると思われる．

　このことを実現するためには，「採用」と「人材開発」とに機能分化した人事，人材マネジメントのあり方を再考する必要がある．これまで多くの人事は，機能別に採用，人材育成というように分断され，それらの連携が模索されることは少なかったといってよい．

　近年では，これに関連して，新たな戦略的な人材マネジメントのフレームワークが構想されている．例えば，スタンリー・グリーらは，企業の戦略・

目的と人材マネジメント施策の垂直的統合性のみならず（すなわち，企業の戦略に人材施策が同期していること），採用とその他の人材マネジメント施策同士の水平的統合性を問題としている．特に，採用システムは，これまで他の人材マネジメント施策と遊離する傾向があり，育成や配置などの他の人材マネジメント施策と統合・連携させることで，より効果を生み出す，としている．これは，いわゆる戦略的人的資源管理の水平的統合性の実現ということになる（Gully et al. 2013）．

次に企業内の研究上の学術的課題について述べよう．まず第1に「採用・選抜研究」には多くの課題がある．

ひとつめは量的課題である．採用・選抜研究は，1970年代からの実証的な研究の積み重ねがありつつも，その数は，人材育成研究，社会化研究，経験学習研究の蓄積とくらべて，非常に限定的である．それゆえ，第2章で述べたように，採用・選抜の実務には，研究者・実務家のあいだに各種の検証を経ていないミスコンセプションが存在し，その言説空間を複雑にする一因となっている．

次なる課題としては，従来の採用・選抜研究が，これまで管理者側の行動を独立変数と設定し，「どのように採用行動をおこなえばよいのか」に関する示唆を与えるものとして構築してきた傾向がある（Breaugh & Starke 2000）．そこに決定的に欠如していた視点は，教育機関で学ぶ個人の意識や行動がいかに組織適応と関連するか，という視点である．

第3に，最後の課題としては採用・選抜の社会文化依存性があげられる．採用・選抜とは，各国の労働法，または業界の慣習などを色濃く受ける活動である．先ほど採用・選抜研究には，限定的ながらも研究の蓄積があると述べたが，わが国においては，その蓄積は非常に心許ない．内部労働市場の発達しているわが国に適した採用・選抜研究の構築が急務である．

第2に「採用・選抜と連動した人材育成」のあり方に関して考察する．端的に述べれば，本書の問題提起は，これまでの人材育成研究が，「組織」の枠にとらわれがちであったことを反省し，「組織に参入する前」の要因を含み込んだかたちで進展しなければならないことを示唆するものである．

確かに組織社会化研究では，一部の予期的社会化研究において，「組織に

参入する前」の要因を，研究の射程に入れることで，膨大な研究を蓄積していた．しかし，それらは，あくまで「組織が個人に対しておこなう働きかけ」と組織社会化（人材育成）の関連を扱っていたのであり，それより以前の，とくに，教育機関における個人の経験に根ざすデータに関しては，そもそも研究の射程には入っていなかった．

今後は，「採用と人材育成を連動させる」という観点を研究の視野に入れていくのであれば，「どのような経験や意識をもった人材を採用して，どのような教育的介入・配置をおこなえば，どのようなパフォーマンスにつながるのか」というリサーチクエスチョンが眼前に浮かぶ．今後は，組織参入前のデータと組織参入後のデータを含み込む仮説の検証，理論モデルの構築が待たれる．

なお，本書は，制約のあるデータでありつつも「大学での経験」と「企業における組織行動」の関係を探究するという研究のモチーフを描くことを試みた．本書で分析した指標は「大学での経験」と「企業の組織行動」のごくごく一部であったことは，筆者らの探究の限界でもある．しかし，今後，様々な大学生の意識・行動データが大規模に蓄積され，縦断的分析を試みることができれば，「わが国に適した採用・選抜の科学」，そして，「採用と人材育成の科学」を構想できるものと考える．

そのためには，本書の知的取り組みが示したように，大学生研究と企業の人材に関する研究の学際的な融合が不可欠であり，筆者らは，微力ながら，これに邁進する所存である．

4 大学生の学びと成長研究の観点からの示唆と今後の研究課題

次に，大学の観点から，本書の意義を概観する．

本書では，大学時代の経験として，1週間の過ごし方，学習，キャリア意識の大きく3変数を取り上げ，卒業後の組織社会化を主とした仕事のしかたにどのような影響を及ぼしているかを検討した．すでに第3章で述べたように，大学と仕事とをつなぐ研究は，とくに教育社会学の分野ですでにい

くつかなされている．例えば，矢野（2009）や濱中（2013）の大学卒業時の知識能力が間接的にではあるが，現在のビジネスパーソンの収入に影響を及ぼしているという学び習慣仮説の研究がそうである．また松繁（2004）では，たとえば大学時代の成績が初任給に及ぼす効果を検討している．その結果，景気が良く労働需要が増加するときには成績は効果を示さないが，景気が悪くなり労働需要が減少するときには効果を示していた．これらに対する本書の特徴は，端的に言って，大学時代の経験変数をかなり詳細に設定・検討していることにある．つまり，第1に，学習変数を授業外学習や自主学習と細かく設定していること，第2に，単にクラブ・サークル活動をおこなっていたか，アルバイトをしていたか等の経験を問うだけでなく，新聞や読書，友人との交際，インターネット，ゲームなど，さまざまな活動を設定していること（1週間の過ごし方），そして第3に，キャリア意識を設定していることである．

なぜここまで大学時代の経験変数を詳細に設定する必要があったかと問われれば，それは，大学の観点からすれば，本書の知見を，大学教育の改善・改革に活かそうという視点が，われわれに濃厚だからである．

キャリア意識の重要性は，キャリア教育がすでになされていることから言うまでもない．授業外学習についても，中央教育審議会はすでに『新たな未来を築くための大学教育の質的転換に向けて：生涯学び続け，主体的に考える力を育成する大学へ（答申）』（平成24年8月28日）において，日本の大学生がいかに授業外学習をおこなっていないかを深刻な問題だとして警鐘を打ち鳴らしている（溝上 2012 も参照）．第7章3節で示したように，大学生のなかだけで見れば「授業外学習時間」や大学生活の1つとしての「自主学習」は，学生の成長に寄与する重要な変数であると十分に考えられる．しかしながら，この変数が単なる大学教育内だけの問題なのか，卒業後の仕事のしかたにも影響を及ぼすものなのかは，現在のところ明らかになっていない．本書のわれわれの取り組みはビジネスパーソンを対象とした調査によって，この問題に直接解を見出そうとするものであった．

そして，振り返り調査という制約のもとではあるが，調査データを分析した結果（第4章～第7章）を見て，この問題への回答は以下のとおりまとめ

られる.

　第1に，大学時代の「豊かな人間関係」が卒業後の仕事のしかたに影響を及ぼしていることである．つまり大学生活の重点を「豊かな人間関係」と回答した者は，最初の配属先の満足に（第5章），また組織社会化に（第6章），ポジティブな影響を及ぼしていたのである．

　一般に，ビジネスパーソンからは，卒業後仕事に役立つ大学時代の経験として，クラブ・サークル活動やアルバイトを通しての豊かな人間関係がよく挙げられるが，本研究の結果はそれを実証するものだと言えよう．そして，クロス分析をおこなうと，「豊かな人間関係」の質も重要となってくることが分かるので見落とすことはできない．つまり，「豊かな人間関係」と回答されたその質を検討すると，それはどんな人間関係でもよいのではなく，正課内・正課外の両方の生活をバランスよく過ごしながら，さまざまな人との出会いの場を求めるような人間関係が重要だったのである（第5章）．

　また，大学内や同期といった同質の他者よりは，大学外・同期外といった異質な他者から影響を受ける方が自己の成長は高いという結果も得られており（第6章），ここで示唆される「豊かな人間関係」が，良好な友達づきあい以上のものであることが理解される．

　第2に，大学生活の重点の観点から見ると，「勉学第一」と回答した者は，初期キャリアとの関連において望ましい結果を示さなかったことである（第5章）．昨今の学習をしっかり求める大学教育改革が進展するなか，広く正課外や社会に活動の場を広げず，正課内，キャンパス内，同質の他者同士の関係性に埋没する者が多くなってきていることは容易に想像される．そのような状況をふまえて，第5章・第6章からは，授業を中心とした正課内活動だけで学生の成長を促すことは難しく，正課外活動との両立，異質な他者への関係性の拡がりもあわせて促すことが，学生の成長には必要であると示唆される．

　しかしながら，人間関係や学習について同時に分析した第7章の共分散構造分析の結果（図13）からは，初期キャリアとしての組織社会化にもっとも効く大学時代の経験変数は，「課外活動・対人関係」(.10) よりも「主体的な学修態度」(.12) であることが明らかとなった（「主体的な学修態度」につ

いては第4章を参照）．わずかな係数の差なので，いずれも同程度効いていると理解してよいが，少なくとも，ここから言えることは，勉強それ自体が卒業後の仕事のしかたにネガティブな効果を及ぼすということではなく，「主体的な学修態度」のような勉強のしかたをすれば，それは「課外活動：対人関係」といった，これまで多くのビジネスパーソンが重要な経験だと述べてきたことと同程度の効果を示すということである．

変化の激しい社会，あるいは異質な他者や文化と頻繁に接することになるグローバル社会において，ビジネスパーソンの学習力は今後ますます問われることだろう．そうなってくると，ただ人間関係が良好なだけのビジネスパーソンよりは，両方を兼ね備えたビジネスパーソンの方がより求められるのではないだろうか．

本研究は，実際のビジネスパーソンを対象として調査をおこない，学習と人間関係を兼ね備えた人材の力強さをデータから実証的に示した．今後は，企業側としてはもっと人間関係だけではなく学習経験の意義を，そして大学側は仕事につながっていくような勉強のさせ方を検討していかなければならない．

第3に，高いキャリア意識（本研究では「2つのライフ」で測定）が，卒業後の仕事のしかたに効果を及ぼしていることである．具体的に見ると，第7章の図13において，「2つのライフ」は「組織社会化」に効果を及ぼしており（.16），そのパス係数は第1，第2でまとめてきた「主体的な学修態度」（.12），「課外活動・対人関係」（.10）よりも高い値を示している．この結果は，これまで現役大学生を対象とした調査で，2つのライフが学習や知識・能力の獲得に効くとされてきた結果とかなり整合するものである．

一般に，ビジネスパーソンと大学の話をすると，ほとんどのビジネスパーソンは，「学生時代に将来のことをよく考えてきた」と言わない傾向がある．そして高いキャリア意識を持つ学生がよく学び，幅広く活動をし，そして知識や能力を身につけているという調査結果を提示しても，ほとんどの場合いぶかしがるばかりで，大学教育と仕事の世界をつなぐのはかなりハードルが高いという印象を受けてきた．実際，第7章の表3を見ても，高校1・2年生から高校3年生，大学1・2年生へと，すべての時期において将来のこと

を考えてこなかった（無）と回答した者が，全年齢集団のなかで50%もいる．2人に1人は学生時代ほとんど将来のことを考えてこなかったということの結果は，筆者が個人的にビジネスパーソンと議論してきた印象と合致している．

しかし，今回の調査結果からは，将来の見通しを持つ，加えてその実現に向けて努力することが，「主体的な学修態度」や「課外活動・対人関係」よりも大きな効果を示していた．ビジネスパーソンの個人的な経験論と決定的にずれるポイントである．

今後，このようなデータをさらに蓄積して，個人的な経験を超えた大学生の学びと成長，職場での仕事のしかた，両者をつなぐ学校から仕事へのトランジションの構造をさらに明らかにしていかなければならないと考える．

5 総括

本書で，筆者らは「大学時代の個人の意識と行動」と「企業に参入したあとの個人のキャリア・組織行動」の二項関係を，多角的な視点から探究することを試みた．その試みは，企業の人材研究，大学生研究双方に，可能性と未解決の課題を投げかける結果となった．

今後，大学と企業の間の緊密な連携，データ共有が可能になれば，大学改革に資する知見，そして企業の人材マネジメント，とりわけ採用の強化と人材育成の連動に資する知見が生まれる可能性がある．それは社会的意義の高い研究課題であり，かつ緊喫の実務的課題である．残された課題は多い．しかし，それは挑戦に値するものである．

参考文献

Breaugh, J. A. & Starke. M.（2000）Research on employee recruitment: So many studies, so many remaing question. *Journal of Management*. Vol. 26 No. 3 pp. 405-434.

Gully, S. M., Phillips, J. M. & Kim, M. S.（2013）Strategic recruitment : A multilevel perspective. Yu, K. Y. T. & Cable, D. M.（eds.）*The oxford handbook of recruit-*

ment. Oxford University Press. pp. 21-34.

濱中淳子（2013）検証・学歴の効用．勁草書房．

松繁寿和（編）（2004）大学教育効果の実証分析：ある国立大学卒業生たちのその後．日本評論社．

溝上慎一（2012）学生の学びと成長．京都大学高等教育研究開発推進センター（編）生成する大学教育学．ナカニシヤ出版．pp. 119-145.

矢野眞和（2009）教育と労働と社会：教育効果の視点から．日本労働研究雑誌．Vol. 51 No. 7 pp. 5-15.

あとがき

　「企業の人材開発を研究してきた研究者」と「大学生研究をおこなってきた研究者」が，お互いの専門性を持ち寄り，新たなプロジェクトを遂行する．この数年，共編著者一同で集い続けてきたプロジェクトは，最も知的にエキサイティングな時間であった．

　このプロジェクトに携わってくださった関係者の方々，貴重な時間を質問紙の回答にあててくださったビジネスパーソンのみなさま，そしてプロジェクトを経済的な側面から支援してくださった，公益財団法人電通育英会のみなさま，アシスタントを務めてくださった中原研究室の阿部樹子さん，そして本書の編集にあたってくださった東京大学出版会の木村素明さん，営業をご担当いただいた角田光隆さんに心より感謝申し上げる次第である．

　私たちの，決して未だ完成形とはいえない知的探究は，月並みな用語で述べるならば「学際研究」と呼べるものになるのかもしれない．しかし，当然のことではあるけれど，「学際研究を第三者的に語ること」と「学際研究を自ら実践してみること」は，まったく違っている．

　このたび集まった共著者は，プロジェクト当初，お互いに，それぞれの研究のコンテキストを踏まえていたわけではなかった．それぞれの研究領域の常識や専門用語をまずは学ぶ必要があったし，分析のやり方なども，微妙に異なっていた．このコラボレーションに取り組んだ数年間は，そうした違いをひとつひとつ確かめ，確認しつつ，また，相互の研究領域の知見を学びつつ過ごした日々であった．この共同研究は「研究すること」が，即，「研究者自身の学び」であるプロジェクトであったように思う．

　しかし，私たちの知的探究はいまも途上である．追加の研究余地は莫大に残されていることは否めない事実である．また，分析上の不備・方法論的検討の必要性も枚挙に暇がない．この広大な研究領域は，単一のディシプリンでは解決不能であるし，高等教育と企業研究の両者からの歩み寄りやアプローチが必要である．将来の若い研究者とともに，私たち自らも，この広大な研究領域のディテールを，より詳細な方法論で，描き出していくことに邁進

していきたい.

　この数十年，日本企業は様々な艱難を経験してきたし，これからも，きっとするだろう．一方，日本の大学も法人化以降，様々な変化にさらされてきたが，おそらく，これからもそうだろう．

　本書の知的探究が，両者の連携や協力につながること，さらには，わが国の将来を支える人材の育成につながることを願い，今は筆をおく．

2013年12月1日
中原　淳・溝上慎一

索引

あ行

アクティブラーニング　2, 10, 73, 75, 118, 120, 132, 133, 135
浅野智彦　121
アシュフォース（Ashforth, B）　154
アスティン（Astin, A）　54
アルム（Arum, R）　62
アレン（Allen, D）　20
暗黙の枠　1
異質な他者　11, 117, 118, 122, 123, 124, 130, 131, 134, 135, 136, 166, 167, 183, 184
ヴァン・デ・ヴェン（Van de Ven, A）　156
ヴァン・マネン（Van Maanen, J）　30
ウェイツ（Weitz, J）　22
FD（ファカルティ・ディベロップメント）　140
演習型授業　96, 97, 98
エンプロイアビリティ　93
尾形真実哉　26, 30, 31
OJT（On the job training）　30, 32, 33, 38, 39, 65, 92, 139, 169
Off-JT（Off-the-job-training）　65
オルガン（Organ, W）　157
オンボーディング　28, 38

か行

カーン（Kahn, L）　157
海外勤務　36
『学習への関与』　54
革新行動　7, 10, 12, 36, 37, 73, 85, 140, 156, 157, 158, 159, 160, 162, 163, 165, 167, 168, 176, 177
学生の学びと成長（学生（大学生）の学びと成長研究）　4, 8, 9, 40, 50, 51, 54, 55, 56, 59, 69, 111, 112, 140, 166, 169
価値低下経験　30
カッツ（Katz, D）　157
加藤かおり　169
金井壽宏　23, 36
金子元久　113
河井亨　10, 135, 175
『危機に立つ国家』54
キャリア意識　3, 4, 9, 49, 50, 59, 60, 68, 78, 91, 111, 122, 140, 141, 146, 147, 152, 159, 160, 167, 168, 169, 170, 182, 184
キャリアガイダンス　92
キャリアカウンセラー　92
キャリア教育　3, 37, 67, 68, 91, 93, 94, 95, 111, 113, 114, 123, 179, 182
キャリア形成支援　67
教育社会学　63, 67, 94, 181
協調学習場面　135
業務能力　10, 12, 73, 84, 126, 157, 159, 168
具体的経験　81
口コミ　21
クラム（Kram, K）　33, 126
グリー（Gully, S）　179
グリュック（Glueck, W）　18
グローバル化　2, 11, 51, 52, 53, 54, 57, 64, 65, 139, 171, 178
経営学習論（経営学習研究）　4, 8, 12, 175, 178
経験学習（経験的学習）　10, 36, 73, 81, 180
現実的職務予告（現実的職務予告研究）　2, 17, 21, 22, 23
研修　21, 28, 30, 31, 32, 38, 39, 62, 139, 154, 155, 169
厳選採用　139
講義型授業　96, 97, 98
公共圏　132, 133
鴻巣忠司　85, 158
コーオプ教育　91
児美川孝一郎　93, 113
コミットメント　120
コミュニケーション能力　133, 134, 143, 155
コミュニタス　31

さ行

サービスラーニング　37, 91, 111, 133, 135, 179

齋藤純一　132
採用　2, 3, 8, 15, 16, 17, 18, 19, 20, 21, 22, 23, 24, 26, 37, 38, 39, 62, 65, 118, 119, 124, 131, 133, 136, 139, 154, 155, 158, 170, 171, 179, 180, 181, 185
榊原國城　32
佐野勝男　32
参加型授業　75, 96, 97
産業心理学　8, 15
シグナル　18
自己効力感　26, 30, 31
自主学習　9, 12, 60, 61, 67, 68, 78, 106, 141, 142, 144, 145, 146, 148, 151, 152, 153, 166, 168, 170, 182
下村英雄　19, 123
社会化戦術　32, 154, 155
社会人基礎力　53, 94, 95, 98, 99, 100, 111, 118, 133
社会的ネットワーク　11, 32, 33, 35, 117, 122, 177, 178
社外勉強会　111
就職活動　3, 10, 18, 19, 57, 59, 62, 73, 74, 91, 92, 103, 104, 105, 106, 108, 109, 110, 111, 123, 124, 140, 155, 166, 171, 177
授業外学習（授業外学習時間）　9, 60, 61, 67, 68, 111, 140, 144, 145, 146, 151, 152, 153, 166, 182
授業学習　9, 60, 141, 144, 145, 146, 151, 153
主体的な学修態度　73, 76, 140, 160, 163, 165, 166, 168, 169, 170, 183, 184, 185
少子化　139, 171
将来への見通し（将来の見通し）　12, 60, 73, 76, 103, 139, 140, 153, 160, 161, 162, 163, 166, 167, 170, 171, 176, 184
初期キャリア　3, 10, 11, 12, 32, 35, 62, 68, 91, 92, 100, 103, 105, 106, 108, 110, 111, 112, 124, 140, 155, 159, 160, 165, 166, 167, 168, 169, 175, 177, 183
職業的レリバンス　94
職業統合学習　3, 37, 179
人材マネジメント　2, 3, 4, 8, 9, 15, 16, 24, 37, 38, 39, 49, 178, 179, 180, 185
迅速な社会化（Swift socialization）　38, 179
親密圏　132
信頼感（信頼，信頼性）　7, 23, 24, 26, 30, 31, 158, 159, 168
垂直的統合性　39, 180
水平的統合性　39, 180
スターク（Starke, M）　24
正課外（正課外活動）　11, 91, 92, 94, 95, 99, 100, 102, 103, 106, 108, 109, 110, 111, 112, 113, 114, 121, 132, 166, 177, 178, 183
正課内（正課内活動）　91, 94, 95, 96, 97, 98, 99, 100, 102, 103, 106, 108, 110, 111, 112, 113, 114, 121, 132, 166, 178, 183
正規雇用　49, 62, 63, 65, 67, 68, 93
成人形成期　66
関口倫紀　112
関根雅泰　33
全国大学生活協同組合連合会（生協）　56, 57, 59, 75, 100, 121
選抜（選抜研究）　2, 3, 8, 15, 16, 17, 19, 21, 23, 24, 37, 38, 39, 94, 119, 179, 180, 181
選抜ツール　17, 23
選抜レリバンス　94
専門レリバンス　94
戦略的人的資源管理　39, 180
ソーシャルメディア　20, 21, 177
早期離職　27, 92
組織行動論　4
組織コミットメント　17, 21, 23, 26, 30, 31, 134, 171
組織社会化（組織社会化理論）　1, 9, 10, 11, 12, 16, 22, 26, 27, 28, 30, 32, 33, 34, 35, 36, 37, 38, 39, 40, 49, 69, 73, 81, 83, 119, 124, 125, 126, 127, 128, 129, 130, 131, 132, 140, 154, 155, 158, 159, 160, 162, 163, 165, 166, 167, 168, 169, 170, 176, 178, 180, 181, 183, 184
組織心理学　8, 12, 15, 17
組織適応　1, 2, 11, 12, 15, 22, 26, 28, 39, 117, 118, 124, 125, 130, 132, 133, 134, 136, 154, 155, 166, 167, 171, 176, 177, 180
組織目標　27
組織リクルーティング　2

た　行

ターナー（Turner, V）　31
大学IRコンソーシアム　59
大学教育研究　120, 132, 134
大学時代の経験　8, 9, 10, 15, 16, 37, 39, 40, 49, 67, 68, 69, 73, 90, 119, 130, 131, 133,

索引 191

181, 182, 183
大学時代のネットワーク　11
大学生のキャリア意識調査　50, 59, 60, 78, 141, 147
高石光一　36, 157
武内清　57, 95, 101
竹内倫和　20, 21, 155
竹内規彦　20, 21, 155, 171
タブラ・ラサ　30, 31
多様性（多様化）　3, 11, 20, 21, 64, 65, 67, 93, 112, 117, 122, 124, 133, 176, 177, 178, 179
知識的学習　95
チッカリング（Chickering, A）　55
チャオ（Chao, G）　81, 155
中央教育審議会　51, 68, 118, 182
抽象的概念化　81
中途採用者　158
通過儀礼　31
デュアルシステム　62
動機づけ　108, 112, 113
同質性　11, 12, 117, 131, 177, 178
同質な他者　122, 130, 183
トランジション　4, 9, 10, 49, 50, 61, 62, 63, 64, 65, 66, 67, 68, 69, 73, 91, 159, 169, 185

な　行

内省　33, 36, 37
内省的観察　81
中原淳　1, 4, 8, 12, 16, 32, 33, 36, 37, 83, 119, 126, 175
那須一貴　95
7つの発達的ベクトル　55
ニート　64
日本の雇用システム　65
能動的実験　81
能動的な社会化　33, 35
能動的な学び　118, 120, 179
能力向上　33, 83, 84, 85, 140, 159, 160, 162, 163, 165, 167, 169, 170, 171

は　行

畑野快　76
発達的ネットワーク　33, 123
濱中淳子　67, 169, 182
林祐司　10
非活動　64

ヒギンス（Higgins, M）　33, 126
非構造化面接　23
HR（ヒューマンリソース）　28
不確実性　31, 33, 34, 35, 131, 134, 154
不確実性減衰の行動　33
ブラック（Black, J）　80, 131
振り返りデータ　7
古川久　157
フルタイム　61, 62, 63, 65, 67, 68
フレームワーク　4, 33, 39, 179
ブロ（Breaugh, J）　24
プロアクティブ行動　131, 132, 134, 169
プロジェクト型学習（PBL）　91, 97, 98, 133
ホウト（Hout, M）　62
堀洋元　19, 123
堀有喜衣　122

ま　行

学び習慣仮説　67, 182
松繁寿和　67, 182
松高政　153
溝上慎一　1, 4, 9, 12, 50, 57, 63, 78, 94, 110, 112, 132, 133, 140, 147, 166, 175, 176
南隆男　32
MOOCs　21
メンター　123
メンタリング　30, 33, 123
メンティ　123

や　行

保田江美　12, 176
谷田川ルミ　120, 132, 135
矢野眞和　67, 154, 170, 182
山田剛史　120
山田礼子　59
豊かな人間関係　11, 57, 75, 101, 102, 103, 104, 105, 106, 110, 113, 121, 124, 127, 129, 130, 132, 133, 134, 135, 166, 177, 183
予期的社会化　1, 23, 119, 130, 131, 132, 154, 155, 180

ら　行

リアリティショック　23, 34, 154, 167
リクルーター（リクルーター研究）　17, 18, 19
リクルーティングメディア（リクルーティン

　　　　グメディア研究）　17, 20, 21　　　　労働市場　64, 65, 66, 67, 93, 180
離職率　65, 67, 91, 92, 93
リミナリティ　31　　　　　　　　　　　　　　　**わ　行**
ルイス（Louis, M）　34　　　　　　　若林満　32
連帯感　30, 31　　　　　　　　　　　　ワナス（Wanous, J）　22, 23

著者紹介 （編者以外は執筆順）

中原　淳（なかはら　じゅん）［編者］
東京大学大学総合教育研究センター准教授
主要著書・論文に『経営学習論』（東京大学出版会），『職場学習論』（東京大学出版会），『職場学習の探究』（編著，生産性出版），「学習環境としての「職場」」（『日本労働研究雑誌』第618号），「経験学習の理論的系譜と研究動向」（『日本労働研究雑誌』第639号）

溝上慎一（みぞかみ　しんいち）［編者］
京都大学高等教育研究開発推進センター准教授
主要著書に『自己の基礎理論』（金子書房），『現代大学生論』（NHK出版），『大学生の学び・入門』（有斐閣），『自己形成の心理学』（世界思想社），『現代青年期の心理学』（有斐閣），『学生の学びを支援する大学教育』（東信堂）など

河井　亨（かわい　とおる）
立命館大学教育開発推進機構講師
主要論文に「授業と授業外をつなぐ学生の学習ダイナミクスの研究」（『教育方法学研究』第37号），「サービス・ラーニングにおけるリフレクションとラーニング・ブリッジング」（『日本教育工学会論文誌』第36巻第4号，共著）など

木村　充（きむら　みつる）
東京大学大学院学際情報学府博士課程
主要著書・論文に『職場学習の探究』（分担執筆，生産性出版），「サービス・ラーニングにおける学生の経験と学習成果に関する研究」（『日本教育工学会論文誌』第36巻第3号，共著）など

舘野泰一（たての　よしかず）
立教大学経営学部助教
主要著書に『職場学習の探究』（分担執筆，生産性出版），『ワークショップと学び2 場づくりとしての学び』（分担執筆，東京大学出版会），『プレイフル・ラーニング』（分担執筆，三省堂）など

保田江美（やすだ　えみ）
東京大学大学院学際情報学府修士課程
修士論文のテーマは「新人看護師入職初期の臨床実践能力の規定要因に関する研究：中堅看護師からの支援とチームワークに着目して」

活躍する組織人の探究
大学から企業へのトランジション

2014年3月24日　初　版

［検印廃止］

編　者　中原　淳・溝上慎一

発行所　一般財団法人　東京大学出版会
　　　　代表者　渡辺　浩
　　　　153-0041 東京都目黒区駒場 4-5-29
　　　　http://www.utp.or.jp/
　　　　電話　03-6407-1069　Fax　03-6407-1991
　　　　振替　00160-6-59964

印刷所　株式会社理想社
製本所　牧製本印刷株式会社

© 2014 Jun Nakahara and Shinichi Mizokami, Editors
ISBN 978-4-13-040263-7　Printed in Japan

JCOPY 〈(社)出版者著作権管理機構　委託出版物〉
本書の無断複写は著作権法上での例外を除き禁じられています．複写される場合は，そのつど事前に，(社)出版者著作権管理機構（電話 03-3513-6969, FAX 03-3513-6979, e-mail: info@jcopy.or.jp）の許諾を得てください．

経営学習論――人材育成を科学する
中原 淳　A5判　3000円

日本企業の人材育成は再構築のときを迎えている．これまでの人材育成に関する研究成果を紹介・総括し，さらには独自の実証的な調査データを駆使して，組織経営における有効な人材開発・人材育成施策を展望する．

職場学習論――仕事の学びを科学する
中原 淳　A5判　2800円

アンケート調査とヒアリング調査によって得られたデータに実証的アプローチを施すことで，これまで見過ごされ，印象論でしか語られてこなかった職場の学習プロセスに寄与する要因を解明する．

デジタル教材の教育学
山内祐平［編］　A5判　3200円

いま，デジタル教材に何が求められているのか．デジタル教材の歴史と思想を辿り，近年の活用の動向も考察，さらに設計・評価の実際を教育学の観点から解説する．デジタル教材に関する知識を学ぶための決定版．

イノベーション実践論
丹羽 清　A5判　2600円

大学や企業セミナーでの長年の講義経験をもとに，理論と実際のビジネスを統合した新しい実践論．基本的な考え方から，問題点の扱い方，そして効果的な実現に向けたアプローチまでを提示する．

学習の生態学――リスク・実験・高信頼性
福島真人　四六判　3800円

医療，科学技術など，リスクに晒されながら先端技術を運用する現場において，学習とは，熟練とは，そして安全文化の実現とはいかにされているのか．「日常的実験」としての学習，熟練の民族誌＝生態学を描く．

ここに表示された価格は本体価格です．ご購入の際には消費税が加算されますのでご了承ください．